KB019456

북한 핵위기와 북·미 관계

저자 Ramon Pacheco Pardo(라몬 파체코 파르도)

역자 권영근, 임상순

North Korea - US Relations under Kim Jong II

Copyright © 2014 by Ramon Pacheco Pardo All Rights Reserved.
Korean translation copyright © 2016 by Yeonkyeong Publishing Co.
Korean edition is published by arrangement with Routledge

이 책의 한국어판 저작권은 Routledge 와의 독점 계약으로 도서출판 연경문화사에 있습니다.
저작권법에 의해 한국내에서 보호를 받는 저작물이므로 무단전제와 무단복제를 금합니다.

이 책은 국가안보 분야에서 세계적인 권위를 자랑하는 영국 King's College London의 교수인 라몬 파르도(Ramon pacheco pardor)가 2014년에 발간한 책이다. 저자는 학습이론과 방대한 1차 자료에 입각하여 학문적인 차원에서 북한 핵문제를 고찰하고 있다. 이 책을 번역하게 된 계기는 오늘날 많은 대한민국 국민들이 북한 핵문제를 자신이 견지하는 이념의 잣대에 입각하여 판단하고자 한다는 사실 때문이다. 이념의 잣대가 아니고 객관적이고도 논리적인 관점에서 북한 핵문제를 살펴보아야 하며, 특히 한반도 안보 측면에서 가장 중요한 문제 가운데 하나인 북한 핵문제를 올바로 인식해야 함은 당연하다.

'북한은 핵무기를 포기할 것인가?', '북한은 붕괴하는가?'

북한과 관련하여 제기되는 이 두 가지 질문은 북한 전문가뿐만 아니라, 대한민국에 살고 있는 모든 사람들이 궁금해 하고 있는 사항일 것이다. 특히 2011년 12월 17일 아주 추운 겨울날 북한의 최고 지도자 김정일이 사망하고, 그의 셋째 아들 김정은이 권력을 계승한 이후, 언론매체들은 이 질문들을 더욱 빈번하게 다루고 있다.

김정은을 중심으로 한 북한 지도부가 핵무기를 포기할 것처럼 보이지는 않는다. 김정일은 통치기간 17년 동안 단 두 차례의 핵실험을 단행한 데 비해, 김정은은 집권 한지 5년도 되지 않았는데 벌써 세 차례 핵실험을 실시했다. 그것도 이전보다 성능이 향상된 우라늄탄과 핵증폭탄으로 실험을 했다. 더불어 핵무기를 실어 나를 수 있는 장거리 미사일과 잠수함발사 탄도미사일 개발에 속도를 내고 있다. 지난 2016년 4월 6일 대한민국 국방부장관은 북한의 핵무기가 대한민국을 겨냥하고 있다고 발표한 바도 있다.

그런데 최근에 김정은이 참석한 두 차례의 정치행사를 주목할 필요가 있다. 하나는 2013년 3월에 열린 '조선노동당 중앙위원회 전원회의'이고, 다른 하나는 2016년 5월에 개최된 '제7차 당대회'이다. 당이 국가를 지도한다는 것을 헌법에 명시하고 있는 북한에서, 당대회와 당중앙위원회 전원회의는 정치적으로 중요한 행사에 해당한다.

이 두 행사에서 김정은은 '핵 무력 건설'과 함께 '경제건설'에 힘을 쏟겠다고 선언했다. 일명 '핵 무력 건설'과 '경제건설'의 병진노선이다. 그런데 가만히 따져보면, '핵 무력 건설'과 '경제건설'은 동시에 진행될 수 없다. 왜냐하면 핵 무력 건설 즉, 핵무기 개발은 자동적으로 국제사회의 경제제재를 강화시키기 때문이다. 미국, 일본, 유럽연합의 경제제재를 받는 상태에서 경제발전을 이룰 수 있는 나라는 '중국' '러시아' 정도에 불과하다. 북한처럼 규모가 작은 경제는 외부의 원자재, 특히 에너지의 공급 없이는 운영자체가 불가능하다. 그렇다면 북한 지도부는 이 당연한 논리적 전개도 예측하지 못하는 어리석은 집단인가?

이 책의 저자인 파르도는 북한 지도부가 절대 '바보'같은 집단이 아니라고 강조한다. 신현실주의 국제정치이론 창시자인 왈츠가 주장한 것처럼, 북한도 다른 모든 국가들과 마찬가지로, 체제와 정권 안보를 유지하고, 주민들의 삶을 개선하기 위하여 주어진 여건에서 최선을 다하고 있다. 단지 북한 지도부가 다양한 역사적 학습을 통해, 핵무기 개발이 자신들의 목적 달성에 가장 적합하다고 판단했을 뿐이다.

'북한 지도부가 핵무기를 포기할 것인가?' 이 질문에 대해서 파르도는 일반적인 관측과 달리 단호히 "그렇다"고 대답한다. 파르도는 북한이 체제유지와 경제 발전을 위해 미국과 '평화협정'을 체결하고 '외교관계'를 정상화하는 것을 목표로 삼고 있다고 주장한다. 한반도에 평화체제가 구축되어 주한미군이 철수하고, 북미 외교관계가 정상화된 상황에서 국제사회의 경제적 협력과 투자가 이루어지는 장밋빛 미래를 북한 지도부는 꿈꾸고 있을 것이다.

북한 지도부는 이 장밋빛 꿈을 실현하는 방법으로 핵 무력 건설을 선택했다. 핵 무력은 주로 세 가지 용도로 사용된다. 첫째는 안보를 지키는 억지력이다. 역사상 핵무기를 보유한 어느 국가도 외부의 공격을 받은 경우가 없다. 둘째는 에너지의 원천이다. 인공위성에서 찍은 한반도 야경사진을 통해서 알 수 있듯이, 북한은 만성적인 전력 부족에 시달리고 있다. 원자력 발전은 값싼 전력을 제공해 준다. 세 번째는 협상 수단이다.

북한은 미국과의 협상에서 핵무기를 활용한 '벼랑 끝 전술'을 적절히 활용하고 있다.

파르도는 결론에서 다음과 같은 희망적인 메시지를 우리에게 전해 준다.

"북한과 미국이 상호신뢰와 협력을 증대시켜 나가는 과정이 클린턴 행정부 말기에 시작되었고, 이와 유사한 과정이 부시 행정부 임기 마지막 2년에 발전된 적이 있다. 북·미관계 개선을 위한 과정이 앞으로도 계속될 것이라는 데 의심의 여지가 없다."

우리는 북한과 미국 사이에 '평화협정' 체결이 논의되고, '관계정상화'가 진행되는 미래를 대비해야 한다. 이를 위해서는 대결과 대립의 남북관계를 청산하고, 교류와 협력의 시대를 열어나가야 한다.

이 책이 나오기까지 우리 역자들은 많은 분들께 신세를 졌다. 특히 어려운 출판여건 속에서도 이 책의 출판을 흔쾌히 승낙해 준 연경문화사 이정수 대표님과 이 책의 출판과정에서 애써 준 편집부 직원들에게 감사 드린다.

북한 5차 핵실험 직후인
2016년 9월 10일
공동역자 권영근, 임상순

제1장

서문

북한의 대외정책 행태는 일반적으로 세계정치에서, 특히 동아시아 국제관계에서 가장 복잡하고 흥미로운 부분이며 종종 난감한 부분이다.

세습적 공산주의 통치, 지구상에서 가장 방대한 군사력 가운데 하나, 정체된 경제, 대량살상무기, 핵무기 능력은 북한의 특징을 단적으로 보여주는 사례들이다. 지구상에서 경제적으로 가장 성공적이고도 역동성을 보여주고 있는 지역이자, 러시아와 중국이란 두 개의 핵보유 국가가 있으며 오늘날 초강대국인 미국이 방대한 군사력을 유지하고 있는 지역의 중심에 위치해 있는 북한은 그 존재 자체만으로도 전략적인 의미가 있다.

몇몇 중동 국가들과 연계되어 있으며, 대량살상무기와 핵물질 확산에 개입되어 있다는 점과 외교·경제적 측면에서 미국의 압박에 지속적으로 저항하고 있다는 점이 결합되면서 북한은 세계적으로 관심을 모으는 국가가 되고 있다. 또한 전 세계의 학계·언론계 및 정보 분야 관리들 입장에서 보면 가장 이해하기 어려운 국가 가운데 하나란 점이 북한에 어느 정도 신비감도 부여해 주고 있다.

북한에 관해서는 이미 않은 서적이 발간되었다. 1990년대 당시 가장 두드러진 논의 가운데 하나는 북한 붕괴 가능성에 관한 것이었다 (Eberstadt 1999: 228, 234-5; Foser-Carter 1998; Noland 1997; Oh 1999). 당시 공산정권들이 전 세계적으로 붕괴되고 있었기 때문에 일부 학자들은 북한정권 또한 곧 붕괴될 것이라고 가정했다.

그러나 이 예상은 보기 좋게 빗나갔다. 김일성이 사망한 1994년에 김정일은 김일성의 뒤를 이어 북한의 최고지도자가 되었다. 김정일이 권력을 장악한 이후인 2000년대 초반, 대부분의 서구학자들은 북한의 국제관계에 초점을 맞추었다. 일부 학자들은 미국과 북한의 관계뿐만 아니라 동북아시아 국가들과 북한의 관계를 집중적으로 기술했다(Joo와 Kwak 2007; Yongho Kim 2011; Kwak and Joo 2009; Rechter 2009).

미국의 대북정책을 고찰하는 학자들도 있었다. 북한에 관해 저술하는 학자들은 크게 두 부류로 나누어진다. 첫 번째는 북한사회를 국제체제에 재차 통합시킬 목적으로 포용정책을 추구해야 한다는 부류이고(Cha and Kang 2003; Fuqua 2007; Wit 2007), 두 번째는 외교정책 측면에서 북한의 변화를 또는 북한정권의 교체를 초래할 목적으로 압력을 가해야 한다는 부류(Bechtol 2007)이다.

일부 학자들은 김정일 정부의 내부 작동방식을 밝히고자 노력했다 (Bymand and Lind 2010; Kihl and Kim 2006; Sung Chull Kim 2006; Lim 2009; Paik and Cheong 2008). 지난 10여 년 동안 북한에 관해 저술한 학자들에게서 공통적으로 목격되는 유일한 부분은 김정일이 비합리적인 행위자가 아니라는 인식이다. 즉 북한의 행동은 연구 가능하며 어느 정도까지는 이해할 수 있다는 인식이 바로 그것이다.

이 책에서는 클린턴이 미국 대통령으로 취임한 이후부터 김정일이 사망한 순간까지 북한의 대미 외교정책을 분석하고 있다. 클린턴이 취임한 직후 북한의 첫 번째 핵위기가 시작되었다. 2차 핵위기는 조지 W. 부시(George W. Bush) 대통령 시기에 발생했다. 반면에 오바마는 대통령 임기 시작 시점부터 사실상 핵무기 보유 국가인 북한을 상대해야 했던 최초의 미국 대통령이다.

이 기간 동안 중국은 지구상에서 두 번째로 강한 경제대국으로 부상했으며 동아시아 지역 정치에서 중심적인 행위자로 급부상했다. 이와 동시에 일본, 러시아, 대한민국 모두 동북아 국제관계에 보다 적극적으로 관여했다. 따라서 저자는 미국의 세 차례에 걸친 행정부 기간 동안 동북아에서 힘의 역학이 변화하고 있던 시기에 북한의 대미정책이 어떻게 진화했는지를 검토해 볼 것이며, 1990년대 초반 이후 북한 대미정책의 주요 동인들을 조명할 것이다. 더불어 정책 측면에서의 주요 연속성과 변화를 설명할 것이며, 자국의 목표 달성을 위해 북한 지도부가 사용하고자 노력했던 수단들을 살펴볼 것이다.

마지막으로, 북한의 대미행태가 어떻게 그리고 왜 변했는지를 검토할 것이다. 이러한 북한의 변화는 미국의 정책변화, 동북아시아 주변 국가들의 정책변화, 국제체제의 역동성에 근거하고 있다.

1. 약소국이 강대국과 협상하기

북한의 대미정책은 약소국(북한)과 초강대국(미국) 간의 협상의 관점에서 설명할 수 있다. 분명히 말하지만, 특정 국가를 겨냥한 여타 국가의 대외정책은 외부 저항이 전혀 없는 진공상태에서 이루어지는 것이 아니다. 이 같은 대외정책은 국제구조, 여타 행위자들 그리고 국가 내부의 고려사항들에 의해 영향을 받는다. 그렇다고 특정 목표를 달성하고자 노력하는 행위자들 간의 협상과정으로서 2개 국가 간의 관계를 분석할 수 없는 것은 아니다. 물론 앞에서 언급한 사안들이 협상과정에 있어서 분명히 영향을 미치지만 이들 사안으로 인해 협상과정 자체가 불가능해지는 것은 아니다.

1) 약소국으로서의 북한

약소국 북한이 미국과 협상하는 과정에서 사용할 수 있는 협상 전술을 설명하기 이전에 다음 질문에 답변할 필요가 있다.

약소국이란 무슨 의미인가? 북한은 약소국인가? 첫 번째 질문과 관련해서 일반적으로 모두가 동의하는 정의는 존재하지 않는다. 그러나 약소국을 연구하는 많은 학자들은 약소국이란 개념이 여타 부류 국가들과의 관계 측면에서 정의될 수 있다는 사실에 동의하고 있다.

마티센(Mathisen 1971), 바이리넨(Vayrynen 1971), 바스톤(Barston 1973), 헨델(Handel 1990) 등이 이 같은 접근 방법을 택하고 있다. 이들은 약소국을 여타 국가들과 비교하여 물질적 능력이 미약한 국가들로 식별하고 있는 다수 학자들 가운데 일부에 해당한다.

한편 19~20세기 당시 약소국에 관한 정의를 조사한 뉴만과 지스톨(Neumann & Gstohl 2006)은 약소국을 초강대국, 중견국 또는 초소형 국가의 범주에 속하지 않는 국가로 분류했다. 분석적 측면에서 보면 이는 애매한 분류이긴 하지만 특정 국가의 능력을 면밀히 조사해보면 이들 부류 가운데 하나로 분류할 수는 있을 것이다.

두 번째 질문을 살펴보자. 언뜻 보면 지구상에서 가장 방대한 병력과 핵무기를 보유하고 있는 북한이란 국가를 군사적으로 약하다고 주장하기는 쉽지 않을 것이다. 하지만 핵무기와 방대한 병력 보유가 보편적인 동북아에서는 상황이 다르다. 동북아는 중국과 러시아란 강력한 핵강국이 있다. 그리고 미국의 핵우산으로 보호를 받고 있으며 비교적 단기간에 핵무기를 개발할 능력이 있는 일본, 대한민국, 대만이 위치해 있는 지역이다. 중국, 러시아, 대한민국 모두 현역과 예비역을 합친 병력 숫자에서 북한을 능가한다(IISS 2013).

더욱이 대한민국과 일본에는 미군이 상주하고 있다. 북한의 군사기술 또한 주변국들과 비교하면 낙후되어 있다. 이는 주로 북한의 예상 연간 국방비(약 43억 8천만 달러)가 중국, 일본, 러시아 또는 대한민국의 국방비와 비교하여 상당히 낮은 수준이라는데 기인한다(Ibid: 2011a). 간략히 말해, 북한은 주변국들과 비교하여 군사적으로 약소국이며, 주변국들과의 군사적 대립에서 승리할 수 없을 것이다.

이 같은 북한의 취약성은 일본과 대한민국에 보다 많은 방어력을 제공해주는 한미동맹과 미일동맹으로 인해 보다 악화되고 있다. 이외에도 이 책을 저술할 당시 북한이 탄도미사일에 핵무기를 탑재하는 기술을 보유하고 있지 않다는 사실에 주목할 필요가 있을 것이다. 반면에 중국, 러시아 및 미국은 이 같은 기술을 보유하고 있다. 북한이 이 같은 기술을 개발하는 경우에서조차 이는 선두 국가들을 힘겹게 뒤쫓아 가는 수준일 것이다.

경제적 관점에서 보아도 북한은 약소국이다. 2012년을 기준으로 북한 경제는 국내총생산 측면에서 세계 95위다. 반면에 북한을 제외한 동북아 국가들은 세계 25위 이내의 경제 강국들이다(CIA 2011). 더욱이 구소련 붕괴 이후 성장률이 매우 미미한 수준이 되면서 북한경제와 주변국 경제 간의 격차가 급격히 벌어지고 있다. 북한은 지구상에서 경제적으로 가장 역동적인 지역에 위치해 있음에도 불구하고, 지역 및 세계적 차원의 무역과 투자 유통이 미미한 수준에 있는 유일한 국가다. 북한의 미약한 경제력은 북한이 약소국임을 보다 분명히 해준다.

[도표 1] 북한과 주변 국가들의 군사 및 경제 능력(2012)

국가	국방예산 (US$)	현역 숫자 (명)	예비역 숫자 (명)	GDP (US$)
중국	1020억	2,285,000	510,000	8조 2270억
일본	594억	247,450	56,400	5조 9640억
북한	43.8억	1,190,000	600,000	280억
러시아	599억	845,000	20,000,000	1조 4650억
대한민국	290억	655,000	4,500,000	1조 1560억
미국	6767억	1,520,100	810,350	15조 6800억

출처 : CIA World Facebook(2013), IISS(2011a, 2013)

박경애(Park 2010)와 스미스(Smith 2007)는 경제력 측면에서 북한을 약소국으로 정의하고 있다. 박경애는 북한이 미국과 비교하여 군사적으로 매우 미약하다는 점을 지적하고 있다. 한편 스미스는 주변국들과 비교하여 국방비가 상대적으로 적으며, 군사전략의 일관성이 결여되어 있을 뿐 아니라 공세적 의도가 전혀 없다는 점에서 북한을 군사적으로 약소국이라고 주장한다. 스미스는 북한이 자국의 군사적 취약성을 저렴한 비용으로 극복하기 위해 핵무기를 개발했다는 사실을 강조한다. 동북아지역의 여타 국가들과 비교하여 북한의 능력이 상대적으로 미약한 수준이란 점에서 북한을 약소국으로 분류할 수 있을 것이다.

2) 국제관계에서 약소국의 협상

토마스 쉘링(Thomas C. Schelling)은 1960년에 발행된 『분쟁의 전략(The Strategy of Conflict)』이란 책을 통해, 협상에 관한 사회과학적 연구를 체계화시켰다. 이 책에서 쉘링은 대부분 또는 모든 협상과정에서 공통적으로 목격되는 몇몇 특징을 정리했는데, 이들 특징을 사회과학자들이 널리 수용했다. 이들 협상과정의 특징은 다음과 같다.

(1) 목표에 대한 공약(Commitment)과 공약의 설득력 있는 전달.

(2) 이러한 공약을 쉽게 이행할 능력의 부족과 상대방의 실질적 공약이행 능력에 대한 정확한 식별 곤란.

(3) 협상 참여자 모두 유사한 행동을 할 가능성.

(4) 공약 유지 측면에서의 국가들의 능력 차이, 특히 어느 정도 여론에 의존할 수밖에 없는 민주정부들의 공약 유지 능력 차이.

(5) 협상 당사자들이 전혀 양보할 수 없는 경우에서의 교착상태 또는 협

상파기 위기(Ibid: 28).

따라서 공약은 협상과정에서 중심적인 부분이다. 이 책을 통해 우리는 북·미외교관계 정상화에 대한 북한의 공약이 1970년대 이후 북한 외교 정책의 중심적인 부분이었음을 알게 될 것이다. 그러나 이 같은 공약은 2006년 10월의 1차 핵실험 이후 약화된 듯 보인다.

록허트(Lockhart 1979: 92)는 비대칭적인 협상과정의 결과가 개개 행위 자들의 능력에 비례하는 것은 아니란 사실을 설명하고 있다. 행위자들이 협상과정을 통해 유리한 결과를 얻을 목적에서 유용한 대안들을 식별하 여 채택하기 때문이란 것이다(Ibid: 133). 대안 식별에 관해 말하면서 록허 트는 행위자가 자신의 목표 달성 가능성을 극대화하기 위해 추구해야 할 전술에 관해 언급했다.

군사, 경제, 외교·정치적 자원이 강대국과 비교하여 미약한 수준이란 점에서 보면 약소국은 식별된 전술의 사용 측면에서 완벽해야 할 뿐만 아니라 전술의 식별 과정도 완벽해야 한다. 여기서는 전술 식별 과정을 학습으로 지칭할 것이며, 이 같은 식별 과정을 아래에서 설명하게 될 것 이다. 식별된 전술의 사용은 이 장 뒷부분에서 논의된다.

그러나 강대국과 협상할 당시 약소국이 운용하는 전술을 조사하기 이 전에, 모든 협상과정에서 필수적인 부분인 공약의 문제로 되돌아갈 필요 가 있을 것이다. 쉘링(Schelling 1960: 14)에 따르면, 상대방이 위협적으로 인식하는 행위를 이행할 것이란 공약이 신빙성이 있는 경우 이 같은 행 위를 이행할 필요가 없어지기 때문이다. 공약의 신빙성을 높이려면 자신 의 새로운 입장을 상대방에게 분명히 할 필요가 있다.

이처럼 자신의 입장을 밝히면 행위자는 자신이 달성하고자 하는 목표를 변경하는 방식으로 협상과정의 성격을 바꿀 수 있다. 따라서 상대방은 새로운 상황을 고려해야 하는 입장에 처하게 된다(Ibid: 24).

그럼에도 불구하고 국제체제에서 공약이 무한한 성격인 것은 아니다. 국가가 보유하고 있는 자원은 제한적이다. 결과적으로 국가는 일부 사안에 관해서만 자원 할당을 공약할 수 있는 입장이다(Schelling 1960: 51). 따라서 공약과 공약은 상호 의존적인 경향이 있다. 국가는 상호의존적 성격의 위협들을 식별한 후 이들 위협을 관리하기 위해 자원을 투입하게 된다(Ibid: 55). 더욱이 공약은 쉽게, 순식간에 취하할 수 없다. 공약을 쉽게 순식간에 취하하면 행위자는 모든 신뢰성을 상실하게 될 것이며, 행위자의 입지가 약화될 것이다(Ibid: 65-6). 구체적인 협상과정에서 공약이 비대칭적인 경향을 보이는 것은 이 같은 이유 때문이다.

강대국과 비대칭적인 분쟁 상태에 있는 약소국들에게는 신빙성 있는 공약이 중요한 의미가 있다. 공약은 자신의 협상 전망을 높일 목적으로 약소국이 사용하거나 사용하지 않을 수 있는 전술이 아니다. 공약은 강대국과의 비대칭성을 줄이고자 할 경우 약소국에 필수적인 부분이다. 공약이 있을 때만이 약소국은 자신의 목표를 달성하도록 해주는 협상전술을 사용할 수 있게 될 것이다. 이 같은 점에서 공약은 협상과정의 산물에 대한 약소국의 보다 지대한 관심의 결과이자 표현이다.

국제관계에서의 약소국의 행동에 관한 연구는 일반적으로 특정 사례 연구에 지나치게 의존하는 등 체계적이지 못했다. 그러나 약소국의 행동을 연구해온 모든 학자가 동의하는 부분이 있는데, 이는 약소국의 경우 몇몇 대외정책 목표에 공약을 집중시키고 있다는 사실이다(Barston 1973;

Bjol 1968; Chapham 1996; Fox 1959; Keohane 1971; Walt 1987).

이는 약소국의 행동에 관한 기념비적인 연구에서 폭스(Fox)가 입증한 부분이다. 폭스가 설명하고 있는 것처럼, 약소국의 지도자는 자국의 운명에 거의 모든 관심을 집중시키게 된다. 결과적으로 이들은 자신에게 가장 중요한 사안들에게만 통상 관심을 집중시키게 된다. 약소국은 국제체제 차원의 사안에 거의 영향력을 행사하지 못한다는 점에서 자신의 핵심 이익이 아닌 문제를 놓고 고민할 수 있는 입장이 못 된다(Fox 1959: 181-3).

3) 약소국의 협상 : 전술

약소국의 협상에 관한 문헌들에서는 강대국과 협상하고 있는 약소국이 택할 수 있는 전술을 다음의 세 가지 범주로 구분한다.

> (1) 약소국은 상대방에 대항하여 세력균형을 취하거나 상대방에 편승하는 방식으로 제휴할 수 있다.
> (2) 벼랑끝전술을 동원할 수도 있다.
> (3) 국제 레짐(international regime)에 참여하거나 참여하지 않을 수도 있다([도표 1.2] 참조).

이들 부류의 전술 가운데 하나 또는 두개 이상 부류를 결합한 형태의 전술을 사용할 수도 있을 것이다. 이들 개개 부류에 관한 간략한 논의가 아래에 언급되어 있다.

[도표 1.2] 약소국의 협상전술 가용성

전술 : 제휴	전술 : 벼랑끝전술	전술 : 국제 레짐
경성균형	사용	참여
연성균형	사용하지 않음	참여하지 않음
편승		

　강대국에 대한 약소국의 행동을 연구하는 대부분 학자들은 위협적인 강대국과 대적하는 경우, 약소국이 세력균형 또는 편승을 추구할 수 있다는 점에 동의하고 있다(Barston 1973; Dahl 2997; Expindola 1987; Habeeb 1988; Handel 1990; Keohane 1971; Rothstein 1969; Singer 1972; Vital 1971).

　선택하게 될 제휴 형태는 위협의 성격과 규모, 제휴 가능한 또 다른 강대국의 존재, 이익과 이념에 따라 결정될 것이다. 약소국의 대외정책 행위를 연구해온 많은 학자들은 약소국이 위협적인 강대국에 대항하여 결코 세력균형을 추구하지 않으며 편승한다고 주장한다(Bjol 1971; Fox 1959; Levy 1989; Mathisen 1971; Walt 1987).

　강대국에 편승하면 약소국의 안보가 증진된다. 즉 강대국에 편승하면 공격적인 강대국의 위협을 분산시킬 수 있고, 이전에 동맹을 꺼려하던 강대국과 동맹을 맺을 필요가 없어지기 때문이다. 강대국과 약소국의 제휴에 관해 연구한 저자들 가운데 랩스(Labs 1992)만이 이들 약소국이 세력균형을 선택하고 편승에 반대할 것이라고 주장하고 있는 듯 보인다. 뉴에크터레인(Neuechterlein 1969)은 약소국이 세력균형을 택할 수도 편승할 수도 있다고 주장한다.

　그러나 박경애(Park 2010)를 제외하면 약소국의 행동을 연구하는 어느 학자도 약소국의 연성균형 사용을 고려하지 않았던 듯 보인다. 페이프

(Pape 2005: 10)는 연성균형을 "미국의 압도적인 군사력에 직접 도전장을 제기하는 것이 아니고, 공세적이고도 일방주의적인 미군의 정책을 지연, 좌절 및 저하시킬 목적으로 비군사적 도구를 사용하는 행위"로 정의하고 있다.

폴(Paul 2005: 47)은 연성균형을 제한된 수준의 외교적 연합과 관련 짓고 있다. 그런데 이 연합은 미국이 이전에 천명하지 않았던 목표를 추구하고자 하는 경우 더욱 강화된다. 연성균형은 강대국과의 협상 목적으로 약소국이 사용할 수 있는 세력균형의 일종이다. 이 책에서는 북한이 미국을 상대하기 위해 사용한 연성균형에 관해 분석할 것이다.

약소국은 벼랑끝전술을 사용하기로 결심하거나 사용하지 않기로 결심할 수도 있다. 몇몇 학자들은 약소국의 경우 이들 두 대안을 고려할 것이라고 주장한다(Barston 1973; Habeeb 1988; Handel 1990).

약소국의 벼랑끝전술 사용 결심은 분쟁의 강도, 자신의 명성에 관한 그리고 여타 강대국이 해당 위기에 개입할 가능성에 관한 특정 강대국의 우려, 여타 사안에 대한 해당 강대국의 공약이란 요인에 따라 달라질 것이다. 일부 학자들은 약소국이 벼랑끝전술의 애용자라고 믿고 있다(East 1973; Fox 1959; Jensen 1982; Vital 1971). 약소국의 벼랑끝전술이 강대국 입장에서 협상과정의 인지된 비용 또는 실제 비용을 높여주기 때문이다. 약소국의 벼랑끝전술에 대응하여 강대국이 보복하는 경우 다른 강대국들이 비난할 것이란 점도 또 하나의 이유이다.

한편 마티센(Mathisen 1971), 파파다키스와 스타(Papadakis & Starr 1987)는 군사력이 제한적이며, 강대국의 보복을 초래할 가능성이 있다는 점에서 약소국의 경우 벼랑끝전술을 거의 사용하지 않을 것이라고 주장한다.

따라서 벼랑끝전술에 호소함으로서 또는 호소하지 않음으로서 약소국이 보다 큰 협상력을 얻게 되는지에 관해서는 의견이 일치되지 않고 있는 듯 보인다.

대부분 학자들은 강대국에 대항할 목적의 협상전술로 약소국들이 국제 레짐에 참여하는 경향이 있다는 사실에 동의한다(Baechler 1998; Bjol 1971; Habeeb 1988; Handel 1990; Hey 2003; Jensen 1982; Keohane 1971; Rothstein 1968; Vital 1971). 약소국 입장에서 국제 레짐에 참여하면 많은 이점이 있다. 약소국은 레짐 참여를 통해 자신의 입지를 지지해주는 세력을 동원할 수 있으며, 자신의 영향력을 증진시키고, 자신의 주장과 제한된 외교적 자원을 극대화시킬 수 있으며, 국가와 국가 간의 법적인 대등성을 이용하여 강대국의 압력에 대항할 수 있다. 그러나 에스핀도라(Espindola 1987)는 국제 레짐 참여가 당연한 현상은 아니라고 강조한다. 그는 레짐 규모가 작을수록 약소국 입장에서 안보위기가 커진다고 주장한다. 왜냐하면 소규모 레짐의 경우 약소국의 안보를 증진시켜주지 않는 반면, 약소국이 국제 레짐을 와해시킬 의도가 있는 강대국의 타격 대상이 될 수도 있기 때문이다.

한편 파파다키스와 스타(Papadakis & Starr 1987)는 약소국의 레짐 참여가 이 같은 약소국의 외교적 자원에 의해 좌우된다고 주장한다. 싱어(Singer 1972)는 한걸음 더 나아가, 국제 레짐이 안보만을 목적으로 하는 경우 약소국이 이 같은 국제 레짐에 참여하지 않는 경향이 있다고 주장한다. 이 같은 유형의 레짐에 약소국이 참여를 꺼리는 이유는 국제체제가 무정부적인 성격을 띠기 때문이다. 이는 강대국이 이들 레짐을 준수하지 않는 경향이 있음을 의미한다.

2. 국제관계에서의 학습

과거의 경험으로부터 행위자들이 교훈을 터득하는 방식, 즉 학습하는 방식은 국제관계에서 비교적 연구가 되어 있지 않은 주제다. 그럼에도 불구하고 레비(Levy)는 그 의미를 분명히 해주며 국제관계에서 널리 사용되는 학습의 정의를 언급하고 있다. 그는 학습을 "경험의 해석과 관찰의 결과로 나타나는 신념의 변화 또는 새로운 신념, 기술, 절차의 개발(a change of belief or the development of new beliefs, skills, or procedures as a result of the observation and interpretation of experience)"로 정의하고 있다 (Levy 1994: 283).

레비가 설명하고 있는 것처럼, 개별 국가가 학습을 했다고 자동적으로 정책이 변화되거나, 국제체제를 보다 잘 이해할 수 있거나, 인지적 구조가 개선되는 것은 아니다. 학습은 행위자가 자신의 경험을 해석하고, 그후 세상에 관한 자신의 이해를 재차 관념화하는 적극적인 과정이다. 그러나 일부 제약, 특히 행위자 자신의 사전 구성된 인지적 구조로 인해, 학습에도 불구하고 세상에 관한 행위자의 이해가 개선되지 않을 수도 있다 (Ibid: 1994). 이외에도 올바른 학습을 저해하는 많은 요인이 있다. 이러한 장애요인에 관해 아래에서 보다 상세히 살펴볼 것이다.

1) '단순학습'과 '복잡한 학습'

학습은 두 가지 수준에서 이루어질 수 있다(Knopf 2003; Levy 1994; Nye 1987; Stein 1996; Tetlock 1991). '단순학습'은 행위자가 자신의 목표를 유

지하면서 목표달성을 위한 전술을 조정할 당시 진행된다. 따라서 이 같은 유형의 학습은 전술 수준에서 이루어진다.

나이(Nye 1987: 380)가 설명하고 있는 것처럼, '단순학습'의 경우는 특정 목표를 달성하기 위한 수단을 적절히 바꿀 목적에서 새로운 정보를 사용하게 된다. 그러나 추구하는 목표에는 변함이 없다. 행위자는 목표 달성을 위한 색다른 방법을 사용할 뿐이다. 스테인(Stein 1996: 110)은 '단순학습'이 통상 '경험을 통한 학습'과 동일하다고 주장한다. 이는 조직이 목표 달성 가능성을 극대화할 목적으로 전술을 적절히 바꾸는 방법을 터득하게 된다는 의미다.

그녀는 '단순학습'이 전술과 목표의 불일치를 조직이 인지하여 그 후 전술을 바꾼 결과로서 발생할 수 있다고 주장한다. '단순학습'은 비교적 간단하기 때문에 대외정책 수립 부서에서 일반적인 현상이다(Tetlock 1991). 1961년의 피그만 침공 실패 이후의 관료정책과 위기관리 수단에 관한 케네디 행정부의 학습은 '단순학습' 사례다(Nye 1987).

반면에 '복잡한 학습'은 전술 측면에서의 변화뿐만 아니라 추구하는 목표 측면에서의 변화를 지칭한다. '복잡한 학습'은 행위자의 신념체계 수준에서 이루어진다. 왜냐하면 행위자가 인과관계에 관한 자신의 신념을 수정하기 때문이다(Stein 1996: 110).

'복잡한 학습'은 우선순위와 트레이드오프(Trade-off) 측면에서의 변화를 수반하게 된다. 이는 학습이 보다 깊은 수준에서 일어난다는 의미다(Nye 1987: 380). 이 같은 학습은 기존의 가치관과 정책의 재검토에 기인하며, 일반적으로 당시까지 가장 중요하게 생각했던 목표들의 포기 또는 연기를 초래하기도 한다(Stein 1996: 110).

인과관계가 서로 얽혀있기 때문에 '복잡한 학습'은 빈번하지 않으며 보다 어렵다(Levy 1994). '복잡한 학습'의 사례에 1973년의 욤키푸르 전쟁 이후 이집트에 정치적 양보를 결정한 이스라엘의 결심이 있다. 당시 이스라엘은 아랍 적국들과의 네 번째 전쟁에서 승리했지만 상당히 많은 인명을 손실했다. 결국 이스라엘 지도자들은 자신들의 목표를 '군사력의 상대적 우위'에서 '조화'로 바꾸었다(Stein 1996).

빈번히 발생하는 '단순학습'은 드물게 발생하는 '복잡한 학습'과 상이한 형태다. 달리 말하면, 통상 전술적 수준의 손질에 해당하는 '단순학습'이 일반적인 현상이라면 기본 목표의 재검토에 해당하는 '복잡한 학습'은 매우 드믄 현상이다. 기본목표 재검토는 목표 달성을 위한 전략구상 측면에서의 빈번한 실패 이후 발생한다.

'복잡한 학습'은 정책 구현 과정에서의 모순 또는 부정적인 결과가 초래될 경우 주로 진행된다. '복잡한 학습'이 빈번하지 않은 이유는 행위자들이 새로운 증거를 자신의 신념체계에 반영하는 노력을 꺼리기 때문이다. 이러한 태도로 인해 변경이 필요한 인식이 최소화된다(Tetlock 1991). 예를 들면, 미국이 중국을 합리적인 국가로 수용하는 데 1949년부터 1969년까지 20년의 기간이 걸렸으며, 1979년에 국교를 정상화하기까지 또 다른 10년이 소요된 바 있다(Garrett 1991).

2) 국가도 학습할 수 있는가?

(1) 조직의 학습
텟록(Tetlock 1991: 31)은 '복잡한 학습'은 의사결정 조직의 구성원들이 대거 교체된 이후에나 발생하는 경향이 있다고 주장한다. 이는 의사결정 조직의 구성에 변화가 없는 경우 이 같은 학습의 여지가 거의 없음을 의미한다. 한편 이는 국제관계에서 학습을 연구하는 학자들의 주요 질문 가운데 하나와 직결된다. 즉 학습의 주체는 누구인가? 학습이 조직 수준에서도 이루어지는가, 아니면 개인 수준에서만 이루어지는가?

대부분 학자들은 학습이 개인 수준에서만 가능하다고 생각하고 있다.[1] 부분적으로 이는 국제관계에서 학습을 분석할 목적으로 인지 및 사회적 심리학이 널리 이용되고 있다는 점과 학습이 또 다른 수준에서 가능하다는 사실을 연구하고 입증하기가 쉽지 않다는 점이 반영된 결과다. 따라서 일반적으로 학자들이 수용하는 정의에서 레비(Levy 1994: 287)는 학습을 개인의 인지적 수준에서의 신념의 변화로 표현하고 있다.

국제관계에서의 학습에 관한 심리적 접근을 보다 세밀하게 분석하는 일은 본 연구의 범위를 벗어나는 것이다. 그러나 국제관계와 학습의 관계를 연구해 온 학자들은 심리적인 접근이 가장 인기가 있다는 사실에 동의하고 있다(Reiter 1996; Tetlock 1991).

그럼에도 불구하고 학습이 개인 수준에서만 이루어진다는 주장을 수용하면 여타 행위자들, 국가, 초국가, 하부국가적 성격을 띤 조직들의 학습 가능성을 부인하게 되는 문제가 있다. 더욱이 텟록(1991)이 암시하고

---

1) 체켈(Checkel 2001: 561)은 합리주의자들이 학습을 철저히 개인주의적인 관점에서 묘사하고 있는 반면 구성주의자들의 경우 이 같은 '개인주의적인 덫'에 빠져 있다는 사실에 주목했다. 코노프(Knopf 2003)는 개인이란 분석 수준에 초점을 맞추는 현상은 1994년에 등장한 레비의 영향력 있는 논문의 결과라고 말하고 있다. 이 논문에서 레비는 개인이 경험을 통해 교훈을 도출하는 방법에 초점을 맞춘 학습 연구를 촉구했다.

있듯이 '복잡한 학습'이 조직 구성원 가운데 상당한 변화가 있는 경우에
만 발생한다면 조직 구성원, 특히 고위층 구성원이 비교적 안정되어 있
는 국가, 초국가, 하부국가에서는 '복잡한 학습'이 일어나지 않을 수도 있
을 것이다.

그러나 이 부분과 관련해서 핀네모와 식킨크(Finnemore & Sikkink
2001)는 의견을 달리한다. 이들은 학습이 제도적 수준에서 이루어질 수도
있다고 주장한다. 하지만 이들은 이 같은 학습이 어떻게 이루어질 수 있
는지에 관해서는 깊이 연구하지 않았다.

조직의 학습을 주장하는 사람들은 학습이 개인 수준에서만 이루어진
다는 개념에 이의를 제기하며 조직이 학습하는 방법을 보여주고 있다.
도그슨(Dodgson 1993)은 조직 차원의 학습이 많은 사회과학, 특히 경제학
과 경영학 연구에서 인기 있는 개념이라고 주장한다.

조직 학습이 조직 구성원들의 학습 결과를 종합한다는 의미는 아
니다. 조직은 두뇌는 없지만 인지적 체계와 기억은 있다(Hedberg 1981;
Schein 1985). 구성원과 리더는 바뀌지만 조직은 특정 행동, 지적인 구성,
규범 및 가치관을 유지한다. 많은 부분 이는 학습을 쉽게 해주는 공유된
문화(조직) 내부에서의 개개인들의 내적인 통합의 결과다(Dodgson 1993).
간단히 말하면, 조직학습이 이루어지려면 조직과 조직 구성원들의 사회
화 과정이 필수적이다.

그러나 조직의 학습이 자연스런 현상은 아니다. 왜냐하면 조직이 일
정 절차와 관행에 따라 운용되기 때문이다. 이들 조직의 조치는 중요성
또는 의도가 아니고 적합성 또는 합법성의 논리에 따르게 된다. 조직은
대안들을 분석한 결과에 입각하여 행동하는 것이 아니다. 조직은 새로운

상황에 사전 정립된 절차들을 적용할 뿐이다(Levitt and March 1988; March and Olsen 1998).

인지적 접근 방식을 포함한 조직 학습을 국제관계 학습 이론에 적용한 바 있는 댄 레이터(Dan Reiter 1996: 30)는 조직의 절차와 관행은 국제환경의 역학에 관해 믿고 있는 부분(신념)이며, 이 같은 신념이 행동을 결정하게 된다고 설명한다. 조직의 조치가 중요성의 논리를 따르지 않는다는 점에서 보면, 이들 조치가 국제사회 환경의 요구에 부응하는 형태라고 추정할 수 없을 것이다.

조직 학습 이론가들로부터 얻을 수 있는 두 번째의 중요한 발견은 조직이 경험을 통해 교훈을 터득하며 학습한다는 것이다. 조직의 관행(Routine)은 미래에 관한 예견보다는 과거의 분석에 근거한다. 그러나 조직은 자신들의 행위의 결과를 보며 이들 관행을 적절히 바꾸게 된다 (Levitt and March 1988). 조직은 이들 결과를 해석하여 새로운 관행과 신념을 발전시킨다(Cyvert and March 1963; Levitt and March 1988). 그 후 이들 새로운 관행은 기록되며 사회화 과정을 통해 전파된다. 결과적으로 이들 관행이 조직원들의 변화와 무관하게 지속된다. 조직의 구성원 가운데 관행과 신념의 변화를 초래한 사건들을 직접 경험하지 않은 구성원들 또한 이들 관행과 신념을 채택하게 된다(Ibid).

조직이 학습한다는 개념에 입각하여 우리는 국가 또한 학습한다고 추론할 수 있을 것이다. 통상 국제체제에서 국가를 대표하는 것은 해당 국가의 정부다. 이는 이 같은 정부가 국민의 의지를 제대로 대변하고 있는지와 무관하다. 개인으로 구성된 정부는 별도의 예하 부처로 조직되며, 이들 예하 부처는 동일 정부 안에서 여타 부처 그리고 여타 국가의 부처들과 상호 작용하게 된다. 이는 학습이 정부가 아니고 개개 부처 수준에서 이루어지며, 결과적으로 국가가 학습할 수 없다는 의미다.

한편 스셰인(Schein)이 설명하고 있는 것처럼 조직은 개인을 조직 문화 안에서 통합시키는데, 이들 조직 문화는 개인의 변화와 무관하게 지속된다. 더욱이 대외정책 수립은 일반적으로 정부의 몇몇 부처가 담당하게 된다. 통상 대통령실, 수상실, 외무장관 또는 국방부장관이 담당하게 된다. 따라서 국가를 대외정책 의사결정 과정에 관여하는 기관들로 구성되는 단일체로 이해하는 경우, 국가의 학습이 가능하다고 주장할 수 있을 것이다.[2]

조직 학습을 주장하는 대표적인 학자는 어네스트 하스(Ernst Haas)이다. 그는 조직 학습을 전제로 한다. 그의 연구는 조직 학습을 설명해주는 인과적인 메커니즘에 초점을 맞추고 있다(Haas 1980; 1990; 1991). 학습에 관한 매우 상세한 저서인 『지식이 힘이 되는 시기 ; 국제기구의 3가지 변화 모델(When Knowledge is Power : Three Models of Change in International Organizations)』에서 그는 국제기구의 학습을 서술하고 있다. 이 같은 방

---

2) 여기서 유의할 부분이 있다. 국제관계 문헌에서는 특정 개인들(예를 들면 미 국무부장관)에 의해 대표되는 법적으로 구분된 기구들(예를 들면 미 국무부)에서 이루어지는 학습을 언급할 당시 '조직' 학습이라는 용어를 널리 사용한다. 이들 문헌은 1970년대에 그래함 앨리슨(Graham Allison)과 모튼 핼퍼린(Morton Halperin)이 연구하기 시작한 관료정치에 근거하고 있으며, '관료적 학습'을 '조직적 학습'으로 대체하여 사용한다. 이 같은 접근 방법을 사용하는 연구들은 국가를 응집력 있는 개체로 고려하지 않는다. 다만 어떻게 국가들이 관료들의 이전투구에도 불구하고 학습을 지속할 수 있는가를 고민할 뿐이다. 이러한 입장과 달리 본 논문에서는 국가를 학습능력이 있는 하나의 응집력 있는 단일체로 간주한다. 관료정치적 관점에서 조직학습에 관해 연구한 결과물의 목록은 레이터(Reiter 1996)를 참고하기 바란다.

식으로 그는 조직을 학습 능력이 있는 행위자로 취급할 수 있음을 보여주고 있다. 더욱이 국가들의 집합인 국제기구에 관해 그가 초점을 맞추고 있다는 사실은 개인과 동일한 방식으로, 국가가 경험을 통해 학습할 능력이 있음을 보여주는 것이다(Ibid: 1990).

한편, 하스는 『집단학습 : 몇몇 이론적 추정(Collective Learning : Some Theoretical Speculations)』에서 '정부 구성체들(Entities in government)'에 의한 학습에 초점을 맞추면서, 국제관계에서 '학습 예상자'는 개인이 아니라고 주장한다(Ibid: 1991: 63). 국제관계에서 학습에 관한 연구의 초점이 대부분 개인 학습에 맞추어져 있지만, 하스는 자신의 연구에서, 준국가, 국가, 초국가 구조들 또한 경험을 통해 학습이 가능하다는 점을 분명히 하고 있다.

3) 완벽한 학습 측면에서의 장애물

개인의 학습 과정과 비교하여 조직의 학습 과정에서 오류가 비교적 적을 것이라는 주장은 잘못된 것이다. 조직 학습 연구의 선구자인 마치(March)와 올센(Olsen)은 경험을 통한 조직의 교훈 터득, 즉 조직학습에는 세 가지 제약이 있다고 주장한다. 첫째, 추구하는 목표들이 애매하거나 대립되는 경향이 있으며, 둘째, 발생한 부분이 통상 분명치 않으며, 셋째, 사건들의 인과관계가 분명치 않다는 점이 바로 그것이다. 조직은 발생한 부분, 발생 이유, 발생한 부분의 정당 또는 부당 여부를 믿게 된다. 그러나 이러한 믿음(신념)이 축적되는 과정이 믿음 자체에 영향을 준다(March and Olsen 1975). 간략히 말해 이들 신념이 축적되는 과정의 한계가 터득한 교훈에 영향을 주게 된다는 것이다.

더욱이 학습 과정은 일반적으로 이들 과정이 기존의 신념 구조를 지속 유지하고자 하는 속성이 있다는 의미에서 보수적이다. 대체로 경험은 사건 발생 이유와 관련하여 이전에 견지하고 있던 이론들을 강화할 목적으로 이용된다. 이 같은 점에서 보면 학습은 지극히 드문 현상이다. 그러나 신념의 유지에도 한계가 있다. 견지하고 있는 신념이 지속적으로 문제를 초래하는 경우에는 신념에 관해 의문을 제기하게 되며 목표들을 재조사하는 단계에 이르게 된다. 마찬가지로 지속적으로 성과가 있는 경우에는 보다 많은 수익을 얻을 목적에서 새로운 시도를 하는 경향이 커진다(March et al. 1991). 따라서 이전의 실패 사례 그리고 종종 성공 사례에 의존하는 것은 사실이지만 조직의 학습은 가능한 일이다. 더욱이 레비가 묘사한 '복잡한 학습' 또한 가능한 일이다.

학습이 진행되는 경우에도 완벽하거나 거의 완벽한 학습이 항상 가능한 것은 아닌데 이는 '능숙함의 덫(Competency Trap)'[3] 때문이다. 앞에서 언급한 바처럼 조직은 바람직한 결과를 초래한다고 생각되는 순서, 방법, 절차 또는 전략에 따라 운영되는데 이들 방법, 절차 또는 전략은 학습이 진행되는 경우 변혁된다. 바람직한 결과를 안겨다 준 바 있는 순서, 방법, 절차 및 전략을 터득한 경우, 조직은 색다른 순서, 방법, 절차, 전략으로의 전환을 꺼리게 된다. 특정 행동을 통해 과거에 최적의 결과는 아니지만 최적에 근접한 결과를 얻은 경우에도 조직은 어느 정도 긍정적인 결과가 달성되는 동안, 변화를 거부할 것이다(Levitt and March 1988;

---

3) 역자주 : 하던 일을 잘하면 잘할수록 다른 일을 하지 못하게 되는 함정.

March anc Olsen 1998).

완벽한 학습 측면에서의 두 번째 제약사항은 조직의 인지구조와, 그리고 인지구조와 연계되어 있는 신념과 관련이 있다. 조직의 신념은 환경에 대한 주관적인 해석의 결과로 형성된다(March and Olsen 1975). 이들 신념이 문제가 많은 방식으로 정립된 경우에도 신념은 과거 행위와 일관성이 있는 전략을 구상하도록 하는 장기 기억으로 기능한다(Hedberg 1981). 신념은 환경에 관한 조직의 인식과 조직의 상황 대응 방식에 영향을 준다(Nystrom and Starbuck 2004). 결국 인지적 한계가 완벽한 학습을 어렵게 하는데, 이는 조직 구성원들을 사회화해주고, 구성원들이 바뀐 이후에도 유지되는 오랜 신념 때문이다(March 1991).

일반적으로 인지적 구조가, 특히 신념이 학습을 어렵게 한다는 개념은 국제관계 분야에서 잘 정립되어 있는 부분이다. 어네스트 R. 메이(Ernest R. May 1973)는 『과거의 교훈; 미국 외교정책에서 역사의 적절한 이용과 잘못된 이용(Lessons of the Past : The Use and Misuse of History in American Foreign Policy)』이란 제목의 기념비적인 저서에서, 역사에 관한 신념이 정책 결정자들의 선택에 영향을 준다고 주장했다.

학습에 관한 레비의 정의에서는 학습이 신념에 변화가 있거나 새로운 신념이 발전될 당시에나 가능하다는 사실을 강조하고 있다. 텟록(Tetlock 1991)은 목표에 관한 신념이 전술에 관한 신념보다 변화가 쉽지 않다고 주장한다. 아무튼 신념체계를 바꾸기가 매우 어렵다는 점에서 볼 때(Leng 2000), 기존 인지적 구조의 제약이 조직의 학습을 어렵게 하는 주요 요인이라고 생각할 수 있을 것이다.

3. 북한 사례

이 책에서는 클린턴 행정부 초기부터 김정일이 사망한 시점까지 북한의 대미 외교정책을 분석하고 있다. 김정일은 오바마 대통령 재임 기간에 사망했다. 이미 언급한 바처럼, 이 책의 목적은 미국이 추구한 정책을, 동아시아 여러 국가들의 행동을, 그리고 이들에 영향을 주는 국제체제의 변화를 북한이 어떻게 이해했는지, 이러한 이해가 북한의 대미 행동에 어떻게, 왜 영향을 미쳤는지를 설명하는 것이다.

이 책에서는 미국을 겨냥한 북한의 행동이 '북·미 외교관계 정상화'란 목표에 의해 주도되고 있다는 점을 강조하고 있다. 물론 이 같은 목표를 겨냥한 북한의 공약은 북한이 1차 핵실험을 단행한 2006년 10월 이후 약화되었다. 이유야 어떠하든 북한은 미국과의 관계 정상화를 추구하면서, 약소국들이 사용할 수 있는 협상전술들을 상황에 따라 적절히 결합해 사용하였다. 이들 전술 가운데 북한이 선택한 전술은 '단순학습'의 결과였다.

그러나 이 같은 학습은 '능숙함의 덫', 북한의 인지적 구조, 이들과 관련이 있는 북한의 신념에 영향을 받았다. 북한 입장에서 전혀 색다른 목표를 겨냥한 '복잡한 학습'은 아직 없었다. 그러나 이 같은 '복잡한 학습'의 흔적을 1차 핵실험 이후 평화공존을 추구하기로 한 북한의 결심에서 그리고, 2009년 5월의 2차 핵실험 이후 전쟁 억지력뿐만 아니라 북·미 관계 정상화를 추구하기로 한 북한의 결심에서 찾아볼 수 있을 것이다.

1) 북한이란 약소국의 협상전술과 학습

앞에서 설명한 것처럼 자신의 목표를 달성할 목적으로 협상전술을 효과적으로 이용할 수 있으려면, 약소국은 단일의 특정 목표에 대한 신빙성 있는 열정(공약)을 표명해야 한다. 1974년 3월 25일 북한최고인민회의가 미 의회에 보낸 서신에서 북·미 외교관계 정상화를 구체적으로 요구한 이후 북·미 외교관계 정상화는 북한 대미정책의 주요 목표가 되었다.

이 책은 북한이 북·미 외교관계 정상화를 요구한 이후, 이 목표를 달성하기 위해 어떤 행동을 취해 왔는지를 보여 줄 것이다. 조지 W. 부시 행정부가 북한에 적대적인 행동을 보인 경우에서조차 북한은 이 목표의 달성에 열의를 보였다. 적대적인 미 행정부와는 관계 정상화를 달성할 수 없다는 점을 고려해보면, 이것이 북한의 이해 부족을 보여주는 부분일 수 있다. 그러나 북·미 외교관계 정상화를 겨냥한 열정으로 인해 북한은 미국과의 관계에서 수년 동안 색다른 협상전술들을 결합하여 사용하고자 노력할 수 있었다. 이에 반해, 미국은 북한에 관한 주요 외교정책 목표가 수시로 바뀌는 모습을 보였다.

클린턴 1기 행정부부터 김정일 시대 전반에 걸쳐, 북한은 강대국과의 협상에서 약소국이 택할 수 있는 전술 가운데 편승을 제외한 모든 전술을 사용하고자 노력했다. 이 책 뒷부분에서 자세히 설명하겠지만, 중국 입장에서의 북한의 전략적 중요성을 감안해 보면, 북한이 중국과의 제휴를 통해 미국에 대항한 세력균형을 추구할 것임은 쉽게 예측이 가능하다. 보다 흥미로운 부분이지만, 미국이 운용한 전술에 대항하여 북한은 러시아, 대한민국은 물론이고 일본과도 제휴하여 균형을 유지하고자 한 경우도 있었다. 북한 관리들은 북·미 외교관계 정상화를 선호했던 미국의 비둘기파 관리들의 입장을 지지해주는 방식으로 미국의 매파들에 대항하여 암묵적인 방식으로 균형을 유지하고자 노력한 경우도 있는데 이는 매우 놀라운 부분이다.[4]

연성균형은 미국과 협상할 당시 북한이 통상 많이 사용한 전술이다. 연성균형 측면에서 보면 '단순학습'이 제대로 기능한 것 같다. 왜냐하면 연성균형은 매파 성향의 일부 미국 관리들을 겨냥한 외교적 저항을 가능하게 해주었지만 미국에 직접 도전하는 형태는 아니었기 때문이다. 그러나 연성균형이 일반적으로 자국에 유리한 방식으로 작용했음에도 불구하고, 북한이 연성균형을 피한 사례도 있었다. 이 책에서는 북한이 연성균형 전술을 회피한 몇 가지 사례에 북한의 인지적 구조가 어떻게 영향을 미쳤는지를 설명할 것이다.

클린턴 행정부 출범 이후 북한은 수차례에 걸쳐 벼랑끝전술을 사용했다. 이 책에서는 '단순학습'이 북한의 벼랑끝전술 사용에 영향을 미친 방식을 서술할 것이다. 1998년의 미사일 시험발사, 2002년의 국제원자력

---

[4] 대외정책을 연구하는 미국의 학자들은 미국 관리들을 매파와 비둘기파란 두 개의 색다른 집단으로 구분할 수 있다는 사실에 동의하고 있다. 이 용어는 국제체제에 관한 현실주의적인 관점을 견지하고 있는 관리인 매파와 문제 해결에 기반한 실용적인 접근 방안을 견지하고 있는 관리들을 구분할 목적에서 쿠바 미사일위기 당시 처음 등장했다(Leng 2000). 스나이더와 디에싱(Snyder & Diesing 1977)은 매파와 비둘기파의 중간에 있는 집단을 명시할 목적으로 중간성향이란 집단을 추가했다. 그러나 진정한 의미에서 중간성향의 인물은 드물다. 대부분 관리는 매파 또는 비둘기파적인 성향을 견지한다. 따라서 미국 관리는 이들 가운데 하나로 분류될 수 있다.

기구 사찰단 추방, 2006년의 미사일 발사와 핵실험 모두는 미국이 자국을 겨냥하여 압박전술을 사용하고 있다고 김정일 정부가 인식하여 대응한 결과였다. 북한은 미국이 압박전술을 버리고 협상 테이블로 돌아오도록 만들기 위해서 미국의 압박 전술에 상응하는 나름의 벼랑끝전술을 사용한 것이다.

그러나 북한이 구사한 벼랑끝전술 가운데 일부는 북한의 '단순학습'을 어렵게 한 '능숙함의 덫'과 인지적 구조의 결과로 보인다. 2009년의 미사일 발사와 핵실험, 2010년의 천안함 격침, 2010년의 연평도 포격사건은 합리적인 관점에서 설명이 쉽지 않은 부분이다. 왜냐하면 북한 입장에서 이들 조치가 긍정적인 결과를 가져 올 가능성이 낮았기 때문이다. 그러나 그 이전에도 북한이 벼랑끝전술을 사용하여 성공을 거두었다는 사실은 북한이 지속적으로 이 전술의 사용을 고집한 이유를 설명해줄 수 있을 것이다.

약소국의 협상을 연구하는 많은 학자들에 따르면, 국제 레짐 참여는 약소국이 통상 추구하는 전술이다. 그러나 아무리 좋게 생각해도 북한은 국제 레짐에 마지못해 참여하였다. 북한은 비확산 레짐에 참여할 당시 결코 마음이 편치 않았다. 결국 2003년 북한은 핵확산금지조약(NPT)에서 탈퇴했다. 여타 약소국들의 경우, 유엔총회에서 그리고 유엔 산하 기구 및 위원회에서 적극 활동한다. 하지만 북한은 유엔 활동에 어찌할 수 없는 경우에만 참여했다.

제2차 북한 핵위기에 대처할 목적으로 특별히 만든 국제 레짐인 6자 회담에도 북한은 마지못해 참여했다. 다자간 협약 형태인 6자 회담이 북한에 안겨다준 이득에도 불구하고 김정일 정부는 6자 회담을 달갑게 생각하지 않았다. 이전에 참여했던 여러 다자간 레짐에서의 씁쓸한 경험이 미국과의 협상 목적으로 북한이 이 전술의 이용을 탐탁지 않게 생각한 이유를 설명해 준다. 이 사례가 보여주는 것은 '능숙함의 덫'과 인지적 구조가 북한의 '단순학습'을 약화시켰다는 것이다.

4. 방법론과 책의 구성

이 책의 대부분은 인터뷰, 연설, 공식 문서에서 수집한 1차 자료에 근거하고 있다. 인터뷰는 1차 자료를 확보하기 위한 주요 방법이다.

60여 명에 달하는 현직 및 전직 전문가, 현장 근무자들과 형식에 구애받지 않고 인터뷰했다. 이는 인터뷰에 응하는 사람들이 필자가 보일 수 있는 편향성에 구애 받지 않도록 하기 위해서였다. 이러한 인터뷰 방식은 다음과 같은 두 가지 측면에서 도움이 되었다. 첫째, 북한의 행동과 북한의 색다른 협상전술 사용에 관한 유사한 질문들에 대한 답변들을 쉽게 비교해 볼 수 있었다. 둘째, 인터뷰 대상자들의 전문 지식을 고려한 맞춤형 질문이 가능해졌다.

인터뷰 질문의 민감성을 감안하여 인터뷰 내용을 녹음하지 않았으며, 서면으로 기록했다. 또한 인터뷰 대상자의 이름은 개개인의 신분 보호 차원에서 기록하지 않았다. 왜냐하면 인터뷰 대상자 가운데 많은 사람이 정부에서 일하거나 최근 은퇴한 상태였기 때문이다. 거의 모든 인터뷰는 대면 형태로 이루어졌으며, 일부는 이메일 또는 전화로 진행되었다. 인터뷰를 통해 얻은 자료는 1차 자료 자체로서 사용했을 뿐만 아니라 배경

정보와 분석 자료 또는 여타 1차 출처에서 얻은 정보를 보완할 목적으로 사용했다.

미국, 영국, 중국, 일본, 대한민국 및 러시아 관리들을 인터뷰했는데, 미국인들과의 인터뷰에 주력했다. 미국이 북한의 주요 대상국이었기 때문이다. 또한 이는 일반적으로 미국인들이 북한과 상대하면서 많은 경험을 했다는 사실을 반영한 것이다. 대한민국 관리들은 북한을 상대하면서 얻은 경험, 유사한 문화적 특성, 남·북한이 단일 국가로서 오랜 역사를 공유했다는 점에서, 북한 행동의 이면에 영향을 준 동인을 찾는데 많은 도움을 주었다.

연구에 활용한 다른 1차 자료에는 연설과 공식 문서가 있다. 북한이 정치적으로 철저히 통제받고 있는 국가란 점에서 이 책을 위해 인터뷰할 목적으로 북한관리들에게 접근할 수는 없었다. 한편, 북한의 정보 매체가 철저히 통제받고 있음을 고려해 보면, 북한의 공식 언론매체는 김정일 정권의 입장을 정확히 대변하고 있는 것으로 생각할 수 있을 것이다.

북한의 핵심 언론매체는 공식 뉴스 기관인 조선중앙통신이다. 1997년 1월 1일 이후의 조선중앙통신 뉴스를 온라인에서 수집할 수 있었다. 연구를 위해 조선중앙통신 영어 뉴스 버전을 사용했는데, 북한 정권은 자신의 입장을 제 3자에게 전달할 목적으로 영어 뉴스 버전을 사용하고 있다. 내용 면에서, 조선중앙통신의 한국어 버전과 영어 버전 간에는 별 차이가 없었다. 이외에도 서울의 '평화통일연구소'에서 발간하는 학술지 「Korea and World Affairs」를 참조했다. 이 학술지에는 북한의 공식 문서, 사본, 뉴스가 포함되어 있는데, 이 자료들이 거의 편집되지 않은 원본 상태로 수록되어 있다.

이외에도 중국의 공식 언론매체 자료를 이용했다. 중국 정부의 공식 입장을 대변하는 것으로 생각되는 차이나 데일리(China Daily)의 영자판을 온라인을 통해 확보했다. 중국의 공식 언론기관인 신화사는 중국 정부의 관점을 전달해주기 위해 차이나 데일리의 뉴스 부분을 재인용하고 있었다. 이 자료를 통해, 북한 문제에 관한 중국의 공식 입장을 충분히 파악할 수 있었다.

마지막으로 미 정부 관리의 공식 발언과 성명서를 참조했는데, 이 자료들은 미 국무성과 국방성의 웹사이트를 통해 접근 가능했다. 공식적인 발언을 확보하기 어려운 경우에는 미국 관리들의 발언을 인용한 뉴스들을 이용하였다.

핵심적인 사건을 분석하기 위해, 다양한 출처의 자료를 가능한 많이 확보하고자 노력했다. 편향성을 줄이고 주요 사건들을 교차 검증하기 위해 이들 자료를 활용했다. 이 같은 교차 검증은 특정 사건을 기술하고 있는 다양한 정보 출처를 조사함으로써, 그리고 이들 사건에 관여했던 사람들과의 인터뷰를 통해 가능해졌다.

클린턴 행정부 1기부터 오바마 행정부에 이르는 북·미 간의 협상을 분석하기 위해서 시대별 서술방식을 채택하였다. 2장에서는 북한의 대미행태에 관한 냉전 당시의 역사적 배경을 간략히 살펴볼 것이며, 그 후 클린턴 행정부 당시의 북한의 대미정책의 진전을 분석할 것이다.

3장에서는 조지 W. 부시 행정부 전반기 5년 6개월 기간에 초점을 맞추어 서술할 것이다. 이 시기는 부시행정부 출범부터 6자 회담 모든 당사국들이 동의한 2005. 9. 19 공동성명이 나오기까지의 시기에 해당한다. 4장에서는 9. 19 공동성명이 나온 이후부터 부시 행정부 말기까지 북한의 대미정책을 분석할 것이다. 이 시기 북한은 1차 핵실험을 단행했다. 5장에서는 오바마 행정부 출범부터 김정일 사망 시점까지의 미국의 대미정책을 조명할 것이다. 이 시기는 미국 대통령이 취임 직후 북한 핵문제에 직면한 유일한 시기이기도 했다. 마지막 6장에서는 2장에서 5장까지의 분석에 입각하여 북·미 관계에 관해 북한이 학습한 부분에 대하여 결론을 내릴 것이다.

제2장

북한과 클린턴 행정부

1. 냉전 당시의 북한과 미국

북·미 관계는 최악의 상태에서 시작되었다. 공식적으로 건국한지 2년도 되지 않은 1950년 6월 북한은 대한민국을 침략했다. 그 후 2주도 지나지 않아 북한군과 미군이 한반도 전쟁에서 최초로 접전했다.

1953년 7월의 정전협정으로 미국과 북한 간의 직접적인 군사적 대립은 종결되었다.[1] 그러나 정전협정으로 한국전쟁이 공식적으로 종료된 것은 아니었다. 오늘날에도 북한과 미국은 기술적으로는 전쟁 상태에 있다. 왜냐하면 평화협정에 아직 서명하지 않았기 때문이다.

한국전쟁으로 인해 초래된 북·미 간의 적대감정 그리고 한국전쟁이

---

1) 이는 물론 한국전쟁을 지나치게 단순화시킨 관점이다. 한국전쟁의 기원, 진행과정 및 여파에 관해 자세히 알고자 하는 경우 스튜엑의 연구(Stueck 1995, 2000)를 참고하기 바란다.

종료되지 않았다는 사실이 냉전의 실상과 함께 탈냉전 이후 20여 년 동안 북·미 관계에 부정적인 영향을 미쳤다. 일제 강점기, 김일성은 중국 동북부 지역에서 일본군과 전투를 벌인 조선공산주의자들의 소규모 부대의 부대장이었다(Samuel S. Kim 2006: 49). 이로 인해 신생 북한의 독보적인 지도자가 된 김일성은 외부위협에 균형을 맞추기 위해서 중국 및 소련과 제휴하고자 하는 경향이 있었다.

북·중 관계와 북·소 관계는 한국전쟁을 통해 보다 강화되었다. 중국 정부가 파견한 중국의용군의 개입 덕분에 북한은 미국 주도 유엔군과 한국군에 의한 패배를 모면할 수 있었다(Hoare and Pares 1999: 93-4). 중국의 지원과 비교하여 그 규모는 작았지만 소련의 지원 또한 북한에 중요한 의미가 있었다. 소련은 북한군과 중공군에게 무기를 제공해주고, 북한군을 훈련시켜 주었으며, 공중 엄호를 제공해주었다(Stueck 1995: 31).

한국전쟁에서 북한이 살아남을 수 있었던 이유는 중국과 소련의 지원 때문이었다. 전후 북한이 한미연합군의 공격 위협에 대항할 목적에서 중국 및 소련과의 군사협력을 추구한 것은 당연한 일이었다.

1961년 7월 북한은 중국 및 소련과 상호방위조약을 체결했다. 조소 상호방위조약은 양국 가운데 누구라도 일방적으로 파기할 수 있었다. 하지만 조중상호방위조약은 파기하고자 하는 경우 양국의 분명한 동의가 요구되었다(Ibid: 144-6). 결과적으로 오늘날에도 조중상호방위조약은 법적으로 구속력이 있다. 북한은 중국과 소련 양국으로부터 경제 및 군사 지원을 얻기 위해 중소 경쟁관계를 활용했지만, 어느 한쪽의 군사적 지원을 상실할 만큼의 모험은 하지 않았다. 북한은 한국전쟁 이후 공산 진영에 남아 있었기 때문에 냉전 당시 미국과 우호적인 관계를 맺을 수 없었다.

1) 냉전 초기; 북한의 벼랑끝전술(brinkmanship)

중국, 소련과의 협력으로 북한은 한미연합군에 의한 공격을 강력히 억제할 수 있었다. 냉전 당시 북한은 소련보다는 중국과 더 우호적이었다. 중국은 북한을 외부 위협에 대한 완충지대로 간주했다.

종종 인용되는 '순망치한(脣亡齒寒)'의 관계는 중국과 북한의 긴밀한 관계를 함축적으로 표현해주는 용어다. 중국 입장에서 보면, 통일된 한반도는 역사적으로 중국 중심 세계의 일부였다(Kim 2006a). 따라서 일본이 한반도를 통치하고 있던 1910~1945년의 기간 중 중국 공산당은 중국 북동부 지역의 조선독립군들을 지원해주었다.

한국전쟁 당시 중국은 병력을 동원하여 북한을 지원해준 유일한 국가였다. 그러나 이는 순수한 지원이 아니었다. 불과 1년 전 장제스(蔣介石)의 국민당 군대를 대만으로 추방시킨 중국군은 유엔군이 한만국경에 거의 도달한 1950년 10월에 한국전쟁에 참전했다. 중국은 북한을 지원하기 위해 소련이 병력을 파견할 것으로 생각했지만 소련은 그러지 않았다. 이로 인해 중국은 한국전쟁에 개입하지 않을 수 없는 입장이 되었다(Hoare and Pares 1999: 93-4).

소련의 병력 지원 없이 중국은 유엔군을 북한지역에서 몰아낼 수 있었다. 이를 통해 중국은 두 가지를 자각하게 되었다.

첫째, 소련은 군사분쟁 상황에서 북한을 지원하기 위해 병력을 보내지 않을 것이기 때문에 북·중 국경인 압록강까지 미군이 주둔하는 현상을 중국이 막아야 한다. 둘째, 중국군은 필요한 경우 미군의 공격을 적어도 격퇴할 능력이 있다. 따라서 미국과 세력균형을 유지할 목적으로의 북한에 대한 지원이 가능하다. 이 같은 사고가 최근까지 북·중 관계를 정의해주고 있다. 결과적으로 북한은 중국과의 동맹을 통해 미국에 대항하는 세력균형을 이룰 수 있었다.

1960년대 당시 북한은 한미연합군에 의한 공격의 방지에 만족해하지 않았다. 북한은 한반도 적화통일을 위해 재차 노력했으며, 가능하다면 무력으로 통일하고자 했다. 이외에도 김일성은 한국전쟁이 종료된 이후 주한미군의 한반도 철수를 추구했다. 중국과 소련의 도움을 받아 한미동맹에 대항하는 형태로는 적화통일이란 목표를 달성할 수 없었다. 결과적으로 1960년대 당시 북한은 미국에 대항하여 두 차례 벼랑끝전술을 구사했다.

미국을 겨냥한 북한의 첫 번째 벼랑끝전술은 북한 무장공비들에 의한 청와대 기습공격이 무산된 지 이틀 뒤인 1968년 1월 23일에 벌어졌다.[2] 북한은 미국의 정보함 푸에블로 호를 공해상에서 나포하는 방식으로 보복했다(Lerner 2002; Mobley 2003). 이들 두 사건은 한·미 관계를 이간질하고, 적화통일을 달성하며, 대한민국의 경제발전을 저해하고, 대한민국 내부의 혁명세력에 힘을 실어주며, 베트남전쟁에서의 미국의 입장을 약화시킬 목적의 것이었다(Lee 2006: 57).

한반도에서 분쟁 위협이 고조되자 미국은 전면 군사 분쟁에 대비하여 베트남에서 한반도로 자원을 이동시키기도 하였다. 한편, 한국정부는 북

---

2) 청와대는 대한민국 대통령의 공식적인 거주지다.

한 무장공비의 청와대 공격과 푸에블로 호 나포 사건과 관련하여 미국에 보복을 요구했다(Mobley 2003: 73-6).

푸에블로 호 나포 사건 이후 11개월에 걸친 대립 과정에서 미국의 존슨 행정부는 몇몇 대안을 구상했다. 전면전을 피할 목적으로 미국은 외교적 방안을 선택했다. 11개월 동안 북한과 미국의 협상가들이 29차례 회동했다(Mobley 2003: 73-6). 외교 행위가 효력이 없어 보이자 미국은 네덜란드에서 건조하고 있던 2척의 북한 선박을 압류하는 방식으로 북한에 압력을 가했다. 경제적 자립을 추구하고 있던 김일성 정권 입장에서 볼 때 이는 충격적이었다(Ibid: 86-7).

결국 북한은 미국과 외교적으로 합의함으로써 한반도 전쟁을 피할 수 있었다. 1968년 12월 북한은 푸에블로 호 사건과 관련하여 미국이 사과하는 조건으로 82명의 푸에블로 호 승무원을 석방시켰다. 그러나 북한은 푸에블로 호를 되돌려주지는 않았다(Ibid: 88-9).

미국을 겨냥한 북한의 두 번째 벼랑끝전술은 1969년 4월에 있었다. 닉슨 행정부가 출범한 지 두 달도 되지 않은 시점에 북한군 전투기가 미 정찰기를 격추시켰다. 미 정찰기는 비무장 상태에서 북한 영공 밖에 위치해 있었다. 당시의 공격으로 31명의 승무원이 사망했다(Lee 2006: 65; Mobley 2003: 106-9).

북한이 미 정찰기를 공격한 이유는 분명치 않다. 다만 북한의 국내 정치와 관련이 있어 보인다. 군사력을 장악한 새로운 장군 집단이 북한군의 대비태세를 과시함으로써 자신들의 국내적 지위를 확고히 하고, 다른 한편으로 한미 군사동맹을 약화시키고자 한 것이다. 결과적으로 보면 미군 정찰기 격추 사건이 김일성의 위상을 보다 강화시켰다(Ibid: 103-4).

미국은 북한의 두 번째 벼랑끝전술에 제한된 수준의 전력증강 형태로 곧바로 대응했다. 그러나 새로운 군사 분쟁에 휘말리기를 원치 않았던 닉슨 행정부는 보복을 즉각 포기했다. 그럼에도 불구하고 미국은 북한이 재차 도발하는 경우 보복하기로 결심했다(Mobley 2003: 116-21). 이 경우 외교적 행위는 대안이 될 수 없었다. 푸에블로 호 사건과 달리 북한이 협상 도구로 사용할 수 있는 미국인 인질이 없었기 때문이다. 미국은 북한의 공격을 침략 행위라고 비난했다(Ibid: 131-2). 이전의 위기와 비교해 보면, 미 정찰기 공격은 한·미 관계에 영향을 주지 않았다. 한국정부는 미국에 보복을 요구하지 않았으며, 미국이 선택한 방책을 공개적으로 지지했다(Ibid: 132-3).

두 번째 벼랑끝전술을 통해 북한은 단순한 사과 이상의 결과를 얻을 수 있었다. 새로 출범한 닉슨 행정부는 북한을 겨냥한 첩보 비행 횟수를 줄이기로 결정한 것이다. 이외에도 첩보 수집 목적의 비행기들이 북한 영토에서 멀리 떨어진 상공을 비행하기 시작했다(Ibid: 139).

이들 벼랑끝전술을 통해 북한은 두 가지 교훈을 터득하게 된다.

첫째, 북한은 미국 또는 대한민국의 사전 도발이 없는 상태에서 적대행위를 시작한 후 미국의 양보를 얻을 수 있었다. 푸에블로 호 사건의 경우 이들 양보는 상징적인 의미만 있었다. 그러나 1969년 4월, 미 정찰기를 공격한 이후에는 물리적인 효과도 거둘 수 있었다.

이 책의 뒷부분에서 살펴보겠지만, 1990년대와 2000년대 북한은 한미연합군에 의한 도발이 없는 상태에서 수차례 벼랑끝전술을 감행했다. 이들 전술의 결과에는 차이가 있었다. 그러나 이들 벼랑끝전술 가운데 북한에 상당한 정도의 부정적인 영향을 미친 경우는 없었다. 북한의 벼랑끝전술에 대응하여 미국은 군사력을 사용하지 않았는데 이는 보다 중요한 부분이었다. 북한 입장에서 보면 벼랑끝전술은 투입한 비용과 비교하여 상대적으로 효과적인 대안이었다.

둘째, 북한 지도자들은 북·미대화를 시작하고자 하는 경우 벼랑끝전술이 훌륭한 방안이란 점을 알게 되었다. 앞에서 언급한 바처럼 푸에블로 호 위기 당시 북한과 미국은 29차례 회담을 했다. 이는 한국전쟁 또는 비무장지대와 무관한 사안을 놓고 양국이 지속적으로 외교적 접촉을 전개한 최초의 경우였다. 이 책에서는 1990년대와 2000년대 당시 북한이 미국을 협상의 테이블로 나오도록 할 목적으로 벼랑끝전술을 사용한 방식을 살펴볼 것이다. 북·미협상은 북한의 특정 벼랑끝전술을 종료시킬 목적의 것처럼 보였다. 그러나 북한은 이들 협상을 통해 북·미 외교관계 정상화 문제를 논의할 수 있었다.

2) 북한의 목표; 북·미 외교관계 정상화

1장에서 설명했듯이 특정 목표에 대한 공약은 강대국과 협상하는 약소국에게 있어서 필수적인 부분이다. 약소국은 강대국과의 협상에서 분명한 공약을 제시해야 바람직한 결과를 얻을 수 있다. 통상 보다 약한 상대와 협상할 경우 강대국은 상이하고도 상호 대립되는 여러 목표들을 놓고 고민하게 된다. 이는 강대국의 관심과 이익이 보다 포괄적인 성격이기 때문이다. 이들 강대국의 이익은 특정 분쟁보다는 전반적인 국제체제와 관련이 있다. 반면에 약소국은 보다 좁은 목표들에 초점을 맞출 수 있는 입장이다. 결과적으로 특정 목표를 겨냥한 약소국의 공약 제시는 보다 포괄적인 이익들을 지킬 목적으로 특정 목표를 희생시킬 의향도 있는 강대국을 상대할 당시 약소국이 구사할 수 있는 강력한 수단이다.

1970년대 당시 북한은 북·미 외교관계 정상화를 추구하기 시작했다. 1974년 3월 25일 최고인민회의는 북·미 외교관계 정상화를 미 의회에 서면으로 요청했다(Michishita 2010: 69). 최고인민회의가 형식적인 입법부 역할을 수행하고 있긴 하지만, 이 서신을 통해 김일성 정부의 정책변화를 확인할 수 있다. 북·미 외교관계 정상화 의사를 표방하지 않던 북한의 이 같은 태도 변화는 1972년 2월 닉슨 대통령의 중국 방문과 관련이 있었다. 닉슨의 중국 방문은 미·중관계 정상화의 첫 걸음이었다. 여기서 보듯이 북·미 외교관계 정상화를 추구한 북한의 첫 번째 공식 사례는 미·중 데탕트(détente) 상황에서 이루어졌다.

닉슨, 포드, 카터, 레이건, 조지 부시 대통령 시기 북한은 지속적으로 북·미 외교관계 정상화를 추구했다. 1978년 9월 9일 김일성은 북한 건국 30주년 기념 연설에서 북·미 양자 접촉을 공개적으로 제안했는데, 이는 가장 주목할 만한 부분이었다(Korea and World Affairs 1985a: 153). 그 후 몇 년 동안 북한은 이 같은 제안을 공식적으로 그리고 제3국을 통해 반복했다. 1992년 김일성은 워싱턴포스트지와의 인터뷰에서 가능한 빠른 시기에 미국대사관이 북한에 설치될 수 있기를 희망한다고 말했다(Merrill 1993: 51).

대한민국을 포함한 3자 접촉을 제안할 당시에도 북한은 북·미 양자대화에 보다 많은 의미를 부여했다(Korea and World Affairs 1985a: 189-90). 이처럼 북한이 북·미 외교관계 정상화를 지속적으로 추구하고 있었던 반면, 미국은 북한과의 관계 측면에서 몇몇 상이한 접근방안을 선언하거나 실천했다. 분명히 말하지만, 1974년부터 냉전 종식 시점까지 북한과의 관계는 미국 외교정책에서 그다지 우선순위가 높지 않았다. 장기간에 걸친 미소 대립, 1972~1979년까지 지속된 미·중관계 정상화 과정, 1979년의 이란혁명과 그 여파가 미국의 외교정책 아젠다(agenda)에서 높은 위치를 차지하고 있었다.

따라서 미국은 북한을 인정하기 위한 사전 조건으로 소련이 대한민국을 인정해야 한다는 주장에서부터 3자 회담, 4자 회담 또는 중국, 일본, 소련, 미국, 남·북한을 포함한 6자 회담에 이르는 다양한 대안을 제안했다(Korea and World Affairs 1985a). 북·미 양자대화 대신 다양한 다자 회담이 1980년대 말까지 지속되었다.

레이건 행정부 말기 미국은 북·미 양자접촉에 관한 입장을 바꾸었다. 당시까지 고수해온 북한과의 대화 거부 방침을 재고한 것이다. 결국 1987년 3월 미국은 미 외교관들과 북한 외교관들의 접촉을 허용했다(Korea and World Affairs 1987: 173). 그 후 비공식적 성격의 양자 접촉이 장려되었다. 여기서 가장 중요한 부분은 1988년 10월 이후 북·미 간에 상당한 수준의 외교적 접촉이 있었다는 사실이다(Ibid: 1988).

예를 들어, 1989년에는 북한 외교관과 미국 외교관들이 베이징에서 회동했다(Rhee 1991: 76). 한편 1991년 1월 22일 미국의 정치담당 차관인 칸터(Arnold Kanter)는 북한 노동당 비서인 김용순과 뉴욕에서 회동했다. 이는 당시를 기준으로 최고위급 수준의 북·미 회담이었다. 그러나 미국은 이들 접촉을 북·미 외교관계 정상화를 겨냥한 단계로 생각하지 않았다. 북·미 외교관계 정상화를 구상한 것이 아니라 미국은 지구상 도처에서 대부분의 공산정권들이 붕괴되고 있는 것과 마찬가지로 북한 정권의 붕괴를 가정하고 있었다(Kim 2006a: 244).

조지 부시 대통령 당시의 미 국무장관 베이커(James Baker 1995: 595-6)는 북한의 의심스런 핵무기 개발을 중지시키는 과정에서 중국과 소련의 도움을 얻기 위해 미국이 북한에 외교적 압력을 가하기 시작했다고 회고했다. 한편 베이커는 1991년의 걸프전에서 사담 후세인 군대의 신속한 패배가 북한에 중요한 메시지로 작용했다고 주장했다(Ibid: 596). 클린턴 행정부 초기에는 조지 W.부시 대통령의 첫 번째 임기 당시와 마찬가지로 군사력 사용을 북한을 상대하기 위한 실용성 있는 대안으로 간주했다. 여기서 보듯이, 냉전 당시 미국의 대북정책은 기복이 심했다. 반면에 북·미 외교관계 정상화를 겨냥한 북한의 공약은 클린턴 행정부 이전부터 전혀 변함이 없었다.

3) 북·미 외교관계 정상화를 위한 북한의 행동

(1) 벼랑끝전술에서부터 협력의 시도까지

1970년대 전반에 걸쳐 북한은 벼랑끝전술, 즉 김일성 정부가 미국 관리들을 직접 상대할 수 있도록 해준 이 전술을 지속적으로 사용했다. 1973년 10월부터 1976년 3월까지 북한은 전략적으로 중요한 의미가 있는 서해 5개 섬을 중심으로 일련의 도발을 감행했다(Michishita 2010).

이 섬들은 대한민국과 비교하여 북한에 보다 근접해 있었지만 1953년의 정전협정 이후 유엔군사령부가 군사적으로 통제하고 있었다(Ibid: 52). 베트남에서 미군이 철수한 1973년 이후 유엔군사령부 해체 문제가 논의되었다. 북한은 이들 5개 섬 북쪽에 위치해 있는 북방한계선이 불안정해

보이도록 만들 경우 미국이 유엔군사령부 해체를 결정할 것으로 믿었다. 북한은 또한 한·미 관계를 이간질하고자 노력했다. 미국이 유엔군사령부를 해체하지 않을 것임을 분명히 하자 북한은 벼랑끝전술을 포기했다 (Ibid).

베트남전쟁에서 북부베트남이 승리한 이후 김일성은 대한민국과 대만에서 미군을 몰아낼 목적으로 연합 공격을 감행하자고 마오쩌둥(毛澤東)에게 제안했다. 그러나 미·중국교정상화 과정이 1972년에 시작되자, 중국은 미·중국교정상화란 목표에서 이탈할 의향이 없음을 분명히 하면서 김일성의 제안을 거절했다(Lee 2006: 78-9). 그럼에도 1980년대 중국은 소련과 비교하여 경제적으로 북한을 보다 많이 지원해 주었다(Hoare and Pares 1999: 174-6). 이를 통해 보면 중국이 실용주의적인 측면에서 북한과의 협력을 바라보고 있었음을 알 수 있다.

중국은 미국과 외교관계를 정립함과 동시에 북한을 지원했다. 이는 공산진영에서 소련의 영향력을 약화시키고, 북한을 서방세계와 중국 간의 완충지대로 유지하기 위함이었다. 한편, 김일성 정부는 중국의 지원에 한계가 있다는 사실을 인식하고 있었다. 이 같은 사실이 북·미 외교관계 정상화란 자국의 목표와 결합되면서, 북한은 미국을 겨냥한 전술을 바꾸었다. 즉 미국에 직접 도전하는 방식인 벼랑끝전술을 자제하기로 한 것이다.

이 같은 변화는 1976년 8월의 판문점 도끼만행사건에 대한 북한의 반응에서 분명히 드러난다. 이 사건은 냉전 당시 미국을 겨냥한 북한의 마지막 벼랑끝전술이었다. 당시 유엔군사령부는 중립적 성격의 공동경비구역에 있던 나무를 잘라 북한군 활동을 관측하고자 했다.

당시 북한군 병사들이 2명의 미군을 살해하고, 몇 명에게 중경상을 입혔다(Lee 2006: 80). 그러자 미국은 주한미군을 동원했으며 한반도에 항공모함을 파견하는 방식으로 대응했다. 대한민국이 북한에 대한 보복공격을 압박하는 상황에서 포드 행정부는 군사적 조치 가능성을 논의했다. 그 와중에 김일성은 당시 사건과 관련하여 유감을 표명했다. 그러자 2차 한국전쟁을 우려하고 있던 포드 행정부는 위기를 종료시킬 목적에서 김일성의 유감 표시를 수용하기로 결정했다(Ibid).

미국을 직접 겨냥한 1960년대 당시의 북한의 벼랑끝전술과 달리 북한은 더 이상 미국을 분개시키지 않도록 하기 위해 외교적 손실을 곧바로 수용했다. 북한은 이 같은 방식으로 북·미 관계 개선을 위한 길을 열기 시작했다.

(2) 국제 레짐 이용하기?

분명한 사실은 냉전의 긴장과 적대감정으로 인해 북한과 미국은 양자 관계를 관리하기 위한 레짐을 새로 만들 수도 없었으며, 기존의 레짐에 동참할 수도 없었다는 것이다. 예컨대 북한은 냉전이 종식된 1991년에 가서야 대한민국과 함께 유엔에 가입했다. 그럼에도 불구하고 1985년 12월 북한은 핵에너지 생산을 위한 4기의 경수로를 소련이 제공해주는 조건으로 핵확산금지조약(NPT)에 가입했다(IISS 2004: 5). 국제 레짐에 적극적이지 않던 북한 입장에서 보면, 이는 매우 의미 있는 조치였다.

하지만 북한은 미국이 대한민국에 있던 핵무기를 모두 철수시켰다고 발표한 1991년 9월까지 국제원자력기구(IAEA)의 사찰을 거부했다(Weisman 1992). 이 책의 뒷부분에서 조명하겠지만, 북한은 국제 레짐에 가입하기로 결정한 경우에도 미국이 어느 정도 양보할 때까지 레짐이 부과하는 모든 의무를 이행할 수 없다는 입장을 견지했다. 이러한 입장은 클린턴과 부시 행정부 기간에도 지속되었다.

미국이 한반도에 있던 자국의 핵무기를 철수하기로 선언한 이후인 1992년 1월, 남·북한은 '한반도 비핵화에 관한 공동선언문'에 서명했다.[3] 이 문서는 그 후 한 달 뒤인 2월부터 효력이 있었다. 공동선언문에서 남·북한은 "핵무기 시험, 제조, 생산, 접수, 보유, 저장, 전개 또는 사용을 금지할 것이며, 핵물질 재처리 시설과 우라늄농축 시설을 보유하지 않기"로 했다. 그 후 얼마 뒤인 1992년 4월, 남·북한은 국제원자력기구 안전보장조치 협정체결에 동의했다. 이 협정으로 인해 북한은 자국의 핵시설에 관한 포괄적인 사찰을 받게 되었다(IAEA 1992).

1992년 1월의 남·북한 공동선언과 1992년 4월의 안전보장조치 협정체결로 인해 북한 중심의 국제사회 레짐이 시작되었다. 이 레짐은 매우 섬세한 것은 아니었지만 한반도 비핵화라는 목표에 기여하는 초석으로 기능했다. 미국이 대한민국에 있던 핵무기를 철수시키자 대한민국은 핵무기가 없는 지역이 되었다. 따라서 한반도 비핵화는 북한을 핵무기가 없는 지역으로 만드는 것과 동일한 의미가 있었다.

이 같은 기대는 클린턴 행정부와 부시 행정부 당시 발전된 국제 레짐의 핵심 부분 가운데 하나가 되었다. 사실 국제 레짐은 강대국과 협상할 당시 약소국들이 사용하는 일종의 전술에 해당한다. 그럼에도 불구하고, 클린턴 행정부 이전에는 북·미 관계를 관리하기 위한 실재적인 국제 레

---

3) www.archives.go.kr/next/search/listSubjectDescription.do?id =002895

짐이 없었다. 하지만 1990년대 초반 이후, 미국을 포함하는 북한 중심의 레짐 창설이 북한이 추구하는 목표 가운데 하나가 되었다. 북한이 북·미 외교관계 정상화를 조건으로 자국의 핵무기 개발계획을 포기할 것이란 제안은 이들 레짐에서 가장 중요한 부분이었다.

결국 북한의 행동 변화로 북·미 관계가 개선되었다. 앞에서 언급한 바처럼 레이건 대통령과 조지 부시 대통령 당시, 미국은 북한 관리와 미국 관리들의 외교적 접촉을 수용했다. 이러한 변화는 미소관계 개선과 그 후 있었던 소련의 붕괴란 상황에서 이루어진 것이었다. 더욱이 미국 관리들은 지구상의 여타 공산정권들과 유사한 방식으로 북한 정권이 붕괴될 것으로 기대하고 있었던 듯 보인다. 그러나 이 같은 북한 외교관과 미국 외교관들의 접촉은 미국을 겨냥한 벼랑끝전술을 중지하고, 국제사회 레짐에 동참하기로 북한이 결심하지 않았더라면 가능하지 않았을 것이다.

추후 논의하겠지만 북한은 오바마 행정부 초기 이전까지만 해도 벼랑끝전술 구사가 아니고 국제사회 레짐에 의존하기로 결심한 듯 보인다. 즉 클린턴 행정부와 부시 행정부 당시 북한은 사전 계획된 방식의 벼랑끝전술을 구사하지 않았다. 1990년대와 2000년대 당시 북한은 미국과 국제원자력기구가 자신에게 가하고 있다고 생각되던 압력에 대한 반응으로서만 벼랑끝전술을 구사했다. 결과적으로 클린턴 행정부와 부시 행정부 당시 북한은 북·미가 일종의 협정에 도달하는 즉시 벼랑끝전술을 중단했다.

2. 클린턴 행정부 출범과 1차 북한 핵위기(1993. 1~1994. 10)

1993년 1월, 빌 클린턴이 미국 대통령에 취임했다. 소련은 당시로부터 거의 1년 전인 1991년 12월에 붕괴되었다. 아프리카, 중부유럽, 동유럽의 공산정권들과 마찬가지로 바르샤바조약기구가 지구상에서 사라졌다. 대부분의 공산정권들이 붕괴된 주요 원인은 국내 압력이란 부분이었다. 하지만 중국, 라오스, 북한, 베트남에서는 공산당 중심의 정부가 건재했다. 소련의 붕괴는 이들 국가에 정치적으로 제한적인 의미만 있었다. 그러나 지구상 도처에서 발생한 공산국가들의 붕괴는 클린턴 행정부 출범 초기 몇 년 동안, 동아시아 공산정권들을 겨냥한 미국의 정책에 영향을 주었다. 미국은 잔여 공산정권들에 대해 관망 자세를 취했다. 즉 국내 혁명으로 인해 동아시아 지역에서도 공산당의 통치가 종료될 것이란 기대 아래 군사적 개입을 자제하고 있었던 것이다. 북한도 여기서 예외가 아니었다.

이러한 상황에서 북한은 미국으로부터 양보를 얻어내기 위한 협상전술로 벼랑끝전술을 사용하거나 그 사용을 위협했다. 1993년 3월, 북한이 핵확산금지조약에서 탈퇴할 것이라고 위협하자 클린턴 행정부는 협상에 응했다. 1994년 6월 북한이 국제원자력기구에서 공식 탈퇴하면서 위기가 고조되자 전임 미국 대통령인 카터가 평양을 방문했고, 클린턴 행정부는 북한과의 협상에 본격적으로 나섰다.[4]

---

4) 북한의 벼랑끝전술이 극에 달했던 1994년 6월 클린턴 행정부는 카터를 북한으로 보냈다(Clinton 2004). 북한이 국제원자력기구에서 철수하겠다고 선언한지 불과 이틀이 지난 시점에, 카터는 북한과 협상을 시작했다. 이 협상에서 평양은

벼랑끝전술, 특히 핵을 이용한 벼랑끝전술은 북·미 대화를 시작하기 위해 북한이 사용할 수 있는 강력한 협상 수단이 되었다.

한편, 미국에 대항할 목적으로 또 다른 강대국과 제휴하거나 적절한 국제 레짐에 참여하는 방안을 북한 관리들은 타당성이 없다고 생각했다. 미국의 단일 패권과 공산주의에 대항한 자유민주주의의 승리로 특징지어 지던 탈냉전의 국제체제에서, 벼랑끝전술은 북한이 택할 수 있던 유일한 수단으로 인식되었다.

1) 북한의 목표; 북·미 외교관계 정상화

미국과의 협상을 위해 벼랑끝전술에 의존하고 있었음에도 불구하고, 1993년 10월의 1차 핵위기 당시 북·미 외교관계 정상화에 대한 북한의 집념은 전혀 약화되지 않았다. 1차 핵위기가 시작된 지 한 달도 되지 않은 시점, 북한 외무상은 위기 해결 차원에서 미국과의 양자협상을 촉구했다(Korea and World Affairs 1993b).

북한은 협상에서 여러 문제들을 함께 다루어야 한다는 점도 분명히 했다(Ibid: 1993a). 여기서 북한이 말한 여러 문제에는 북·미 외교관계 정상화란 부분이 포함되어 있었을 것이다. 북한의 이러한 요구는 1차 북한 핵위기를 해결할 목적으로 시작되었으며, 북·미 관리들 간의 3차례 양자대화를 포함하는 북·미 양자대화에서도 지속될 예정이었다(Ibid: 1994b;

클린턴 행정부와의 양자대화를 조건으로 핵 물질 생산 동결에 동의했다. 카터의 평양방문에 대한 자세한 내용은 크리크모어의 연구(Creekmore 2006)를 참조하기 바란다.

1994c). 북한의 관점에서 보면, 북·미대화는 북한의 핵문제에 관한 것만
이 아니었다.

이러한 북한의 입장은 북한 핵위기를 해결하기 위한 양자협상의 첫 번
째 회담에서 분명하게 나타났다. 북·미협상은 북한의 핵확산금지조약 탈
퇴가 효력이 있기 직전, 즉 3개월 유예기간이 종료되기 바로 직전에 뉴
욕에서 시작되었다. 당시 북·미대화에 참석했던 북한 대표단의 이영호는
미국이 공동성명을 발표할 의향이 있는지를 미국 측 대표 켄 키노네스
(Ken Quinones)에게 비공식적으로 질문했다.

공동성명은 미국이 북한을 대등한 동반자로 인정함을 상징하는 것으
로서, 북한 입장에서는 외교적으로 상당한 의미가 있는 부분이었다(Wit
et al. 2004: 57). 북한이 요구한 공동성명은 북한의 핵확산금지조약 탈퇴
가 효력을 발휘하기 바로 전날인 1993년 6월 11일에 발표되었다. 결과
적으로 북한의 희망사항이 실현된 것이다. 1993년 6월 북한과 미국은
한국전쟁 당시 전사한 미군 유해 반환 협정에 서명했다. 북한은 이것을
북·미 외교관계 정상화를 향한 진일보로 환영했다(Ibid: 70).

미국과의 외교관계 정상화를 염두에 둔 공약을 북한은 1993년 7월 스
위스의 제네바에서 열린 2차 회담에서, 그리고 1994년 7월부터 10월까
지 제네바에서 개최된 3차 회담에서 동일하게 강조했다. 이들 1, 2, 3차
회담 사이의 기간에는 지위가 낮은 관리들 간의 중간 회담도 진행되었
다. 이 기간 동안 북한은 북·미 외교관계 정상화가 북한 핵위기를 해결
하기 위한 모든 협정의 일부가 되어야 한다는 점을 지속적으로 강조했다
(Wit et al. 2004). 김일성 또한 미 의회 동아시아 태평양 소위원회 위원장
인 게리 아크만(Gary Ackerman)과의 회담에서 미국과의 양자대화를 요구

했다(Ibid: 95).

1994년 7월, 김일성의 사망으로 북한 지휘부에 변화가 있었다. 김정일이 아버지인 김일성의 뒤를 이어 북한의 최고지도자가 된 것이다. 김정일은 북·미 외교관계 정상화가 김일성의 희망사항 이상의 목표란 점을 강조했다. 북한은 북·미 외교관계 정상화 과정을 시작하라고 미국을 지속적으로 압박했다(Wit et al. 2004).

1994년 8월 12일, 북·미 양국은 자국이 합의하여 발표한 성명에 "정치 및 경제 관계의 완벽한 정상화의 일환으로 미국과 북한이 양국의 수도에 외교 대표부를 설치할 준비가 되어 있다."고 명시했다. 이는 미국이 북·미 외교관계 정상화를 겨냥한 북한의 조치에 처음으로 동의를 표시해 준 것이었다.[5]

이 같은 점에서 보면, 1994년 10월의 북·미제네바합의(Agreed Framework)는 북·미 외교관계 정상화에 관한 구체적인 부분을 언급함으써 북한의 열망을 만족시켜 주었다.[6] 사실 북한이 북·미제네바합의를 환영했던 것은 북한 핵위기가 해결되었기 때문이 아니었다. 미국이 북한에 2기의 경수로 원자로를 제공해주기로 약속했으며, 북한의 주권을 인정했다는 사실, 그리고 가장 중요한 부분은 북·미 외교관계 정상화 과정을 시작할 것이라는 미국의 약속 때문이었다(Kim 2006a: 245-6). 조지 W. 부시 행

---

5) 북·미공동선언문, "Agreed Statement between the United States of America and the Democratic People's Republic of Kore", 제네바, 1994년 8월 12일.

6) 북·미제네바합의, "Agreed Framework between the United States of America and the Democratic People's Republic of Korea", 제네바, 1994년 10월 21일.

정부 당시에도 김정일은 이 같은 미국의 약속을 언급했다.

하지만 레이건 행정부, 조지 부시 행정부와 마찬가지로 1차 북한 핵위기가 발생했던 클린턴 행정부 당시에도 미국의 입장은 수시로 바뀌었다. 북한 핵위기가 시작되자 미국은 핵문제 해결에만 관심이 있었다. 더욱이 미국은 미국과 북한 관리들이 정기적으로 고위급 대화를 개최하기 위한 전제조건으로 남·북한 접촉을 강조했다(Lee 2006: 167). 이는 북·미 관계 개선이 남·북관계 개선에 달려있다는 의미였다. 그러나 그 후 클린턴(2004: 591)은 북한이 핵무기를 개발하지 못하도록 필요하다면 전쟁도 불사할 준비가 되어 있다는 사실을 강조했다.

미국의 이러한 요구 이면에는 분명한 논리가 있었던 듯 보인다. 소련 붕괴 이후 국가와 국가 간의 전쟁 위협이 상당히 줄어들면서 핵무기를 포함한 대량살상무기 확산에 대한 대응이 미국 입장에서 주요 이슈가 된 것이다. 대량살상무기 확산 방지 차원에서 북한과의 접촉은 의미가 있었다. 동시에 미국은 냉전 기간 내내 긴밀한 동맹국이었으며 비교적 최근에 민주화가 된 대한민국을 포기하는 것으로 인식되기를 원치 않았다. 클린턴 행정부는 동맹국 방어에 관한 강력한 의지와 더불어 비핵화 추진 의사를 표명할 필요가 있었던 것이다.

그럼에도 불구하고 미국 관리들은 남·북대화가 진행되지 않고 있는 상태에서조차 북한 관리들과 회담했다. 이 같은 방식으로 클린턴 행정부는 북한에 대한 입장 완화를 표명했다(Wit et al. 2004).

북한 핵위기와 대북관계에 대한 한미 간의 접근 방식의 차이가 이 기간 중에 나타났다. 위기 상황에서 한미 간 의견 차이가 새로운 일은 아니었다. 그 이전의 위기 상황에서도 대한민국은 미국과 비교하여 대북 보복

의향을 보다 많이 천명한 바 있었다. 1차 북한 핵위기 또한 예외가 아니었다. 미국은 외교적 해결방안을 선호했으며, 결국 북·미 양자대화를 결정했다. 결과적으로 대결적인 접근방안을 요구한 대한민국을 무시한 것이다.

미국이 서명한 북·미제네바합의에는 전제 조건 없는 완벽한 형태의 북·미 외교관계 정상화가 구체적으로 언급되어 있었다. 그런데 합의에 서명하기 바로 한 달 전, 미 국무장관 웨렌 크리스토퍼(Warren Christopher)는 북·미 관계 개선의 선결조건으로 북한 핵문제 해결과 남·북관계 개선을 언급한 바 있었다. 이 같은 미 국무장관의 발언에도 불구하고, 미국은 북·미 관계의 완벽한 정상화를 구체적으로 명시한 북·미제네바합의에 서명했다(Korea and World Affairs 1994a).

사실, 클린턴 행정부 관리들은 북한의 핵 프로그램을 제어하기 위한 하나의 유인책으로 북·미 외교관계 정상화 대화에 동의한 것이었다. 하지만 일부 미국 관리들은 북·미 외교관계 정상화 대화를 북한의 나쁜 행동에 대한 보상이라고 간주했다(Wit et al. 2004). 이러한 미 행정부 관료들 간의 입장 차이로 인해, 클린턴 대통령의 임기 잔여기간 동안 미국의 입장은 불분명해졌으며, 이 같은 차이가 미국의 정책에 영향을 미쳤다. 그러나 당시의 차이는 부시 행정부 시기의 매파와 비둘기파 간의 차이 정도는 아니었다.

2) 북·미 외교관계 정상화 달성을 위한 북한의 행동

(1) 벼랑끝전술

클린턴 행정부가 최초로 직면한 가장 심각한 외교정책 도전은 북한에 의해 제기되었다. 국제원자력기구(IAEA)가 북한 핵시설에 대한 전면적인 특별사찰을 요구하자, 북한이 1993년 3월 12일 핵확산금지조약(NPT) 탈퇴를 선언한 것이다. 이 선언은 3개월의 유예기간 이후 효력을 발생한다 (KCNA 2003b; Kim 2006a: 244).

북한 관리들은 국제원자력기구의 특별사찰 요구를 외압으로 인식했다. 결과적으로 북한이 전개한 벼랑끝전술, 즉 핵확산금지조약 탈퇴 선언은 외부 압력에 반응하는 형태였다. 북한의 핵확산금지조약 탈퇴선언으로 인해 1차 북한 핵위기가 시작되었다. 그 후 2개월 뒤인 5월 29일과 30일, 북한은 4발의 노동미사일을 성공적으로 발사했다. 그런데 이는 북·미 간의 위기 해결을 위한 1차 회담이 열리기 며칠 전이었다(Merrill 1993: 11). 이 시기의 벼랑끝전술은 1976년 이후 북한이 미국을 겨냥해 전개한 최초의 사례였다.

북한 핵위기를 종료시키기 위한 협상 도중 북한은 또 다른 벼랑끝전술을 구사할 것임을 지속적으로 위협했다. 이 같은 위협은 1994년 10월에 북·미가 북·미제네바합의에 서명하자 종료되었다. 북·미 대화에 관여했던 미국 관리들에 따르면, 북한 관리들은 '도' 아니면 '모'란 접근 방식을 취했다고 한다. 즉 북한 관리들은 경제적 제재를 전쟁 행위와 다름없다고 말했으며, 위기 해소를 위해 진행되던 대화를 중단하겠다고 위협하기도 했다. 북·미 간에 직접대화가 진행되던 상황에서 북한의 벼랑끝전술은 그다지 효과적이지 않았다. 하지만 직접대화가 없거나, 많은 사람들이 북한의 도발을 인식하는 경우 어느 정도 효과가 있었다(Snyder 1999: 76-7).

당시 북한 관리들은 간접적인 형태의 벼랑끝전술에 호소하기도 했다.

1994년 3월, 남·북한 실무자 수준 회합에서 북한 대표 박영수는 전쟁이 발발할 경우 대한민국의 수도 서울이 불바다가 될 것이라고 위협했다. 이는 비교적 가장 잘 알려져 있는 사실이다(Wit et al. 2004: 149).

하지만 북한의 1994년 6월 13일 핵확산금지조약 공식 탈퇴만큼 강력한 벼랑끝전술은 없었다. 핵확산금지조약 공식 탈퇴는 북한이 실행한 가장 심각한 수준의 벼랑끝전술이었다(Wit et al. 2004).

핵확산금지조약 탈퇴로 더 이상 북한은 핵에너지 사용과 관련하여 국제기구의 감시를 받을 필요가 없게 되었다. 북한의 핵확산금지조약 탈퇴는 핵무기를 포함한 대량살상무기 확산 방지를 자신의 외교정책에서 주요 부분으로 간주하고 있던 클린턴 행정부에 심각한 위협이었다(Lee 2006: 160). 대량살상무기 비확산에 대한 미국의 공약을 1차 핵위기가 시작된 이후 북한은 수차례 교묘히 이용했다.

(2) 제휴 불가능

순망치한의 관계로 비유될 정도로 돈독했던 북·중 관계는 탈냉전 이후 점차 약화되었다. 그러나 소련의 붕괴로 인해 김일성은 주민들의 의식주 해결을 위해 중국의 경제지원에 더욱 의존하게 되었다.

한편 1990년대 초반 중국은 지구상 유일의 공산주의 강대국이었다. 이 같은 사실로 인해 중국은 북한과의 관계에서 어느 정도 영향력을 발휘할 수는 있었지만, 북·중 관계를 강화시키지는 못했다. 이 책의 나머지 부분에서 논의하게 될 것이지만 지난 20여 년 동안 북·중 관계는 점차 사무적인 관계로 바뀌었다.

대한민국의 유엔 가입을 중국이 거부하지 않기로 결정하자 북한은 처음으로 중국에 배신당했다고 느꼈다. 결국 1991년 남·북한은 동시에 유엔에 가입했다. 사실 북한은 남·북한 어느 누구도 유엔 회원국이 되는 현상을 반기지 않았다. 남·북한 유엔 동시가입이 한반도에서 2개 국가의 존재를 인정하는 것이나 다름없기 때문이었다. 대한민국의 유엔 가입 요청을 거부하라고 북한은 중국에 요구했지만, 중국은 북한의 요구를 받아들이지 않았다.

중국은 한중관계 개선을 추구했으며, 결국 1992년 8월 한중관계가 정상화되었다. 북한은 이것을 일종의 배신행위로 간주했다(Chung 2007). 북한 무장 함정이 중국 선박에 사격하여 중국 선원들이 사망한 사건은 북·중 관계를 더욱 악화시켰다(Kristof 1993).

한편 소련의 붕괴가 북한에 지대한 영향을 미쳤다. 1991년 이후 북한은 소련으로부터 더 이상 경제적 지원을 받을 수 없게 되었다. 북소 간의 양자 무역 측면에서 뿐만 아니라, 소련이 제공해주던 에너지 가운데 절반 이상을 상실하게 되었다는 점에서 보면, 이는 북한 경제 입장에서 매우 심각한 손실이었다. 맨 먼저 북한의 농업 생산이 곤두박질쳤다(Noland 2004: 6). 대외정책 측면에서, 북한은 중소 대립관계를 교묘히 이용할 수 없게 되었을 뿐만 아니라 자신의 주요 동맹을 잃었다. 푸틴 대통령 시절인 2000년대 초반에 접어들면서, 러시아는 동북아시아 정치에서 적극적인 행위자가 되기 시작했다.

결과적으로 1차 북한 핵위기 당시 북한은 러시아의 도움을 받아 미국에 대항할 수 있는 입장이 아니었다. 또한 러시아를 지지함으로써 질투심을 유발하여 1차 북한 핵위기에 중국이 보다 적극적으로 관여하도록 유인할 수도 없었다.

중국은 대한민국을 겨냥한 북한의 군사적 공격에 반대하는 한편, 경제적 지원을 통해 북한을 완충국가로 유지하고자 했다(Kim 2006a). 따라서 1차 북한 핵위기 당시 중국은 북한을 공개적으로 지지하지는 않았지만, 유엔의 대북제재에 반대함으로써 미국에 대항하고 있던 북한을 지원해 주었다(New York Times 1993). 대북제재 성격의 모든 유엔결의안에 중국이 거부권을 행사할 가능성이 있다는 사실이 미국의 입장에 영향을 미쳤다(Wit et al. 2004: 31). 따라서 중국의 행동이 간접적이긴 하지만, 북한 핵위기 결과에 나름의 영향을 미쳤다고 볼 수 있다.

그럼에도 불구하고 중국은 냉전 당시의 긴밀한 북·중동맹이 더 이상 존재하지 않는다는 사실을 북한에 확인시켜 주었다. 먼저 중국은 북한이 대한민국을 공격할 경우 1961년의 조중상호방위조약이 적용되지 않을 것임을 확실히 했다(Kim 2006a: 72). 이외에도 1993년 1월 중국은 북·중 무역자금 지원을 중지했으며, 무역 대금과 관련하여 북한에 현찰을 요구하기 시작했다(Kristof 1992).

여전히 중국은 유엔의 대북제재에 거부권을 행사하는 입장이었지만, 북한이 핵확산금지조약에서 탈퇴하기로 선언한 이후 국제원자력기구의 대북제재 결정에 반대하지 않았다(New York Times 1994).

이 같은 중국의 행동 변화를 클린턴 행정부가 주목했다(Wit et al. 2004). 북한의 벼랑끝전술이 극에 달했던 1994년 6월, 중국은 유엔의 대북제재에 거부권을 행사하지 않을 것임을 암시하기조차 하였다(Lee 2006: 172). 간략히 말해 중국은 분명한 선을 긋고 있었던 것이다. 이는 북한 핵위기와 관련하여 북한과 중국이 합심하는 형태로 미국에 대항하는 경성균형이 대안이 아니며, 외교적 동맹 형태의 연성균형 또한 불가능함을 의미했다.

　북한은 중국이 던지는 메시지를 이해했으며, 그에 따라 적절히 행동했다. 1994년 10월 북·미제네바합의에 서명한 이후 북한은 탈냉전의 국제체제에서 중국의 도움을 받아 미국과 균형을 유지할 필요가 없다는 사실을 언급했다. 북한 공식매체에 따르면, 북한은 중국의 도움이 없이도 미국과의 외교관계 정상화와 에너지 지원이 명시된 북·미 합의에 도달할 수 있었다(Kim 2006a: 264). 북한 공식매체의 자축적이고도 도도한 태도는 북한의 독자적 능력에 대한 확신을 드러내는 것이었다.

(3) 국제 레짐에 관한 거부감

　약소국의 행동을 연구해온 대부분 학자들에 따르면, 법적인 동등성으로 인해 파워의 격차를 최소화시켜주는 국제 레짐의 이용은 강대국과 협상할 당시 대부분의 약소국들이 사용하는 전술이다. 그럼에도 불구하고 1차 북한 핵위기 당시, 미국과의 협상에서 북한은 이 전술을 사용하지 않았다. 오히려 정반대 전술을 사용했다. 북한은 핵확산금지조약 이탈을 위협했으며 실제로 핵확산금지조약을 탈퇴했다. 유엔에서 자신의 입장 지지를 추구하지도 않았다. 달리 보면 북한의 이들 국제 레짐 회피가 비생산적인 현상으로 보일 수도 있을 것이다. 그러나 북한의 이러한 결심에는 몇 가지 이유가 있었다.

　첫째, 북한 관리들은 처음부터 이들 국제 레짐을 신뢰하지 않았다. 북한은 1957년에 창설된 국제원자력기구를 17년이 지난 1974년에 가입했다. 마찬가지로 1968년에 발효된 핵확산금지조약에 17년이 지난 1985년에 서명했다. 국제원자력기구의 일원이며, 핵확산금지조약 서명국임에도 불구하고, 북한은 1992년 4월에 가서야 자국의 핵시설에 대한 사찰에 동의했다. 하지만 국제원자력기구가 1992년 이전의 플루토늄 생산에 관한 검증을 요구하자 북한은 협조를 거부했다(IISS 2004). 이 같은 상황이 결국 1차 북한 핵위기를 초래했다. 따라서 국제원자력기구와 핵확산금지조약에 대한 북한의 의혹이 당시 핵위기의 원인이었다.

북한 입장에서 보면, 국제원자력기구와 핵확산금지조약의 요구에 대한 불응은 이해할만한 일이었다. 북한 핵 프로그램은 1950년대로 거슬러 올라간다. 소련의 도움으로 북한은 나름의 방식으로 플루토늄 생산 프로그램을 개발할 수 있었으며(IISS 2004), 이 프로그램으로 인해 북한은 2회에 걸쳐 핵실험을 할 수 있었다(이 책의 4장과 5장 확인). 따라서 북한 관리들은 새로운 국가들이 핵 강국이 되는 것을 방지할 목적의 레짐에 대한 순응을 원하지 않았다. 이 레짐에 동참함으로써 북한의 핵 프로그램이 손상을 입을 수 있었던 것이다.

한편, 벼랑끝전술은 북한 입장에서 보면 대단히 효과적이었다. 냉전 당시에도 벼랑끝전술의 효과는 입증되었다. 매우 특별한 사안에 관해서 한정되기는 하지만, 북한은 벼랑끝전술로 미국과의 대화를 시작할 수 있었다. 학습이론이 예견해주고 있듯이, 조직은 이전의 경험을 통해 정립한 관행을 따르는 경향이 있다. 북한의 경우 미국과의 접촉에 성공했던 유일한 전술은 벼랑끝전술이었다. 따라서 미국을 협상 테이블로 나오도록 만들고자 하는 경우, 북한 정부는 자신이 이미 터득한 조치에 의존하게 되었던 것이다.

벼랑끝전술이 효과가 없었더라면 북한 관리들은 국제원자력기구 레짐과 핵확산금지조약 레짐에 의존했을 가능성도 없지 않다. 그러나 벼랑끝전술은 효과가 있었다. 클린턴 행정부는 북한과의 양자협상을 시작하기로 결심하면서, 궁극적으로 북·미 외교관계 정상화 과정에 착수하는데 동의했다. 따라서 미국과의 협상 측면에서 보면, 국제원자력기구 레짐과 핵확산금지조약 레짐은 필요하지 않았다. 뿐만 아니라 이 같은 레짐에 순응하지 않는 방안인 벼랑끝전술이 미국과의 외교관계 정상화란 자국의 목표에 다가서기 위한 전술로 부상했다. 당시 북한은 국제 레짐 준수를 통해서가 아니고 벼랑끝전술을 통해 보다 많은 것을 얻을 수 있었다. 벼랑끝전술이 효력이 있었기 때문에, 검증되지 않은 또 다른 협상 전술을 사용할 필요가 없었던 것이다.

마침내 북한관리들은 미국과의 협상에서 국제 레짐을 사용하지 않기로 결심했다. 이는 북·미 외교관계 정상화라는 자신의 열망에 직접 도움이 되는 국제 레짐이 없었기 때문이었다. 국제원자력기구의 핵안전협정과 핵확산금지조약의 문구에 동의하면 북·미 외교관계 정상화란 목표를 달성할 수도 있었다. 그러나 이들 간의 상관관계는 북·미제네바합의에 서명한 이후에나 분명해졌다. 따라서 북한은 1차 핵위기 당시 이 부분을 확신할 수 없었을 것이다.

한편 유엔은 모든 회원국들에게 공식적으로 동등한 권한을 부여해주고 있다. 그러나 유엔이 회원국들 간의 외교관계를 발전시킬 의무는 없다. 따라서 유엔은 미국과 북한이 비공식적으로 메시지를 주고받을 수 있는 뉴욕 채널로 기능하긴 했지만, 북한이 자신의 목표를 추구하는데 적절한 제도는 아니었다.[7]

---

7) 소위 말하는 '뉴욕 채널'은 주로 미국 국무부 관리들에 의해서 사용되었다. 이

앞에서 설명한 북한에 초점을 맞춘 초기 레짐들, 즉 북한의 비핵화를 가정하고 있는 이들 레짐은 1차 북한 핵위기 당시 너무나 융통성이 없어서 북한 관리들이 따르기 곤란했다. 이 레짐들은 북한에 주는 것 없이 비핵화만을 요구하고 있었는데, 이는 대한민국이 이미 핵무기를 보유하고 있지 않았기 때문이었다. 1차 핵위기 당시 북한은 자국의 비핵화는 미국과의 관계 정상화에 근거해야 한다는 개념을 제시했다. 이는 북한 핵무기 개발 프로그램이 미국이 감행할 가능성이 있는 공격에 대항한 억제 성격의 것이란 논리에 근거하고 있었다.

북·미 양국은 아직도 기술적으로는 전쟁 상태에 있었다. 또한 미국은 무력을 통해 외국 지도자를 제거할 의향이 있음을 보이고 있었다. 따라서 북·미 관계가 정상화되기 이전 핵 억지력이 북한 입장에서 의미가 있었다. 북·미제네바합의는 비핵화와 북·미 외교관계 정상화를 동시에 언급하고 있었다. 김정일은 생존해 있을 동안 비핵화와 북·미 외교관계 정상화의 상호 연계를 위해 노력했다. 그러나 이 같은 연계 관계가 1차 북한 핵위기 당시에는 존재하지 않았다.

따라서 1차 북한 핵위기를 거치면서 북한은 국제원자력기구를 통한 외압에 대응하기 위한 벼랑끝전술이 클린턴 행정부와의 양자대화 시작에 도움이 될 것이라고 생각했다. 또한 1차 북한 핵위기를 거치면서, 북한은 미국이 북·미합의를 체결하기 위해 대한민국을 소외시킬 수도 있다는 사실을 학습했다. 이외에도 클린턴 행정부와 성공적으로 협상할 목적

채널을 통해 미국 관리들은 유엔에 파견되어 있는 북한 외교관들과 접촉했다. 이 채널은 1990년대부터 간헐적으로 사용되기 시작했다.

으로 중국과 제휴할 필요도 없다는 것을 알게 되었다. 이는 클린턴 행정부 잔여기간과 부시 행정부 처음 몇 년 동안 북한의 행동에 반영되었다. 북한은 미국을 특정 방식으로 다루는데 익숙해졌다. 이 같은 행동이 북한의 인지구조와 능력구조에 각인되어 그 후 10년 동안 북한이 선호하는 협상전술의 근간이 되었다.

3. 북·미제네바합의 시점부터
클린턴 행정부 말기까지(1994. 10~2001. 1)

북·미제네바합의로 1차 북한 핵위기가 종료되었으며, 북·미 관계가 재정립되었다. 1953년에는 유엔군사령부를 대표하여 미국인이 정전협정에 서명했으며, 이 협정에 중국도 서명했다. 한국전쟁 당시 전사한 미군 병사들의 유해 반환 문제와 관련한 1993년 협정에서도 유엔군사령부를 대표하여 미군 장교가 서명했다(Quinones 2008). 이 협정에 중국은 서명하지 않았다.

북·미제네바합의는 북·미 간의 양자협정이었다. 당시 협정에서 미국은 북한을 주권국가로 사실상 인정했다. 이는 새롭게 출범한 김정일 정부에게 엄청나게 상징적인 의미가 있는 승리였다. 북·미제네바합의로 인해 북한이 미국의 대화 상대가 되었으며, 북·미 외교관계 정상화를 향한 보다 분명한 길이 제시되었다. 미국과 라오스는 1992년에 외교관계를 완벽히 복원한 바 있었다. 미국은 베트남과 화해 과정에 착수하여 1995년에 외교관계를 수립했다. 따라서 북·미 외교관계 정상화도 가능하다는 북한의 생각이 잘못된 것은 아니었다.

그러나 북·미제네바합의가 북·미 외교관계 정상화를 위한 길을 열지는 못했다. 미국은 북·미 외교관계 정상화를 지속적으로 지연시켰다. 부분적으로 이는 북한이 붕괴될 것이라는 클린턴 행정부 관리들의 신념과 1994년 11월의 미 의회 중간 선거에서 공화당이 승리했다는 사실에 기인했다. 클린턴 대통령 잔여기간 동안 김정일 정부는 북·미 외교관계 정상화란 목표를 달성하기 위해 다양한 협상 전술들을 사용했다. 하지만 이러한 노력은 성공적이지 못했다. 그러나 이들 노력을 통해 북한은 나름의 교훈을 터득했으며 부시 행정부와 오바마 행정부 당시, 이러한 교훈이 북한의 정책에 영향을 미쳤다.

1) 북한의 목표; 북·미 외교관계 정상화

북·미제네바합의 서명 이후 몇 년 동안, 북한은 다양한 외교채널을 통해 북·미 외교관계 정상화를 지속적으로 요구했다. 북한인민군(Korea and World Affairs 1996a)과 외무성(Ibid: 1996b)을 통해, 그리고 미국과의 공식 담화를 통해, 북한은 북·미 외교관계 정상화를 위해서는 북·미 양자대화가 필요하다는 메시지를 체계적으로 전달했다.

사실 2000년 10월의 김정일과의 평양 회합 이후, 미 국무장관 올브라이트(Madeleine Albright)는 북한 입장에서 북·미 외교관계 정상화가 가장 중요한 목표란 점을 의심하지 않았다(Albright 2003: 467). 김정일이 권력을 승계한 1994년 7월 이후의 클린턴 대통령 잔여기간 동안에도 북한은 북·미 외교관계 정상화라는 장기적인 목표를 지속적으로 유지했다.

김일성과 마찬가지로 김정일도 북·미 외교관계 정상화를 지속적으로 요구했다. 이 같은 사실은 북한 입장에서 이 목표가 얼마나 중요한 부분인지를 말해준다. 1948년에 건국된 이후 북한에는 오직 3명의 국가수반이 있었다. 북한의 정치체제가 계층적인 구조일 뿐만 아니라 정치가 개인 우상화되어 있다는 사실을 고려해 보면, 특정 목표에 대한 공약은 북한 지도자의 열망에 대체적으로 기인한다. 김일성이 북·미 외교관계 정상화란 자신의 열망을 공개적으로 표명했지만 그의 아들인 김정일도 이 같은 열망을 견지하고 있는지는 알 수 없었다. 그러나 권력을 승계한 지불과 3개월도 지나지 않은 시점에 북·미 외교관계 정상화를 구체적으로 언급하고 있는 북·미제네바합의에 북한이 서명했다는 사실은 김정일 정부도 이 목표를 얼마나 열망하고 있는지를 보여준다. 김정일은 다양한 채널을 이용하여 이 목표를 공개적으로 언급했다. 이는 북·미제네바합의에서 약속한 북·미 외교관계 정상화에 대한 북한의 열망을 재차 확인해주는 부분이다.

일반적인 생각과 달리, 북한에서도 정치적 결정을 내리기 이전에 내부 논쟁을 거친다. 특정 의사결정에 대한 이견이 어느 정도까지 수용되는 지를 외부인은 알 수 없다. 그러나 북한에서 의사결정 절차는 다양한 요인들에 의해 영향을 받을 수 있다(Carlin and Wit 2006; Lim 2009). 물론, 최종 결정은 최고지도자에 의해 이루어진다(Ibid). 따라서 북·미 외교관계 정상화란 목표를 지속하기로 한 김정일 정부의 결정은 내부 논쟁을 거친 것이며, 김정일이 승인한 것임에 틀림이 없을 것이다. 이로 인해 북·미 외교관계 정상화란 목표에 대한 공약이 더욱 강화되었다. 탈냉전 이후 단일 패권국가인 미국의 인정은 약소국가에게는 매우 중요한 목표가 아닐 수 없다.

북·미 양자관계 정상화에 대한 북한의 지속적인 공약과 달리, 클린턴 행정부는 자신의 입장을 수시로 바꾸었다. 미국의 핵확산 우려는 여타 고려사항에 우선했다. 따라서 소련 붕괴 이후의 유일 초강대국으로서의 자신의 역할에 걸맞게, 미국은 북한 핵위기를 세계적인 관점에서 인식했다. 미국은 북·미제네바합의를 자국의 비확산 노력의 일환으로 판단했다. 미국 입장에서 보면, 북·미제네바합의에서 북·미 외교관계 정상화는 북한 핵무기 개발 프로그램 통제만큼 중요한 의미가 있지는 않았다(Lee 2006: 177). 더욱이 미국과 대한민국의 정책 수립가들은 북한이 내부 붕괴할 것이며, 통일한국의 일부로 또는 다른 지도자 아래 북·미 관계가 새롭게 시작될 것으로 생각했다(Wit et al. 2004: 257; 281; 314). 김정일 정부가 붕괴 직전에 있다는 인식으로 인해, 미국에서는 북·미제네바합의에서 북·미 외교관계 정상화 부분은 이행할 필요가 없을 것이란 사고가 팽배했다. 따라서 북·미제네바합의에 서명한 이후, 미국은 북·미 양국의 관계정상화를 위한 회담에 관한 입장을 바꾸었다. 대한민국과 미국의 오랜 전략적 동반자관계에서 보면, 북·미 간의 직접적인 양자접촉은 '절대적으로 수용 불가능한 부분'이었다(Korea and World Affairs 1996a).

미국은 북·미 양자회담 대신 대한민국과 중국을 포함한 4자 회담을 제안했다(Ibid: 1996b; Lee 2006). 동북아지역에서 중국의 세력이 점차 증대되고 있다는 사실을 인지한 미국은 한반도 평화 레짐을 정립하는 과정에 중국을 포함시키고자 노력했다. 그럼에도 불구하고 1997년 12월부터 1999년 8월까지의 4자 회담이 성과 없이 끝난 이후 클린턴 행정부는 다시 북한과의 양자협상에 몰두했다(Korea and World Affairs 1999). 사실 미국의 대북 포용정책과 당시 출범한 김대중 정부의 햇볕정책은 상호 보

완적인 성격이었다.[8]

1999년에 발간된 페리보고서의 권고에 따라, 미국은 북·미 외교관계 정상화를 논의하기 위한 양자대화에 참여하기로 결정했다.[9] 클린턴 행정부는 북·미 외교관계 정상화를 염두에 둔 양자대화를 시작하기 위한 분명하고도 단호한 노력을 기울였다. 이로 인해, 북한 국방위원회 부위원장인 조명록의 백악관 방문이 이루어졌고, 북·미 공동성명도 나올 수 있었다(Korea and World Affairs 2000). 하지만 이는 클린턴 대통령의 임기가 종료되는 시점에 이루어졌다. 결과적으로 미국이 약속한 북·미 정상회담은 실현되지 못했다. 미국이 해결해야 할 다양한 국제적 과업들로 인해, 북한이 미국 행정부의 관심을 언제나 끌 수 있는 것은 아니었다.

미국이 해결해야 할 과업에는 구유고 사태, 중동지역의 긴장상태, 여러 국가에서의 평화유지 문제가 있었다. 따라서 면밀히 계획된 대북정책의 이행에 관한 미국의 열의는 충분한 수준이 아니었다. 클린턴(2004: 938)과 올브라이트(2003: 470)가 설명하고 있듯이, 북·미 정상회담이 개최되지 못한 이유는 중동지역 문제 때문이었다. 박경애의 표현대로 클린턴 행정부 당시 북·미 양자관계에는 북·미 간의 관심 측면에서 비대칭성이

---

8) 대통령에 취임한 김대중은 평화적인 상호협력과 경제적 교류 증진을 통해 남·북관계를 개선시키고자 노력했다. 이는 한반도 긴장을 완화할 목적의 것이었다. 이 정책을 김대중의 후임자인 노무현이 계승하면서 햇볕정책은 1998년부터 2008년까지 대한민국의 대북정책이 되었다. 햇볕정책에 관한 분석을 보려면 레빈과 한의 연구(Levin and Han 2002)를 참고하기 바란다.

9) 페리보고서는 클린턴 대통령 임기 만료 시점에 대북정책조정관인 페리(William J. Perry)가 1999년 10월 12일에 제시한 미국의 대북정책 검토보고서다. 보고서에서 페리는 북한이 자국의 핵 및 미사일 프로그램 통제에 동의하는 경우 미국이 북한과의 관계를 정상화해야 한다고 주장했다.

존재하고 있었다(Park[2000] 2001: 50-1).

2) 북·미 외교관계 정상화 달성을 위한 북한의 행동

(1) 북 · 미 제네바 합의 레짐의 활용 시도

1차 북한 핵위기 이후 몇 년 동안 북한은 북·미 외교관계 정상화란 목표 달성을 위해 국제 레짐을 사용하고자 노력했다. 1차 북한 핵위기 이후 북·미 양자레짐을 형성하는 두 가지 요소가 조성되었다.

첫 번째는 북·미 양국이 서명한 북·미제네바합의이고, 두 번째는 제네바합의 핵심규정을 이행하기 위해 1995년에 설립된 다자기구인 한반도에너지개발기구(KEDO)이다.[10] 북·미 양자레짐은 항구적인 북·미 외교관계 정상화라는 두 번째의 중요한 기대를 창출해 내었다. 첫 번째는 앞에서 설명한 북한 핵문제 해결에 대한 기대였다. 한편 북·미 양자레짐은 단계별 이행절차에 관한 규칙을 만들어 내었는데, 이 규칙이 2차 북한 핵위기 당시 만들어진 레짐에서 다시 채택되었다. 규칙의 핵심은 당사자 중 한쪽이 신뢰형성 조치를 취하면, 다른 한쪽이 뒤이어 신뢰형성 조치를 취한다는 것이었다.

이들 장치에도 불구하고, 두 가지 이유로 인해 북한은 미국과의 거래에서 이 레짐을 효과적으로 이용하지 못했다. 첫째 이유는 1995년부터

---

10) 한반도에너지개발기구(KEDO)는 북한에 2기의 경수로를 제공해줄 목적으로 1995년 3월에 설치되었다. 이들 원자로는 영변에 있는 북한의 핵시설 동결을 보완해줄 목적의 것이었다. 한반도에너지개발기구는 미국, 일본 및 대한민국이 만들었다. 따라서 이는 미국이 즉흥적인 방식이 아니고 제도화된 방식으로 북한 경제를 지원할 목적으로 미국정부의 자금을 사용한 최초의 경우였다.

1998년까지 북한을 강타한 기근으로 인해, 김정일 정부가 국내 문제에 관심을 집중시켰다는 사실이었다. 둘째 이유는 기근의 결과로 북한이 붕괴될 것이라고 인식한 미국정부가 규칙의 이행에 진지하게 임하지 않았다는 사실이었다. 북·미제네바합의를 협상할 당시 등장한 북한 정권붕괴에 대한 기대는 북한 지역이 기근을 겪으면서 보다 강화되었다. 사실 북·미제네바합의는 이 합의의 조항들이 제대로 이행되지 않을 가능성이 있다는 예상 아래 체결된 것이었다.

미국은 1차 북한 핵위기 당시 형성된 레짐을 구상하는 과정에서 가장 중요한 행위자였음에도 불구하고, 이 레짐의 효과적인 작동을 보장할 의사는 많지 않았다. 1994년 11월 중간 선거에서, 북·미제네바합의에 비판적인 공화당이 미 의회를 장악했다. 북핵 이외의 다른 사안에 보다 많은 관심이 있었던 클린턴 행정부는 북·미제네바합의 이행에 정치적 자산을 낭비할 의사가 없었다(Wit et al. 2004: 257; 281; 314).[11]

미 동아시아 태평양 담당 차관보 윈스턴 로드(Winston Lord)는 남·북관계 개선이 이 레짐의 중심적인 부분이라고 강조함으로써 이 레짐에 대한 북한의 기대를 저버렸다. 미국의 이러한 입장은 북·미제네바합의의 양자합의 틀에서 벗어난 것인데, 공화당은 이를 환영했다.

한반도에너지개발기구(KEDO) 보스워스 사무총장은 "북·미제네바합의가 서명된 지 2주도 지나지 않아 정치적 고아가 되었다."(Behar 2003)고

---

11) 1990년대부터 2000년대까지 북한 관련 일에 개입했던 대한민국의 고위 관리는, 미국이 북·미제네바합의에 서명한 것은 오직 시간을 벌기 위한 것이었다고 믿고 있다. 왜냐하면 김일성 사망 이후 북한이 오래 버티지 못할 것으로 생각되었기 때문이다(2008년 9월 11일, 서울, 저자와의 인터뷰).

말했는데, 이는 당시의 상황을 가장 잘 요약한 것이다. 북한이 붕괴될 것이란 클린턴 행정부의 판단과 북·미 양자협상에 대한 공화당의 반대는 이러한 국제 레짐의 완전한 이행에 정치적 도전으로 작용했다.

클린턴 행정부의 두 번째 임기 도중 북·미제네바합의는 두 가지 중요한 변화를 겪었다. 첫째, 1997년 12월부터 1999년 8월까지 중국, 미국, 남·북한이 참여하는 4자 회담이 수차례 열렸다. 이를 통해 적어도 이론상으로는 다자주의에 입각한 새로운 의사결정 절차와 북·미제네바합의안에 두 번째 제도가 도입되었다. 미국은 북한을 구체적으로 다루기 위해 4개국이 참여하는 다자 레짐을 제안했다.

이러한 미국의 제안은 한반도 미래를 결정할 수도 있는 모든 협약에 참여하고자 했던 김영삼 대통령의 열망을 배려한 것이기도 했다(Lee 2006: 198). 하지만 4자 회담은 한반도 문제 해결에 그다지 성공적이지 못했다. 북한은 북·미 양자회담을 요구했으며, 중국은 4자 회담에 별다른 관심이 없었다. 한편, 1998년 2월에 집권한 김대중 대통령은 대북정책의 전환을 시도했으며, 1998년 8월의 북한 장거리 미사일 발사는 4자 회담의 성공 가능성을 약화시켰다.

사실 중국은 대만해협 위기(1995~1996) 이후에나 4자 회담 참여를 결정했다. 중국은 대만총통 리덩후이(李登輝)의 미국방문에 반발하여 1995년 7~12월까지 대만해협에서 군사기동을 실시했으며, 1996년 3월에는 대만 최초의 총통 선거에 항의하여 대규모 군사훈련을 단행하기도 했다. 이로 인해 미·중관계뿐만 아니라 동아시아에서 중국의 위상이 손상되었다. 중국 주변 국가들이 중국의 군사력 사용 가능성을 보며 불편함을 표시하기 시작한 것이다(IISS 1996: 178-9).

중국 입장에서 보면, 4자 회담 참여는 북·중 관계와 주변국가 관계를 개선하기 위한 수단일 수 있었다. 그러나 4자 회담에서 보여준 중국의 소극적인 태도는 회담을 약화시켰고, 북한의 장거리 미사일 발사는 4자 회담을 결국 종료시켰다.

북·미제네바합의 레짐의 두 번째 변화는 별도로 진행된 북·미 양자대화 및 남·북대화와 관련이 있었다. 1999년 9월[12]과 2000년 10월[13] 북한과 미국은 북·미공동성명을 발표했다. 이 공동성명을 통해, 북·미 양국은 합의에 따라 하나의 레짐을 형성했다. 하지만 북한은 두 가지 이유 때문에 미국에 대한 영향력을 증대시킬 수 있었던 레짐을 제대로 활용하지 못했다. 첫째, 북·미 고위급 양자회담이 클린턴 임기 말기에 이루어져서, 클린턴 행정부가 북·미 외교관계 정상화에 필요한 조치를 취할 수 없었다. 둘째, 북·미제네바합의의 이행을 위한 단계별 과정이 공식화되어 있지 않았다. 이는 당시의 레짐에 완벽한 이행을 염두에 둔 분명한 형태의 로드맵이 결여되어 있었다는 의미다.

북·미제네바합의가 북·미 외교관계 정상화를 가져오지는 않았지만 부시 행정부의 대북정책에 영향을 주었다. 2000년 10월, 미 국무장관 올브라이트가 북한을 방문하여 김정일과 술잔을 치켜든 당시 북한정권의 정당성이 더욱 증대되었다. 이러한 성취는 북·미 양자대화가 레짐의 중심

---

12) 북·미공동선언문, "Reaching Accord on Missile Talks with Deeper Understanding", 1992년 9월 12일 베를린.

13) 북·미공동선언문, "Agreeing to End Hostilities and Accelerate the Progress of Normalizing Bilateral Ties between the Two Korea", 2001년 10월 12일 워싱턴 D.C

78 북한 핵위기와 북·미 관계

에 위치할 당시 이루어졌다. 1차 북한 핵위기 당시 북한이 경험한 것과 북·미 양자협상을 통해 학습한 것들이 바탕이 되어, 김정일 정부는 부시 행정부 당시에도 지속적으로 양자회담을 요구했다.

(2) 반동적인 벼랑끝전술로의 복귀

북·미제네바합의에 서명한 이후, 북한은 미국을 상대로 한 벼랑끝전술을 포기하고, 북·미 외교관계 정상화를 위해 북·미제네바합의 레짐을 이용하고자 노력했다. 하지만 4자 회담이 제대로 기능하지 못하게 된 클린턴 행정부 말기에 변화가 있었다. 미국이 고의적으로 북·미제네바합의의 이행을 지연시키고 있다고 느낀 북한은 1998년 8월 다시 벼랑끝전술을 들고 나왔다. 김정일 정부가 장거리 미사일 대포동 1호를 발사했는데, 이 미사일이 일본열도 상공을 날아갔다. 북한의 장거리 미사일 기술 확산이 북·미 관계에서 새로운 요소로 등장한 것이다(Brown 1999: 129).

북한은 미사일 프로그램(1992~1994)을 통해 얻을 수 있는 이익을 잘 알고 있었다. 북한은 중동지역 국가들에 미사일을 판매하고 있었다. 1993년 북한은 스커드미사일과 중거리 노동미사일을 시험 발사했다. 시험 발사 현장에는 이란의 전문가들이 참석해 있었다. 북한의 미사일 확산을 중지시키기 위해 이스라엘이 북한과 접촉한 후 미화 10억 달러 상당의 경제적 지원을 제공하기로 했다는 보도가 있었다(Michishita 2010: 117-18). 결국 북한과 이스라엘의 협상은 미국의 간섭으로 타결되지 못했다. 하지만 당시 북한은 자국의 미사일 프로그램을 통해 얻을 수 있는 경제적 이득과 외교적 영향력에 관한 교훈을 터득할 수 있었다.

1996년 4월과 1997년 6월, 북한의 미사일 확산 문제를 두고 북한과 미국이 두 차례 회담을 가졌다. 이 회담에서 북한은 미사일 확산 중지 조건으로 북·미 양자관계 증진을 요구했다(Michishita 2010: 119-20). 1998년의 대포동미사일 시험 발사를 통해, 북한은 자신이 원하는 조건을 충족시켜주지 않으면, 벼랑끝전술로 돌아갈 수 있음을 보여주었다. 클린턴 대통령 임기 중에 북한은 더 이상 미사일을 시험 발사하지 않았다. 하지만 2006년, 북한은 다시 벼랑끝전술로 돌아가 장거리 미사일을 발사했는데, 이 시기의 북·미 관계는 1998년 8월 당시처럼 최악의 상황이었다.

클린턴 대통령은 북한의 벼랑끝전술, 즉 1998년의 미사일 시험발사와 관련하여 당근과 채찍을 모두 사용하였다. 물론 당근 정책을 훨씬 많이 이용했다. 공화당이 주도하고 있던 미 의회가 한반도에너지개발기구(KEDO)에 대한 미국의 자금 지원을 제한했는데[14] 이것이 북한에 사용한 유일한 채찍이었다.

북한의 대포동미사일 발사를 보며, 미국은 대북정책을 재검토했다. 결국, 1999년 10월에 페리보고서가 발표되었다. 그 후 북·미제네바합의 레짐에 변화가 있었으며, 이 같은 변화로 인해 올브라이트와 김정일 간의 회담이 개최되었다. 이외에도 클린턴 행정부는 대북 제재를 완화시켰는데, 이는 한국전쟁 이후 미국이 취한 가장 의미 있는 수준의 제재 완화 조치였다(Chang 2007: 45).

따라서 부시 행정부가 출범할 즈음 북한은 벼랑끝전술을 활용하여 북·미 양자회담을 성사시켰지만, 자신의 주요 외교정책 목표인 북·미 외

---

14) Appropriations for KEDO: U.S. Congress Imposes Conditions on Continued Funding, Congressional Record, 19 October 1998.

교관계 정상화를 달성하기에는 아직 미흡한 수준이라고 인식했다. 이 같은 경험을 통해 얻은 교훈이 2차 북한 핵위기 당시 북한이 사용한 벼랑끝 전술에 영향을 주었다. 하지만 이 교훈들이 북한지도부를 '능숙함의 덫'에 빠뜨렸고, 이것이 오바마 행정부 당시의 북·미 관계에 영향을 미쳤던 듯 보인다.

3) 제휴가 서서히 재차 가능해지다

1차 북한 핵위기 당시, 북한은 미국과의 세력균형을 위해 중국의 도움을 받지 않았다. 북·미제네바합의에 서명한 이후 북한은 자국의 대외정책 목표 달성을 위해 주변국의 도움이 더 이상 필요하지 않다고 자랑하기조차 하였다. 그러나 시간이 지나면서 북한이 자신을 방어할 능력이 없음이 분명해졌다. 수십만의 주민을 아사하게 만든 1995년부터 1998년까지의 기근과 더불어, 북·미 관계가 외교적으로 진전이 없었다. 북·미제네바합의를 미국이 제대로 준수하지 않은 것[15]이다. 결과적으로 북·미 외교관계 정상화라는 북한의 목표는 진척되지 않았다.

결국 북한은 중국을 포함한 4자 회담을 개최하자는 대한민국과 미국의 제안을 수용하였다(myers 1997). 1997년 12월부터 1999년 8월까지 진행된 4자 회담에서는 뚜렷한 성과가 없었다. 그러나 이 회담을 통해 한

---

15) 2001년 뉴욕에서 미국대폭발테러사건(9.11)이 일어나자 부시 행정부는 북한을 3대 테러국가로 지목했고, 북한은 제네바합의에서 금지하기로 약속한 흑연 감속로를 가동하겠다는 선언을 하였다. 결국 미국은 제네바합의의 파기를 선언했고, 2002년 11월 KEDO 집행이사회는 북한에 대한 중유 지원 중단을 결정하였다.

반도와 관련된 모든 안보 프로세스에서 중국과 협력해야 할 필요성이 입증되었다(Lee 2006: 195).

이들 회담은 여전히 어려운 상황에 있던 북·중 관계 개선에 도움을 주었다. 또한 북한 최고지도자 김정일이 중국을 방문하는 계기가 되었다. 김정일의 중국 방문은 2000년 5월 29일부터 31일까지 진행되었다. 북한 매체들은 양국 간의 역사적 관계가 새롭게 되는 계기가 되었다고 환영했다(KCNA 2000a).

4자 회담과 함께 북·미 양자접촉이 진행되었으며, 대한민국은 한반도 긴장완화에 도움이 되는 햇볕정책을 이행하기 시작했다. 따라서 중국의 도움을 받아 북한이 미국과 세력균형을 유지해야 할 시대는 이미 아닌 듯 보였다. 하지만 중국은 여전히 한반도에서 나름의 역할을 수행할 수 있었다. 1990년대에는 북·중 관계에 대한 중국의 입장에 변화가 있었다.

1995~1998년의 북한의 기아사태를 보며 중국은 놀라지 않을 수 없었다. 많은 정책결정자들과 전문가들은 이 기아사태를 북한 붕괴 신호로 받아들였다(Kim 2006a: Lee 2006). 북한 붕괴 가능성은 세 가지 측면에서 중국에 위협적이었다. 첫째, 북한이 붕괴되면 북한 난민들이 중국으로 대거 몰려올 수 있었다. 둘째, 중국경제가 신속히 발전하고 있던 시점에 일대 혼란을 초래할 가능성이 있었다. 셋째, 북한이 남한에 흡수 통일될 가능성이 있었다. 이 경우 통일한국이 친미적이 되면서 미군이 한반도에 주둔할 가능성이 있었다.

이러한 위협에 대응하기 위해 중국은 자국 물건을 북한이 현찰로 구입해야 한다는 개념을 포기했다. 또한 경제적 지원을 대거 늘렸으며, 4자 회담(1997~1999) 참여에 동의했다(Kim 2006: Lee 2006).

중국은 북한 정권을 살리는 과정에서 핵심적인 역할을 수행했을 뿐만 아니라, 북한이 미국과 세력균형을 맞추는 과정에서 외교적으로 지원했다. 그런데 이는 1차 북한 핵위기 당시에는 볼 수 없던 현상이었다. 중국의 이러한 입장 변화는 클린턴 행정부에 대항한 연성균형의 사례란 점에서 의미가 있었다. 한반도에서의 무력 충돌 가능성이 사라지자 중국으로부터의 군사적 지원이 비교적 덜 필요해지면서, 중국의 경제·정치적 지원이 북한에 보다 중요한 의미가 있게 되었다.

미국에 대한 연성균형이 북·미협상에서 중심적인 요소가 된 2차 북한 핵위기 당시 북한은 중국의 지원을 적절히 이용하였다.

제3장

1차 핵실험 이전의 북한과 부시 행정부

1. 북한과 부시 행정부 초기(2001. 1~2002. 9)

2001년 1월, 조지 W. 부시가 미국 대통령에 취임했다. 부시 행정부가 출범할 당시 미국은 단일 패권 국가였으며, 미국의 안보를 직접 위협하는 세력이 전혀 없는 비교적 안정된 상태였다. 중국은 미국에 비해 군사기술 측면에서 열악한 상태에 있었으며, 세계무역기구(WTO) 가입이 논의되고 있었다. 당시의 중국은 세계적 수준에서 미국에 도전할 수 있는 입장이 아니었다. 러시아는 아직도 소련 붕괴의 충격에서 벗어나지 못하고 있었으며, 보다 호전적인 푸틴 대통령이 취임한지 1년을 약간 넘긴 상태에 있었다.

또한 이 시기에는 이스라엘과 팔레스타인 간의 평화회담이 진행되고 있었는데, 사태해결의 돌파구가 열릴 가능성이 있어보였다. 당시의 중동

상황은 비교적 안정적이었다. 동아시아에서 중국이 미국과 더불어 지역 정치에서 주요 행위자가 되고 있었으며, 중국과 주변국들 간의 관계도 점차 개선되고 있었다. 2차 대만해협 위기에 관한 기억이 사라지고 있었으며, 남중국해를 놓고 벌어진 이견도 외교를 통해 해결되고 있었다. 아세안 국가들과 중국, 일본 및 대한민국의 모임인 'ASEAN + 3'이 1999년에 제도화되면서, 아태지역에서의 갈등 해소에 도움이 되었다. 미국 입장에서 보면, 아태지역에서 미국의 중추적인 역할이 도전받지 않도록 하는 것이 중요한 부분이었다. 이처럼 부시 행정부 출범 이후 몇 개월 동안 국제사회는 비교적 안정적이었다.

하지만 2001년 9월 11일에 상황이 급변했다. 9.11사태로 알카에다를 포함한 이슬람 테러분자들의 공격이 미국과 서방세계의 주요 우려사항이 되었다. 그 후 미국의 아프간 침공으로 중동지역 정세가 급변했다. 미국의 아프간 침공은 전반적으로 국제체제에 영향을 주었다. 9.11사태가 동아시아 국제관계에도 영향을 주었다. 아태지역 국가들은 인도네시아를 제외하면 이슬람 테러분자들의 직접적인 표적은 아니었다. 그러나 테러 위협이 미국의 아태지역 정책에 영향을 주었다.

미국은 테러와의 전쟁을 목적으로 하는 다자간 협력 차원에서 동아시아 국가들과 접촉하고자 노력했다. 이란 또는 리비아와 같이 테러를 지원하고 있다고 인식되던 중동지역 국가들과 관련된 북한의 활동이 미국의 관심사항이 되었다. 미국은 대량살상무기가 테러분자들의 수중에 들어가는 현상을 경계하고 있었다. 따라서 2001년 1월 29일 부시(2002a) 대통령은, 테러를 지원하고 있으며 대량살상무기를 보유하고 있는 불량국가들로 구성된 '악의 축'에 북한을 포함시켰다.

추후 논의하게 되겠지만, 이 시점 북한은 미국과 협상하기 위한 전술을 변경시켰다. 사실 부시 행정부가 출범한 직후 북한은 미국의 정책 변화를 인지하지 못했다. 결과적으로 클린턴 행정부 시절의 유산인 일부 수정된 북·미제네바합의 레짐에 지속적으로 의존하고자 했다. 미국의 정책 변화와 중국의 파워 증대에도 불구하고 북한은 중국과의 제휴를 거부하고 있었다. 김정일 정부는 국제환경 변화를 제대로 파악하지 못했으며, 이로 인해 행동을 적절히 바꾸지 못했다.

1) 북한의 목표; 북·미 외교관계 정상화

부시 행정부 출범 이후에도 북한은 북·미 외교관계 정상화란 자신의 목표를 지속적으로 추구했다. 클린턴의 후임자를 선출하는 미국 대통령 선거일인 2000년 11월 7일의 노동신문은 수개월 전에 공포된 북·미 공동선언문에 명시되어 있던 북·미양자협상 프로세스에 대한 공약을 재확인했다. 한편 노동신문을 통해 북한은 클린턴 행정부에서 시작된 북·미 화해 과정의 지속을 미국에 촉구했다(KCNA 2000d).

바로 이틀 전인 11월 5일의 노동신문 사설에서는 북한과 개개 유럽연합 국가들 간에 설정된 관계의 이점을 개관했다(Ibid: 2000c). 이러한 이익은 북·미 관계에서도 얻을 수 있다는 것이었다. 이를 통해, 김정일 정부는 클린턴의 후임자에게 분명한 메시지를 전달하고 있었다. 즉 북·미 외교관계 정상화 프로세스가 미국에 도움이 되며 지속되어야 한다는 것이었다.

부시가 대통령에 당선된 이후에도 북한은 북·미 외교관계 정상화에 대한 공약을 유지했다(KCNA 2001b; 2001c).[1] 부시 행정부가 양자대화 조건을 강화시킨다고 천명한 2001년 6월의 '정책검토' 이후에도 북한은 자신의 입장을 바꾸지 않았다.[2] 2001년 1월, 북한 외무성 대변인은 클린턴 행정부 말기에 시작된 프로세스를 북한이 지속할 의향이 있다고 반복해 말했다(Ibid: 2001d). 2001년 10월 북한은 클린턴 행정부가 취했던 입장을 부시 행정부가 취하는 즉시 북·미 대화가 시작될 것임을 언급했다(Ibid: 2001h). 이를 통해 북한은 북·미 외교관계 정상화에 대한 자국의 공약을 분명히 했다.

9.11사태 이후 이라크, 이란과 함께 북한이 '악의 축'에 포함되면서 북·미 관계에 엄청난 변화가 있었다. 북한은 2002년 1월 부시의 '악의 축' 발언을 즉각 비난했다. 북한은 부시 발언 1년 전에 미국이 제안한 대화가 진정성이 있는 것이 아니었음을 보여준다고 주장했다. 이 같은 비난에도 불구하고 북한은 북·미 양자대화 시작을 제안했다. 이는 북·미 외교관계 정상화를 염두에 둔 북한의 공약이 거의 변하지 않았음을 보여준다(KCNA 2002b, 2002a).

부시 행정부의 경우, 비둘기파와 매파 간의 입장 차이로 인해 미국의 대북정책 목표와 정책 원칙의 식별이 쉽지 않았다. 이 같은 입장 차이는 부시 행정부가 출범하기 이전부터 상존해 있었다. 부시 행정부가 출범하

---

1) 6자 회담에 참여했던 고위급 중국 외교관과의 인터뷰(2009년 4월 22일, 런던)

2) 부시 행정부의 대북정책 검토보고서는 북·미 양자대화의 가능성을 언급하고 있었다. 그러나 이는 미국이 관심이 있는 사안에 대한 대화만을 의미했다. 더욱이 미국은 북한이 미국의 요구를 준수하는 경우에서조차 관계정상화를 보장하지 않았다.

기 며칠 전 매파 성격의 미 국방장관 예정자 럼스펠드(Donald Rumsfeld)는 신임 정부가 북한에 대해 보다 강경한 자세를 취할 것임을 언급했다(Myers 2001).

반면에 의회 인사청문회에서 비둘기파 성격의 국무장관 예정자인 콜린 파월(2001a)은 새로운 정부가 클린턴 행정부의 정책을 유지할 것이라고 선언했다. 한편, 군비통제 및 국제관계 차관인 존 볼턴(John Bolton)은 '정부 부처 간의 전쟁'이 부시 행정부가 출범하는 순간부터 상존해 있었다고 말했다. 북한에 대한 압력과 대화의 사용을 놓고 벌어진 이 같은 딜레마는 부시 대통령 임기 내내 지속되었다.

부시 행정부에는 클린턴 행정부 당시의 미국의 대북정책을 일반적으로 불편하게 생각하는 분위기가 있었다. 이 같은 분위기는 2001년 6월에 발표된 부시 행정부의 대북정책 검토에 반영되었다. 부시는 북한 핵 프로그램 해체와 관련하여, 북한에 보다 엄격한 검증을 요구할 것임을 공개적으로 언급했다. 사실 북·미제네바합의는 북한 핵 프로그램의 동결에 초점을 맞추고 있었으며, 해체는 나중 단계에 추진되도록 예정되어 있었다.

부시 행정부는 북한과의 대화를 재개할 의향이 있었지만 대화의 주제를 북한 대량살상무기 프로그램 또는 인도적 사안으로 국한시키고자 했다(Korea and World Affairs 2001). 한마디로 말하면, 부시 행정부는 처음부터 북한과의 대화 중단을 결정한 것은 아니었다. 다만 특정 사안, 특히 대량살상무기 프로그램에 관해서만 북한과 협상하고자 했다. 한편 매파들은 소위 말하는 "클린턴의 정책을 제외한 모든 것이 좋다(ABC: Anything But Clinton)"는 기조에 따라 북·미제네바합의 레짐을 무효화하고자 노력했다(Funabashi 2007: 151).

부시 행정부는 출범 이후 몇 개월 동안 북한에 어느 정도 중도적인 입장을 취할 수도 있는 입장이었다. 그러나 9.11 테러 공격 이후 그 여지가 사라졌다. 이미 논의했듯이 2002년 1월의 국정연설에서 부시는 북한을 '악의 축'에, 즉 테러를 지원했거나 대량살상무기를 보유하고 있는 불량국가에 포함시켰다. 테러 지원국이란 비난을 받고 있던 또 다른 국가인 아프간을 미국이 침공한 이후 북한에 대한 미국의 대화 제의는 점점 드물어졌다. 대화 제의도 북한 핵무기와 대량살상무기 확산 방지에 관한 것이었다(Moens 2004: 167).

부시 행정부는 김정일 정부에 대한 거부감을 반복적으로 드러냈다. 심지어 부시는 김정일을 혐오한다고 공개적으로 말하기도 했다(Reuters 2007). 북한 입장에서 보다 걱정스런 부분은 적대적인 정권을 다루는 과정에서 필요한 경우 무력을 사용할 수도 있음을 부시 대통령이 직접 밝혔다는 점이다(2001b).

사실 자국에 의미 있는 부분과 관련하여 대화해야 한다는 미국의 입장은 비둘기파와 매파의 타협의 산물이었다(Funabashi 2007: 101). 2002년 매파 관리들의 영향력이 강화되면서 부시 행정부는 대화 제의에서 점차 발을 빼고는 보다 강경한 자세를 취하기 시작했다.

이는 부시 행정부가 진행하고 있던 강경한 대외정책의 일부였다. 2002년 9월에 발표된 미 국가안보전략을 통해, 소위 '부시 독트린'이 그 윤곽을 드러냈다. 국가안보전략은 '테러와의 전쟁'에서 미국을 지원하는 국가와 미국에 대립하는 국가를 분명히 구분했다. 국가안보전략에서 불량국가로 지명된 북한 입장에서 걱정스런 부분은 이들 불량국가가 미국

의 안보를 심각히 위협할 경우, 미국이 이들 국가를 선제공격할 수 있다는 사실이었다.[3]

미 국가안보전략을 발표하기 불과 몇 주 전, 볼턴(2002)은 생화학 무기, 핵 프로그램 개발, 인권 유린과 관련하여 북한을 비난한 바 있었다. 볼턴은 또한 북·미제네바합의 레짐을 유지하기를 원하는 경우, 북한이 자국의 정책을 근본적으로 바꾸어야 할 것이라고 경고했다. 그는 대량살상무기 보유에도 불구하고 소련이 붕괴했다는 사실을 북한에 상기시켰다. 이라크 침공을 위한 미군의 증강과 더불어 이 같은 발언은 미국이 대북정책을 수정하고 있음을 보여주었다.

2) 북·미 외교관계 정상화 달성을 위한 북한의 행동

(1) 북 · 미 제네바 합의 레짐의 붕괴

2장에서 우리는 클린턴 행정부 당시 북·미 제네바 합의를 중심으로 발전된 국제 레짐을 북한이 다방면으로 이용할 수 없었다는 점에 주목했다. 그러나 당시 구축된 레짐은 북한과 미국이 궁극적으로 북·미 외교관계 정상화로 나아갈 것이라는 기대에 근거하고 있었다. 북·미 관계가 정상화될 경우, 북한은 자국의 핵 프로그램을 중지하고 해체할 예정이었다. 따라서 클린턴 행정부와 동일한 목표를 부시 행정부가 추구하는 경우, 부시 행정부에서도 이 레짐은 여전히 유용한 것이었다.

---

3) The White House, "The National Security Strategy of the United States of America", 17 Sep 2002.

김정일 정부는 클린턴 행정부 마지막 년도에 발전된 국제 레짐이 미국과의 양자관계를 정상화할 목적으로 사용될 수 있을 것이라고 생각했다. 따라서 북한은 새로 출범한 부시 행정부에 이것의 준수를 반복적으로 요구했다. 김정일 정부는 특히 북·미 양자 의사결정 절차의 지속에 관심을 보였다(KCNA 2001e, 2001h, 2001d).

1994년에 북·미제네바합의를 성공적으로 협상하는 과정에서 이 절차가 북한에 도움이 되었다. 이외에도 북·미 양자회담 덕분에 2000년 10월 백악관에서 북한군 차수 조명록과 클린턴 대통령이 회견할 수 있었으며, 평양에서 올브라이트와 김정일이 만날 수 있었던 것이다.

북한이 북·미 양자 레짐에 집중한 반면, 부시 행정부의 일부 관리들은 이것의 절차와 예상되는 결과를 대단히 혐오했다.[4] 미 공화당은 1994년 북·미제네바합의 서명 직후부터 북·미 양자 레짐에 반대하는 입장이었다. 미국 대통령 선거 유세 당시인 2000년 국가안보보좌관 예정자인 콘돌리자 라이스(Condoleezza Rice)는 북·미제네바합의를 맹렬히 공격했다. 그녀의 주요 비난은 북한이 벼랑끝전술을 구사할 경우 징벌할 수 있는 분명한 메커니즘이 없다는 사실에 모아졌다.

라이스(2000)는 북한 위협에 대항한 미국의 억지력 강화를 옹호했다. 국방장관 후보였던 럼스펠드 또한 김정일 정부에 대한 보다 강력한 입장을 지지했다. 일반적으로 매파들은 이념적인 이유로 클린턴 행정부 정책들에 반대하는 입장이었다. 볼턴(2007: 103)이 설명하고 있듯이, 부시 행

---

4) 부시 대통령 당시 북한 관련 정책에 참여했던 3명의 미국 관리와의 인터뷰 (2008년 3월 19일, 3월 31일, 4월 1일, 워싱턴 D.C.)

정부 출범 직후부터 일부 관리들이 북·미제네바합의 해체를 위해 노력했다.

반면에 온건파 관리들은 북·미제네바합의를 유지하고자 노력했다. 국무장관 후보자였던 콜린 파월(2001a)은 의회 인사청문회에서 클린턴 행정부의 대북정책이 지속될 것이라고 주장했다. 더욱이 2001년 6월의 미 대북정책 검토 이전, 파월(2001b)은 미국이 북·미제네바합의를 지속적으로 지원할 것임을 언급했으며, 양국의 모든 관심 사항에 관해 북한과 토의할 의향이 있음을 암시했다.

그러나 부시 행정부 초기 2년 동안 매파 관리들이 득세하면서 북한은 클린턴 시대의 레짐을 이용할 수 없게 되었다. 결과적으로 북·미 간 양자 레짐은 2단계에 걸쳐 효력을 상실했다. 첫째, 부시행정부는 2001년 6월에 발표된 '대북정책 검토'를 통해, 북한 핵 프로그램을 다루기 위한 '북·미제네바합의의 개선된 이행'과 북한 미사일 확산을 금지하는 '미사일 프로그램의 검증 가능한 제한'을 요구했다. 또한 북·미 외교관계 정상화 관련 대화는 북한이 미국의 요구를 완벽히 수용한 이후에나 가능하다고 했다(Bush 2001). 이로 인해, 북한이 북·미 레짐을 통해 얻을 수 있을 것으로 기대했던 부분에 변화가 생겼으며, 이러한 상황이 북한을 어렵게 만들었다.

북·미 양자 레짐 해체의 두 번째 단계는 켈리(Kames A. Kelly) 미 국무성 차관보의 평양 방문 시점에 발생했다. 매파 관리들은 북·미제네바합의 중심의 레짐을 중지시킬 의도를 지속적으로 견지하고 있었다.[5] 켈리

---

5) 부시 대통령 당시 북한 관련 정책에 참여했던 2명의 미국 관리와의 인터뷰

의 북한 방문이 승인을 받자 이들은 이 레짐의 해체 과정을 가속화시켰다. 처음에 켈리의 북한 방문은 김정일 정부와의 외교채널을 다시 가동하기 위한 것이었다(Kelly 2004). 켈리의 북한 방문은 김정일과의 정상회담을 위해 일본 고이즈미 총리가 평양 방문을 선언한 시점과 우연히 일치했다(Funabashi 2007: 25).

켈리와 고이즈미의 북한 방문은 북한과의 외교적 접촉을 겨냥하고 있었다. 그런데 외교적 접촉은 북한 정권교체를 염원하고 있던 매파들이 결코 원하는 바가 아니었다. 따라서 2002년 7월과 8월 이들 매파는 북한의 고농축 우라늄 프로그램 운용 문제를 제기하기 시작했다. 켈리의 북한 방문 몇 주 전, 매파들은 북한의 고농축 우라늄 프로그램을 지속적으로 거론했다. 결국 켈리의 북한 방문은 고농축 우라늄 프로그램 운용과 관련하여 북한을 비난하는 일에 초점이 맞추어졌다(Kelly 2004). 북한의 농축 우라늄 프로그램 유지는 북·미제네바합의의 위반 사항이었다. 따라서 매파 관리들은 클린턴 행정부에서 물려받은 이 레짐의 신속한 해체를 강력히 요구할 수 있었다.

사실 미국은 켈리의 방북 기간에 이 레짐을 종료하기로 결정했다. 이라크 전쟁 준비에 방해되지 않도록 이 같은 사실은 몇 주 뒤에 공표되었다. 그러나 북·미 레짐 해체 결정은 분명한 사실이었다(Bolton 2007: 115). 한반도에너지개발기구(KEDO)에 의해 이루어지던 대북 중유공급이 중단되었으며, 미국이 북한과의 양자 접촉을 더 이상 거부하자 2차 북한 핵위기의 첫 번째 국면에서 북·미 양자 레짐이 종료되었다.

(2008년 3월 24일, 4월 3일, 워싱턴 D.C.)

이로 인해 부시 행정부 출범 이후, 북한은 북·미제네바합의를 더 이상 이용할 수 없는 입장이 되었다. 하지만 북한은 2003년에 시작된 2차 북한 핵위기의 해결을 위해 구성된 6자 회담에서도 북·미 양자 레짐으로의 복귀를 지속적으로 주장했다. 이는 부시 행정부에서 미국의 대북정책이 변했다는 사실을 북한이 제대로 이해하지 못했음을 보여주는 부분이기도 하다.

(2) 제휴 거부

클린턴 대통령 마지막 몇 년 동안 북·미 관계는 화해를 맞이했다. 이 시기 북한은 중국에 대한 정치·경제적 의존으로부터 벗어나고자 노력했다. 이를 위해 북한은 2000~2001년 사이 대부분의 유럽연합 국가들, 오스트레일리아, 뉴질랜드를 포함한 몇몇 서방 국가들과 외교관계를 정상화했다. 냉전 당시의 적대감정이 해소되면서 서방국가와의 국교정상화 과정은 자연스러운 현상으로 받아들여졌다(NCNA 2000c).

북한과 많은 국가들이 화해하면서 북·중 관계는 주권 국가들 간의 정상적인 양자관계로 점차 전환되었다. 이것을 보여주는 가장 분명한 사례는 2001년 1월 15일부터 20일까지 있었던 김정일의 중국 방문이다. 김정일의 중국 방문은 중국의 경제발전 결과 직접 확인에 초점을 맞추었다. 중국의 경제발전 모델이 북한 경제 발전의 발판으로 작용할 수 있을 것으로 보았기 때문이다.[6] 북한으로 귀국하면서 김정일은 신의주의 몇

---

6) 2002년 이후 북한은 몇몇 경제개혁을 추진했다. 1978년 이후 중국이 도입했던 개혁을 따랐지만 이들을 복사한 형태는 아니었다. 사회 경제적 관점에서 이들 개혁에 관한 두 가지의 훌륭한 연구 성과를 보고자 하는 경우 프랑크(Frank

몇 공장을 방문했으며(KCNA 2001a), 김정일 정부는 신의주를 '특별행정구'로 선포했다. 이를 통해 김정일의 중국 방문이 북한의 경제발전 방안을 강구할 목적의 것이었음을 확인할 수 있을 것이다.

또한 김정일 정부는 냉전 당시와 마찬가지로 러시아와 중국 간에 경쟁을 유발하여 나름의 이득을 얻어낼 목적에서, 부상하고 있던 러시아와의 관계개선을 위해 노력했다. 푸틴은 대통령 당선 직후인 2000년 7월 19일 북한을 방문했으며, 김정일은 2001년 8월 러시아를 방문했다. 김정일의 모스크바 방문을 통해 북한과 러시아는 공식적으로 유대관계를 강화할 수 있었다(KCNA 2000b).

보리스 옐친 러시아 대통령 당시 북한과 러시아의 관계는 최악의 상태에 있었다(Takeda 2006: 192). 2001년 8월, 김정일의 모스크바 방문은 김정일이 북한 최고지도자가 된 이후 중국을 제외하면 처음으로 외국을 방문한 경우였다. 북·러 정상은 경제문제에 초점을 맞추었다. 정상회담에서 푸틴은 러시아가 북·미 간에 중계 역할을 할 수 있는 입장임을 보여주었다(Wines 2001). 러시아는 북한 문제에 깊은 관심을 표명했다. 이는 동북아 정치에서 러시아가 보다 적극적인 역할을 수행할 수 있어야 한다는 푸틴의 열망을 반영한 것이었다(Takeda 2006).

북·러 경제협력은 러시아에게도 중요한 의미가 있었다. 북·러 관계가 증진된 상태에서 북한 경제가 개방될 경우, 러시아 극동지역이 북한과의 무역 증대로 많은 이득을 볼 수 있는 입장이었다. 정상회담에서 러시아는 북한을 거쳐 대한민국으로 연결되는 철로건설을 제안했다(Sevast'

2005), 해가드와 놀란드(Haggard and Noland 2007) 논문을 참고하기 바란다.

ianov 2005).

북·러 관계가 개선되던 2001년 9월 3일 장쩌민(江澤民) 주석이 평양을 방문했다. 장쩌민의 북한 방문은 1992년 이후 중국 주석의 최초 방문이 었다. 노동신문은 이 같은 사실을 강조하면서 장쩌민의 북한 방문을 환영했다(KCNA 2001f). 장쩌민은 많은 국가와 관계를 개선하고자 하는 북한의 노력뿐만 아니라 남·북관계 개선을 지지한다고 공식적으로 선언했다(Hu 2001). 냉전 당시와 달리, 북한은 중국과 러시아를 경쟁시켜 이득을 볼 수 있는 입장이 아니었다. 북한경제가 개방될 경우 러시아와 중국 모두 영향력을 행사할 수 있기를 원하고 있었다.

9.11 테러와 2002년 1월의 부시의 '악의 축' 발언에도 불구하고, 북한은 중국에 의존할 의사가 전혀 없었다. 냉전 이후에는 중국이 미국을 제외하면 동북아에서 유일한 강국임이 분명해졌다. 따라서 중국과 협력을 통해 얻을 수 있는 이득은 대단해 보였다. 사실 '악의 축' 발언 직후 부시 대통령은 장쩌민을 만나 미국과 북한 사이에서 중국이 중재자 역할을 해줄 것과 미국이 북한과 대화할 의사가 있다는 사실을 김정일 정부에 전달해줄 것을 요청했다.[7]

북한에게 있어 북·중 협력은 미국을 대화로 끌어들이기 위한 최상의 방안일 수도 있었다. 한편, 북한은 우호적인 대한민국의 도움을 받아 미국과 연성균형을 추구할 수도 있었다. 2000년 8월부터 2003년 4월까지 주미 한국대사를 지낸 양성철은 북한이 '악의 축'에 포함되지 않도록 노

---

7) "Full Text of Jiang and Bush's Press Conference", People's Daily, 22 February 2002.

력하기도 했다(Yang 2010: 200, fn.12). 이런 한국의 노력이 성공적이지는 못했지만, 북한은 미국의 행동에 맞서기 위해 남쪽 이웃(대한민국)과 협력할 수도 있었을 것이다.

보도에 의하면, 2002년 1년 동안 북·중 관계가 매우 악화되었다(Lee 2002). 미국, 러시아, 일본, 유럽연합과 지속적으로 관계를 개선하고자 하는 북한의 노력에 중국은 우려의 목소리를 제기했다고 한다(Lam 2002). 그렇다고 갈등상태에 있던 북·미 사이에서 중국이 미국편을 들었다고 말할 수는 없다.

부시 대통령의 '악의 축' 발언 그리고 북·미 간에 균형자 역할을 해달라는 미국의 요구에 대해, 중국은 북·미 양자회담 촉구로 대응했다.[8] 장쩌민 정부는 북·미 양자회담을 염원하고 있던 북한을 위해 창구 역할을 할 수도 있었을 것이다. 그럼에도 불구하고 북한은 중국의 도움을 받아 미국과 연성균형을 취하고 싶다는 의사를 전혀 표시하지 않았다. 부시 행정부 출범과 중국의 부상으로 국제환경이 일대 변환되었다는 사실을 북한은 제대로 파악하지 못했다. 결국 북한은 중국과의 협력에 적극적이지 않았다.

(3) 벼랑끝전술 자제

1998년 8월의 대포동미사일 발사 이후 북한은 더 이상 벼랑끝전술을 사용하지 않았다. 김정일 정부는 클린턴 대통령 임기 마지막 몇 달 동안

---

8) "Full Text of Jiang and Bush's Press Conference", People's Daily, 22 February 2002.

진행되었던 북·미 외교관계 정상화 과정이 부시 행정부 이후에도 지속될 것이라는 기대 아래, 부시 행정부 초기 몇 년 동안 고강도 벼랑끝전술을 자제했다. 즉 2001년 1월부터 2006년 6월까지 북한은 대량살상무기 시험 발사를 한 번도 하지 않았다.

사실 부시 행정부 출범 이후부터 2차 북한 핵위기가 시작된 2002년 10월까지, 북한은 두 차례 벼랑끝전술을 사용했는데, 두 차례 모두 비난과 위협이라는 저강도 수준의 벼랑끝전술이었다. 더욱이 이들 두 차례의 벼랑끝전술은 사전 계획된 형태라기보다는 미국의 행동에 반응하는 형태였다. 이 기간 동안 북한의 벼랑끝전술은 클린턴 행정부 당시의 벼랑끝전술과 성격이 달랐다.

2001년 6월 6일 부시 행정부가 발간한 미국의 북한정책 검토보고서에 대응하여 김정일 정부는 저강도 벼랑끝전술을 구사했다. 이 검토보고서는 매파와 비둘기파 간의 타협의 산물이었다. 북한 입장에서 보다 우려스러운 부분은, 부시 행정부가 점진적으로 북·미 관계를 증진시킬 것이란 클린턴 행정부의 입장에서 후퇴했다는 사실이었다. 김정일 정부는 이 검토보고서를 비난하고는 이전 정책으로의 회귀를 요구했다. 그러나 북한은 미국의 새로운 입장을 구두로 비난했을 뿐 더 이상의 조치는 취하지 않았다.

2002년 1월의 국정연설에서 부시 대통령이 북한을 '악의 축'으로 지명할 당시, 북한은 저강도의 두 번째 벼랑끝전술을 사용했다. 북한은 포괄적이고도 솔직한 대화를 거부한다며 부시 행정부를 비난했다. 하지만 더 이상의 조치는 취하지 않았다. 미국이 켈리 사절단을 북한에 파견하기로 하자 북한은 비난 발언을 중지했다. 2002년 6월 말에는 남·북한 함정 간의 해상 충돌로 켈리의 북한 방문이 연기되었다.

그럼에도 불구하고 당시의 해상 충돌은 비의도적인 성격의 것이었으며 북한의 벼랑끝전술의 산물은 아니었다. 북한은 이 해상 충돌과 관련하여 대한민국에 사과했다(Kim 2002). 더욱이 북한 외무성 대변인은 해상 충돌이 사실상 남·북 및 북·미 관계와 밀접한 관계가 있다는 점도 인정했다(KCNA 200c). 이러한 북한의 입장은 그 이전에 일부 미국 관리들이 견지하고 있던 입장과 일치했다. 따라서 북한은 벼랑끝전술로 인식될 수 있는 행위를 피하고자 각별히 유의했다.

2. 2차 북한 핵위기 시작(2002. 10~2003. 3)

2차 북한 핵위기는 2002년 10월에 발생했다. 당시 동북아시아는 불확실성이 지배하던 시기였다. 중국 정부와 대한민국 정부가 재구성되고 있었다. 중국 국가주석이 2002년 11월 장쩌민에서 후진타오(胡錦濤)로 교체될 예정이었다. 이는 북한 핵위기가 시작된 지 한 달이 되는 시점이었다.

대한민국의 경우 2002년 12월에 노무현이 대통령에 당선되었으며, 2003년 2월에 취임 예정이었다. 일본 총리 고이즈미 준이치로(小泉又次郞)는 그 해 9월에 평양을 방문했으며, 일본과 북한이 화해 과정을 거치고 있었다. 중국, 대한민국, 일본에서 진행되고 있던 이들 변화가 동북아지역 정치와 북한문제에 미칠 영향과 관련하여 일반적으로 의문이 제기되고 있었다.

켈리가 북한을 방문한 2002년 10월 3일부터 5일까지의 시점에는 중국 후진타오 정부의 대외정책이 무엇인지, 대한민국 대통령으로 좌편향 또는 우편향 된 후보가 당선될 것인지, 일본 고이즈미 화해 정책의 결과가 무엇인지, 알 수 없는 상황이었다.

켈리의 방북으로 2차 북한 핵위기가 시작되었다. 부시 행정부는 북한 핵 프로그램 종결에 열의가 있었다. 그러나 이 같은 목표를 달성하기 위한 방법과 관련하여 의견이 일치되지는 않았다. 따라서 켈리의 방북 이전에 매파와 비둘기파들이 찾을 수 있던 공통 입장은 이전 몇 달 동안 수집한 북한 고농축 우라늄 프로그램에 관한 증거를 북한 관리들에게 제시한다는 것이었다(Funabashi 2007: 114-15).

북한은 예상과 달리 고농축 우라늄 프로그램 보유 사실을 인정했다. 북한의 인정은 매파와 비둘기파 모두를 놀라게 했다. 이들은 북·미제네바합의가 실패했으며, 중단되어야 한다는 데에 동의했다(Funabashi 2007). 그러나 이들은 고농축 우라늄 프로그램을 운용하고 있다는 북한의 발언에 어떻게 대응해야 할 것인지에 관해 의견이 일치되지 않았다.

북한 정권교체를 유도할 수단으로, 매파들은 정치·경제 및 군사적 압력을 선호했다. 이들은 한반도에너지개발기구(KEDO)가 북한에 중유를 운송해주지 못하도록 했다. 이 같은 방식으로 북·미제네바합의는 종료되었다. 이들은 또한 군사적 개입 방안을 논의했다.

2003년 3월초, 럼스펠드 국방장관은 20여 대의 장거리 폭격기를 북한 타격이 가능한 위치인 괌으로 전개하는 문서에 서명했다(Sanger and Shanker 2003). 반면에 비둘기파는 다자간 대화를 촉구하며, 부상하고 있던 중국의 입장을 수용하고자 노력했으며, 북한 핵위기를 중국과 접촉하

기 위한 기회로 인식했다.[9]

북한을 겨냥한 군사적 공격은 북한의 보복이 가져올 재앙으로 인해 생각할 수 없는 것처럼 보였지만, 2차 북한 핵위기는 미국의 이라크 침공과 그 시기가 일치했다. 2002년 9월 부시 대통령은 유엔안전보장이사회 연설에서 이라크 침공을 공식 선언했다(Bush 2002c).

따라서 미국이 '악의 축'으로 지명한 국가들, 다시 말해 북한에 대한 공격을 결심할 수 있다는 우려가 동북아 지역에서 제기되었다(Funabashi 2007). 고조되고 있던 위기에 대처하기 위해, 김정일 정부는 벼랑끝전술을 선택했다. 주변국들과의 제휴를 거부했으며 북·미제네바합의의 효력을 정지시켰다. 북한은 1차 북한 핵위기 당시 제대로 기능했던 벼랑끝전술을 다시 꺼내들었다.

1) 북한의 목표; 북·미 외교관계 정상화

북·미제네바합의가 붕괴되고 있었으며, 부시 행정부가 북한에 대한 군사적 공격 가능성을 논의하고 있었음에도 불구하고, 김정일 정권은 북·미 외교관계 정상화란 목표를 포기하지 않았다. 켈리의 방북 직후 북한 외무성은 미국이 북·미 외교관계 정상화에 해당하는 특정 조건들을 충족시킬 경우, 북한이 미국의 우려사항에 대해 논의할 의사가 있다는 내용의 성명을 발표했다(KCNA 2002d).

2003년 1월 10일, 북한은 핵확산금지조약 탈퇴를 선언했다. 그런데

---

9) 부시 대통령 당시 북한 관련 정책에 참여했던 3명의 미국 관리와의 전화 인터뷰 (2008년 4월 1일; 4월 9일, 워싱턴 D.C., 2008년 4월14일, 마드리드)

이 선언과 함께 북한은 부시 행정부와의 양자협상 의사를 밝혔다(Ibid: 2003c).

핵확산금지조약 탈퇴 2년 6개월 전, 즉 클린턴 행정부 말기에 북한은 북·미 외교관계 정상화란 자국의 목표 달성에 근접해 있었다. 북한 관리들은 켈리의 방북으로 북·미 관계 개선 프로세스가 재개될 것으로 믿고 있었으며, 고농축 우라늄 프로그램 운용 관련 비난에 준비되어 있지 않았다(Pritchard 2007a).

북한은 북·미 외교관계 정상화라는 목표를 유지하고 있었다. 그 이유는 이것이 클린턴 행정부 당시 유용한 목표였으며, 아직 새로운 목표를 설정하지 않았기 때문이다. 고농축 우라늄 프로그램을 운용하고 있다는 사실의 인정조차도, 북·미 외교관계 정상화와 고농축 우라늄 프로그램의 중지 교환을 논의하기 위해 부시 행정부를 협상 테이블로 불러들이기 위한 시도로 이해되었다.

미국 입장에서 보면, 북한의 고농축 우라늄 프로그램 보유 인정으로 비둘기파들은 북·미제네바합의에 대한 지지를 철회하지 않을 수 없었다. 파월조차도 북·미제네바합의의 효력 상실을 인정했다(Funabashi 2007: 138). 매파와 비둘기파 간의 대화를 통해 나온 새로운 정책 제안은 '다자 대화' 촉구였다. 미 국가안전보장회의 아시아문제 선임국장인 마이클 그린(Michael Green)의 제안이 매파를 대표하는 국방성 국제안보 차관보인 크로치(Jack D. Crouch)의 지지를 받았다. 크로치는 북한의 정권교체를 주장한 인물이다(Ibid: 139).

미국은 북한과의 3자 회담 중재를 중국에 요청했다. 2003년 3월 6일에는 3자 회담이 성사되었다. 이 3자 회담은 2003년 8월에 시작된 6자 회담의 기폭제가 되었다. 그럼에도 불구하고 이들 다자 회담에서 추구하는 목표가 분명하지 않았다. 비둘기파 입장에서 보면, 다자 회담은 새로운 외교적 절차의 시작에 도움이 되었으며, 다수 국가의 참여가 북한의 합의 이행을 보장해줄 수 있었다. 한편, 매파들은 다자 회담에서 중국과 대한민국조차 김정일 정권에 대한 압박의 대열에 합류함으로써, 다양한 수단을 통해 북한의 정권교체를 가져올 수 있을 것으로 기대했다.[10]

그런데 매파와 비둘기파 간의 이견으로 미국의 대북정책이 불분명해졌다. 2003년 2월 부시(2003a)는 군사적 공격을 포함한 모든 대안을 검토하고 있다고 말했다. 그러나 그 후 1개월 뒤, 부시는 북한 문제 해결을 위해 지역의 모든 국가, 특히 중국과 접촉할 필요가 있다는 사실을 강조했다(Ibid: 2003b). 파월(2008: 220)이 언급했듯이 2차 북한 핵위기가 발발한 처음 몇 달 동안에는 군사적 공격이 가능한 대안이었다. 따라서 북한과 관련하여 부시 행정부가 달성하고자 했던 목표뿐만 아니라 목표 달성을 위해 고려한 전술도 파악이 쉽지 않았다.

부시행정부는 대북정책에 관해 분명한 입장을 보이지 못했는데 이는 2003년 3월 20일에 시작된 이라크 전쟁 준비가 보다 중요한 사안이었기 때문이었다. 이라크 전쟁 준비로 인해 북한 문제에 대한 미국의 관심은 제한적일 수밖에 없었다. 미 국방성 정책 차관이던 더글라스 페이스(Douglas J. Feith 2008: 223)는 이라크 대량살상무기 프로그램 억제를 위한 유엔의 노력에 이라크가 10여 년 동안 저항했다는 사실을 고려해 보면,

---

10) 부시 대통령 당시 북한 관련 정책에 참여했던 4명의 미국 관리와의 인터뷰(2008년 3월 19일, 3월 31일, 4월 3일, 4월 9일, 워싱턴 D.C.) 대한민국의 외교정책 관리와의 인터뷰(2008년 8월 1일, 서울)

이라크 문제 해결이 미국 입장에서 가장 우선순위가 높은 사안일 수밖에 없다고 강조했다. 여기서 한걸음 더 나아가 볼턴(2007: 112)은 부시 행정부가 북한 문제로 이라크에 대한 관심이 약화되는 현상을 원치 않는다고 말했다. 따라서 2차 북한 핵위기가 발발한 처음 몇 달 동안 북한 핵문제에 대한 부시 행정부의 열의는 제한적이었다.

2) 북·미 외교관계 정상화 달성을 위한 북한의 행동

(1) 벼랑끝전술로의 회귀

2차 북한 핵위기가 시작된 이후 북한은 점차 고강도 벼랑끝전술을 구사했다. 처음에 이 전술은 미국의 조치에 대한 반응 성격이었다. 따라서 벼랑끝전술은 사전 계획된 것이라기보다는 본질적으로 대응 성격의 것이었다. 북한이 급조된 방식으로 벼랑끝전술을 이용했다는 사실은 2차 북한 핵위기의 초기 대응에서 확인된다.

처음에 김정일 정부는 켈리의 방북에서 북·미 양자관계 정상화 프로세스가 제시될 것으로 기대했다. 그런데 방북 첫 날인 10월 3일 회동에서 켈리는 북한 고농축 우라늄 프로그램에 관한 증거를 북한 외무성 부상인 김계관에게 제시했다. 김계관은 이 같은 비난을 완강히 부인했다. 그러나 북한 고위 관리들 간에 진지한 검토가 한 밤 중에 진행되었으며, 다음날 북한의 태도가 바뀌었다.

켈리가 재차 고농축 우라늄 프로그램에 관한 증거를 제기하자, 북한 외무성 제1부상이자 김정일의 측근인 강석주는 이 프로그램의 존재를 인정했다. 강석주는 또한 북한에 대해 부시 행정부가 적대적 정책을 견지하고 있다며 미국을 비난했다. 이로 인해 고농축 우라늄 프로그램을 개발하게 되었다고 주장했다(Funabashi 2007: 93-100; Oberdorfer 2002).

하루 만에 북한의 행동이 이처럼 변했다는 사실은 당시의 벼랑끝전술이 면밀히 준비된 전술적 기동의 결과라기보다는 미국의 폭로에 반응하는 성격이었음을 보여준다. 고농축 우라늄 프로그램 운용 사실을 인정했다는 미국 언론매체의 보도에 대한 북한의 반응에서 보듯이, 당시 북한의 벼랑끝전술은 매우 조심스러웠다.

북한 외무성 대변인은 북한의 우라늄 농축 프로그램 인정 보도를 부인도 확인도 하지 않았다. 북한관리들은 고농축 우라늄 프로그램의 운용 사실을 공개적으로 인정하지 않았지만, 북한 핵 프로그램에 대해서는 분명히 말했다(KCNA 2002d; Oberdorfer 2002). 이 시기 북한의 벼랑끝전술은 구체적인 행동보다는 담화의 성격이었다.

그러나 북한은 2002년 12월의 한반도에너지개발기구에 대한 부시 행정부의 중유공급 중단 요구를 적대적 정책으로 받아들이고는 벼랑끝전술의 강도를 신속히 높였다. 중유공급 중단 조치에 대한 보복 차원에서 북한 외무성 대변인은 북한이 핵시설 가동 재개를 결정했다고 선언했다(KCNA 2002h). 그 후 북한은 핵시설 활동을 통제하고 있던 감시용 카메라 제거를 국제원자력기구에 요청했다(Ibid: 2002j).

2주 후 북한은 국제원자력기구 사찰 요원들에게 북한을 떠나라고 통고했으며, 사찰요원들은 이 같은 북한의 통고를 받아들였다(Ibid: 2002k). 그 후 2003년 1월 10일 북한은 핵확산금지조약에서의 탈퇴를 선언하는 성명서를 발표했다(Ibid: 2003g).

1차 북한 핵위기 당시의 클린턴 행정부와 달리, 부시 행정부는 북한의 핵확산금지조약 탈퇴 선언 직후 북한과의 협상 테이블로 복귀하지 않았다. 따라서 북한은 벼랑끝전술의 강도를 한 단계 높였다. 2003년 3월 2일 4대의 북한군 전투기가 미 정찰기가 임무를 중단하고 기지로 귀환하는 순간까지 뒤를 쫓았다.

미국은 북한 상공에서 매달 십여 차례 주기적으로 정찰비행을 하고 있었다. 종종 이들 정찰 비행과 관련하여 북한 공식 매체들이 비난한 적은 있었다. 이 사건이 있기 1주 전 북한 조선중앙통신은 미국의 정찰 활동에 대한 비난의 강도를 높였으며, 일부 공중정찰 활동에 관한 상세 정보를 발표했다(KCNA 2003h; 2003g; 2003i).

이를 통해 북한이 미국의 정찰 활동에 관한 상세 정보를 갖고 있다는 사실을 공개적으로 밝혔다. 그 후 북한군은 미군 고위급 장교가 '잘 준비된 행동'이라고 묘사한 사건을 통해 자신의 능력을 과시했다(Schmitt 2003). 북한군 전투기들이 정찰 목적의 미군 항공기를 북한 영공으로 유인하고자 했던 것이다(Graham and Kessler 2003).

이 사건은 1968년의 푸에블로 호 사건과 1969년의 미 정찰기 격추 사건을 연상케 했다. 이는 또한 미국과 중국 간에 2001년 4월에 벌어진 하이난 섬 사건과 유사했다.[11] 정찰 목적의 미군 항공기를 북한 전투기들

---

11) 2001년 4월, 중국이 통제하는 하이난 섬으로부터 70마일 정도 떨어진 상공에서 작전을 수행하던 미 정찰기의 진로가 두 대의 중국 전투기에 의해 방해를 받았다. 결국 미 정찰기는 중국 전투기와 충돌한 후 비상착륙했고, 미 정찰기 승무원 24명은 중국에 억류되었다. 11일간의 미·중협상 후 미국이 중국에 사과 서한을 보냈으며, 24명의 승무원이 풀려났다. 아이러니한 것은, 부시 행정부 초기 몇 달 동안 냉랭했던 양국 관계가 이 사건 이후 해빙기를 맞았다는 것이다.

이 뒤쫓은 사건은 2006년 7월의 미사일 시험 발사와 함께 2차 북한 핵위기 당시 북한이 전개한 벼랑끝전술 가운데 가장 강도가 높은 것이었다.

북한은 점차 고강도 벼랑끝전술을 구사했는데 이는 2차 북한 핵위기가 시작될 당시 북한이 교훈을 제대로 터득하지 못했음을 보여주는 부분이다. 정책 수립 당시 역사적 유사 사례 이용의 위험성을 보여주는 부분이지만, 북한은 클린턴 행정부 당시와 비슷한 방식으로 부시 행정부에 대응했다.[12] 김정일 정부는 벼랑끝전술을 감행하면 미국이 양자 협상에 응할 것으로 생각했다. 부시 행정부가 북한의 저강도 벼랑끝전술에 자신이 원하는 방식으로 반응하지 않자, 북한은 또 다른 전술을 고려하지 않은 채 고강도 벼랑끝전술에 호소했던 것이다.

(2) 마지못한 제휴

2차 북한 핵위기의 첫 번째 국면에서, 김정일 정부는 연성균형을 추구하지 않았다. 하지만 몇 개월 뒤, 북한은 중국을 개입시킬 의사가 별로 없었지만, 중국의 관여를 받아들이지 않을 수 없었다. 미국은 북한과의 양자협상에 별다른 의지가 없었으며 위기해결 과정에서 중국의 참여를 희망했다. 따라서 3자 협상의 틀이지만 중국과 협력하는 것만이 북한이 미국을 협상테이블로 나오도록 만들 수 있는 유일한 방안이었다.

---

12) 메이(May 1973)에 따르면, 역사적인 유추의 사용은 외교정책 결정자들의 신념에 미친 역사적 경험의 영향과 관련이 있다. 외교정책 결정자들은 역사적 사례를 통해 미래를 예측할 당시 이 유추를 활용한다. 문제는 외교정책 결정자들이 이 유추를 잘못 사용하는 경향이 있다는 것이다. 저비스(Jervis 1976)는 유추를 사용할 당시 발생하는 세 가지 문제점을 지적했다. 자세한 내용은 저비스의 문헌을 참고하기 바란다.

한편 2차 북한 핵위기가 시작된 처음 몇 주 동안 북한은 제한된 방식이지만 일본에 편승하고자 했다. 이는 북한이 동북아에서 미국과 가장 긴밀한 동맹국인 일본과 관계개선을 추구하는 방식으로 이루어졌다. 수상에 취임한 이후 고이즈미는 북한과의 관계개선을 약속했으며, 2002년 9월 17일 평양에서 김정일을 만났다. 북·일 정상은 북·일 관계 정상화를 약속하는 선언문에 서명했다.[13] 하지만 2002년 10월 29일과 30일에 있었던 북·일 회담에서 북·일 관계 정상화 과정이 교착상태에 빠졌다. 북·일 관계 정상화에 반대하는 보수단체로 구성된 강력한 국내 연합세력의 요구에 따라, 일본은 이전에 북한이 납치해간 일본인 문제로 북한을 압박했다(Akaha 2006).

공교롭게도 이 시점이 미국의 북한 고농축 우라늄 프로그램 공개 시점과 일치했다. 입장을 재고해 달라는 북한의 거듭된 요구에도 불구하고 일본은 북·일 관계 개선을 중지시켰는데 이것이 그다지 놀라운 일은 아니었다(KCNA 2002c; 2002f; 2002g).

결국 북한은 미국과의 세력균형을 이루기 위해 마지못해 중국과 제휴했다. 2차 북한 핵위기가 시작되기 이전, 중국은 자국의 영향권에서 벗어나는 것과 관련하여 북한을 징벌한 적이 있었다. 중국 당국이 양빈(楊斌)을 체포했는데, 양빈은 북한이 중국기업의 투자를 유치하기 위해 건설할 예정인 신의주 자유경제지역을 관리하는 '특별행정지구'의 수장이었다(Chung 2004: 300).

중국은 동부 지역과 비교하여 상대적으로 경제가 낙후되어 있던 동북

---

13) "Japan-DPRK Pyongyang Declaration", 17 September 2002.

부 지역의 자금이 신의주 지역으로 전용될 가능성을 우려하면서, 신의주 특구에 불편한 입장이었다(Ahan 2003: 52). 양빈을 체포한 이면에는 이러한 이유가 있었던 것이다. 양빈 체포 이후 몇 달 동안 긴장이 고조되는 가운데 북한은 미국과의 양자대화를 추구했다. 그러나 부시 행정부의 요청으로 중국은 북한과 미국을 포함한 3자 회담을 조직했으며, 3자 회담이 2003년 4월 23일부터 25일까지 진행되었다.

미국과의 균형을 맞추기 위해 중국을 활용하는 것을 꺼려했다는 사실을 통해, 김정일 정부가 당시 위기의 초기 국면에서 '단순학습'이 부족했음을 알 수 있다. 이미 논의한 바처럼 미국은 2차 북한 핵위기 해결을 위해, 중국의 개입을 원하고 있었다. 북한은 중국을 참여시키고자 하는 미 행정부의 의도를 잘 활용할 수도 있었을 것이다. 즉 북한은 자국의 외교 정책 목표를 진전시키기 위해 중국과의 협력을 이용할 수도 있었을 것이다. 하지만 북한은 이러한 조치를 취하지 않았다. 그 대신 북·미 제네바 합의의 지속을 추구했다. 김정일 정부가 중국을 믿을만한 동맹국으로 인식하지 않았을 가능성이 있다. 왜냐하면 중국이 오랫동안 이념 중심 외교정책을 포기해 왔으며, 북한과 비교하여 대한민국과 보다 원만한 관계를 유지하고 있었기 때문이었다.

(3) 다자 레짐에 대한 거부감

북·미 제네바합의 중심의 레짐이 붕괴되었으며, 북한이 조약국이었던 핵확산금지조약 레짐에 대한 거부감으로 인해, 김정일 정부는 2차 북한 핵위기 초기 단계에서 그 형태와 무관하게 국제 레짐에 참여하고자 하지 않았다. 북한은 북·미 제네바합의의 이행을 재개하고자 노력했으며, 켈리의 방북이 이 레짐으로의 복귀를 의미한다고 생각했다. 하지만 이러한 희망은 실현되지 않았으며, 북한은 다른 모든 레짐을 거부하기로 결정했다.

북한은 다자 레짐 참여가 북한의 고립과 다른 회원국들의 다자적이고도 공조된 압력을 초래할 것이라고 생각했다.[14] 따라서 2차 북한 핵위기 초반, 북한은 클린턴 행정부 당시 성립된 레짐 하에서 지속적으로 일하고자 했다(KCNA 2002i; 2003h). 이 레짐이 작동하지 않음이 분명해지자 북한은 이 부분에 대해, 그리고 2차 북한 핵위기 발발에 대해 부시 행정부를 비난했다(Ibid: 2003f; 2003d).

북한은 또한 북한 핵문제를 다자적 성격으로 만들고자 하는 미국의 노력에 불만을 표시했다. 김정일 정부는 북한 핵문제를 북·미간의 문제로 간주했다(Ibid: 2003c; 2003j).

북한은 더 이상 핵확산금지조약 레짐을 지속할 수 없었다. 4기의 경수로를 제공해줄 것이란 소련의 유인책에 이끌려 북한은 1985년에 마지못해 핵확산금지조약 레짐에 참여한 바 있었다. 1차 북한 핵위기 당시 북한 정부는 이 레짐 포기를 위협했지만 클린턴 행정부가 북·미 제네바합의에 서명한 이후 잔류한 바 있었다. 따라서 2003년 1월 북한이 핵확산금지조약 탈퇴를 위협했다는 사실은 전혀 놀라운 일이 아니었다. 북한은 북한 핵시설에 대한 국제원자력기구의 사찰을 주기적으로 거부한 바 있었다. 2차 북한 핵위기가 시작된 직후, 북한은 핵확산금지조약 레짐을 포기

---

14) 부시 대통령 당시 북한 관련 정책에 참여했던 1명의 미국 관리와의 인터뷰 (2008년 3월 25일, 워싱턴 D.C.).

하기로 결정했다. 사실 북한이 핵확산금지조약 레짐을 완벽히 존중한 적은 한 번도 없었다.

한편 북·미 제네바합의 중심의 레짐이 의미를 상실한 이후, 부시 행정부의 비둘기파들은 매파 입장에서 보다 수용 가능한 새로운 레짐을 구축하는 문제를 놓고 논의하기 시작했다. 앞에서 설명했듯이 매파들은 북한 정권의 핵 프로그램을 종결시킬 목적으로 북한에 다자적 성격의 외교적 압력을 가하고자 했다. 필요하다면 김정일 정권의 붕괴를 초래하는 방식도 적용하고자 했다.

이러한 매파들의 전술은 북한 핵문제를 외교적 노력을 통해 해결하고자 다자 대화를 선호했던 비둘기파들의 시각과 크게 다르지 않았다. 매파와 비둘기파의 이해관계가 분명히 일치하는 지점은 특정 이슈에 대한 다자 레짐의 창출이란 부분이었다. 물론 이 같은 레짐을 통해 얻고자 하는 결과에는 차이가 있을 수 있었다.

비둘기파들은 클린턴 시대의 레짐에 주요 문제가 있었다는 점에 동의했다(Cha 2002). 따라서 이들은 다자 대화 특히 중국의 참여를 중심으로 구축된 상이한 레짐을 창안하기 시작했다. 이를 위해 다양한 정책 영역에서 중국과 접촉하고자 노력했으며, 북한 문제가 중국과 구체적인 대화를 시작하기 위한 이상적인 기회를 제공해줄 것으로 생각했다. 따라서 미국은 다자 회담의 첫 단계로서 북한-미국-중국의 3자 회담 개최를 중국에 요청했다. 하지만 북한은 핵위기 해결을 위한 다자 회담에 부정적인 반응을 보였다.

3. 6자 회담의 시작(2003. 4~2005. 9)

북한의 핵확산금지조약 탈퇴가 효력을 발휘하기 시작한 2003년 4월부터 6자 회담 참여국들이 공동성명을 발표한 2005년 9월 19일까지, 북한의 대미 협상전술에 영향을 미칠 정도의 주요 변화가 국제체제에서 발생했다. 가장 중요한 변화는 아프간 전쟁과 이라크 전쟁이 장기전 양상을 보이고 있다는 사실이었다. 미국은 이들 전쟁에 모든 외교적, 군사적 자원을 집중하지 않을 수 없었다. 이 상황이 미국의 대외정책 전 분야에 영향을 미쳤다.

부시 행정부 관리에 따르면, 이라크 상황이 이란, 리비아 및 북한과의 협상에서 미국이 사용할 수 있는 수단에 영향을 주었다. 미국의 대이라크 정책이 성공적이라고 인식될 당시에는 이 같은 수단의 범주가 넓었다.[15] 한편 중국과 대한민국에서 권력승계가 완료되었다.

중국과 대한민국의 신생 정부는 외교와 대화를 통해 북한 핵문제를 해결해야 한다는 분명한 의지를 표명했다. 중국은 러시아와 마찬가지로 국제문제에 보다 적극적인 입장이 되었다. 이라크에 대한 군사력 사용을 유엔이 승인하지 못하도록 하기 위해 중국과 러시아는 미국을 겨냥하여 연성균형을 추구했다(Paul 2005).

2005년 9월의 공동성명 협상 당시의 중국, 러시아, 대한민국의 행동이 의미가 있었다. 중동지역의 두 가지 핵 관련 상황이 북·미 상호작용

---

15) 부시 대통령 당시 북한 관련 정책에 참여했던 1명의 미국 관리와의 인터뷰 (2008년 4월 9일, 워싱턴 D.C.).

(2003.4~2005.9)에 영향을 미쳤다. 첫 번째 상황은 리비아가 경제적 이득, 안보보장, 미국과의 관계 정상화를 조건으로 핵무기와 대량살상무기 프로그램을 해체하기로 결정했다는 것이었다(Sanger and Miller 2003).

대량살상무기 해체, 미국-리비아 외교관계 정상화 프로세스, 소위 말하는 리비아 모델은 이라크의 사담 후세인이 권좌에서 추출된 상황에서 형성되었다. 미국 관리들은 북한 핵위기를 해결하기 위한 패러다임으로 이 모델을 제기했다(Bolton 2004: Rice 2006d).

두 번째 상황은 이란의 하타미(Mohammad Khatami) 대통령이 우라늄 보유 사실과 핵연료 개발 계획을 공개하면서, 2003년 2월 새로운 이란 핵위기가 시작되었다는 점이다(Fathi 2003). 처음에 미국은 프랑스, 독일, 영국을 포함한 EU-3 국가들이 이란 핵위기를 해결하도록 했다. 하지만, EU-3 국가들은 이란 핵 프로그램을 종료시키지 못했다. 2005년 8월 새로 당선된 아흐마디네자드(Mahmoud Ahmadinejad) 대통령은 이란의 우라늄 농축 과정 재개를 선언했다(Fathi and Cowell 2005).

부시 행정부의 매파와 비둘기파들은 여전히 북한 핵문제 해결 방안과 관련하여 상반된 관점을 견지하고 있었다. 매파들은 북한에 압력을 가하고자 했다. 미국이 아프간 전쟁과 이라크 전쟁에 참전하고 있다는 사실과 동북아지역의 정치 상황을 고려해보면, 군사적 타격은 타당성이 없었다. 따라서 매파들은 외교 및 재정적 압력에 더불어 새로운 유형의 군사적 수단을 채택하고자 했다.

미 국무성 군비통제 및 국제안보실은 대량살상무기 확산방지구상(PSI)을 실행했다. 2003년 5월 부시가 선언한 확산방지구상은 대량살상무기 관련 물질의 확산 방지를 겨냥했는데, 이 구상의 주요 표적은 북한이었다(Bolton 2007). 한편 북한의 불법 활동에 관한 증거를 수집하여 중지시킬 목적으로 '불법활동방지구상(Illicit Activities Initiative)'을 창설했다(Asher 2006). 이와 함께 매파들의 지지 아래 2004년 10월, 부시대통령은 북한인권법에 서명했다. 2005년 8월에는 레프코비치(Jay Lefkowitz)가 북한 인권특사로 임명되었다. 당시 매파들은 북한 인권상황 증진과 핵문제 종식을 연계시켰다(Lefkowiz 2005).

한편 미국의 비둘기파들은 북한에 대한 압박보다는 다자간 대화와 접촉을 선호하고 있었다. 이들은 평화적인 수단을 통해 북한 핵위기를 해결할 생각이었다. 비둘기파들은 또한 다자간 대화를 북·미 양자대화로 보완할 수 있기를 희망했다.[16) 미국에서 비둘기파와 매파의 세력이 유사한 수준이란 점과 일반적으로 국제체제의 발전, 특히 동북아 발전을 고려하여 2차 북한 핵위기의 2단계에서 미국은 매파와 비둘기파의 선호를 결합하는 입장을 보였다. 결국 미국은 2차 북한 핵위기를 해결하기 위한 전술로 다자 접촉을 선택했다.

북한 핵위기의 두 번째 단계에서는 러시아, 대한민국, 중국의 입장에 더불어 미국의 행동이 김정일 정부의 선택에 영향을 주었다. 핵확산금지조약 탈퇴 이후 북한은 벼랑끝전술을 더 이상 사용하지 않았으며, 6자 회담 참여에 동의했다. 6자 회담이 외교적 압력을 가하기 위한 단순한 수단이 아님을 확인한 북한은 북·미 관계 정상화를 목적으로 6자 회담을 이용했다. 북한은 부시 행정부의 매파들에 대항하여 연성균형을 취하기 위

---

16) 부시 대통령 당시 북한 관련 정책에 참여했던 1명의 미국 관리와의 인터뷰 (2008년 3월 24일, 워싱턴 D.C.).

해 6자 회담 레짐을 적절히 활용함과 동시에 중국, 러시아, 대한민국과 협력했다. 주요 순간에는 일본과도 협력했다.

1) 북한의 목표; 북·미 외교관계 정상화

2차 북한 핵위기의 두 번째 단계에서 북한은 북·미 외교관계 정상화에 관한 기존 입장을 고수했다. 따라서 북한은 2003년 4월 베이징(北京)에서 개최된 북한-중국-미국 3자 회담을 북·미 양자회담으로 간주했다(KCNA 2003k).

김정일 정부 입장에서 보면 북·미 양자회담은 북·미 외교관계 정상화를 향한 첫 단계였다. 중국은 베이징회담이 북·미 양자회담이 되도록 할 것이라고 약속했다(Funabashi 2007: 331). 2003년 8월 6자 회담의 첫 번째 회담이 시작되기 불과 8일 전에 북한은 북·미 외교관계 설정이 자국의 핵 프로그램을 해체하기 위한 선결조건이란 점을 분명히 했다(KCNA 2003l).

다자적 성격의 6자 회담에 참여하기로 동의했음에도 불구하고, 북한은 북·미 관계 정상화란 자국의 대외정책 목표에서 결코 벗어나지 않았다. 6자 회담 목표가 북한 핵문제 해결임을 미국이 반복해 강조했지만, 북한은 6자 회담을 북·미 외교관계 정상화를 위한 수단으로 이해했다.

8월 27일부터 29일까지 진행된 6자 회담의 첫 번째 회담이 북한의 태도를 바꾸지는 못했다. 6자 회담 첫 모임 이후 1주일도 지나지 않은 시점, 조선중앙통신(KCNA 2003m)은 재차 북·미 외교관계 정상화 의지를 천명했다. 6자 회담 첫 모임에서 북한대표는 북·미 외교관계 정상화를 제안하기조차 했다(Zarocostas 2003). 북한 핵문제를 다루기 위한 6자 회담의 새로운 라운드에 관해 분명한 입장을 밝히지 않은 채, 북한은 북·미 외교관계 정상화를 지속적으로 촉구했다. 이는 북·미 외교관계 정상화가 북한의 가장 중요한 목표란 사실을 분명하게 보여주는 부분이었다.

2003년 10월 22일의 원탁 인터뷰에서 부시(2003c)는 미국이 북한을 공격하지 않을 것임을 서면으로 보증해줄 준비가 되어 있다고 말했다. 이는 미국의 표적이 되고 있다는 북한의 공포를 줄여주기 위한 것이었다. 북한은 부시의 발언을 환영했다. 하지만 부시의 발언이 북한의 북·미 외교관계 정상화 요구를 중단시키지는 못했다.

북한 외무성 대변인(KCNA 2003n)과 2명의 고위 외교관인 김영호, 김송설(Zarocostas 2003)은 북·미 외교관계 정상화를 거듭 요구했다. 북한과 더불어 부시 대통령이 '악의 축' 국가에 포함시켰던 이라크의 사담 후세인 정권이 미국의 침공으로 붕괴되는 상황에서, 북한은 미국에 북·미 관계 정상화를 요구했다. 북·미 외교관계 정상화에 대한 북한의 열의는 대단한 수준이었다. 그러나 이는 부시 행정부가 북·미 외교관계 정상화를 얼마나 꺼려하고 있는지를 북한이 제대로 이해하지 못하고 있음을 보여주는 부분이기도 하다.

2004년 2월 25일부터 28일까지, 그리고 6월 23일부터 26일까지 두 차례에 걸친 6자 회담에서도 북·미 관계 정상화에 대한 북한의 태도에는 변함이 없었다. 이들 두 차례에 걸친 6자 회담을 통해 북·미 관계 증진에 북한이 부여하는 의미를 보다 분명히 확인할 수 있었다.

북한은 6자 회담 대표를 무역성 부상 김영일에서 외무성 부상 김계관으로 교체했는데, 이는 주목해야 할 부분이다. 김계관은 1993년과 1994년에 북·미 협상을 담당했던 베테랑 협상가였으며 뉴욕 채널이었다. 또한 김계관은 2002년 10월 켈리의 평양 방문을 주관한 바 있었다(Lee 2006: 248).

김계관이 이끈 북한 대표단에는 미 외교정책에 관한 전문가 2명을 포함하여, 미국과의 협상에 경험이 많은 인물들이 대거 포진했다. 이는 북한이 미국과의 대화 채널로 6자 회담을 중요시하고 있음을 보여주는 것이었다. 6자 회담의 매 라운드가 종료될 때마다, 외무성 대변인은 미국이 충분한 인센티브를 제공해주는 경우에만 북한 핵문제가 해결될 수 있음을 반복해 말했다. 그런데 이 인센티브에는 북·미 외교관계 정상화가 포함되어 있었다(KCNA 2004b, 2004c).

2004년 6월 25일의 6자 회담 3차 회담에서 북한은 주목할 만한 제의를 했다. 이 제의는 이후 국면에서의 북한의 '복잡한 학습'을 암시해주게 된다. 이 새로운 제의는 베이징에서 북한 관리의 기자회견을 통해 먼저 밝혀졌다. 미국이 테러지원국 명단에서 북한을 제외시켜줄 경우 핵동결을 실시할 준비가 되어 있다는 것이었다(Pan 2004).

'테러지원국 명단 삭제'라는 새로운 제안이 북·미 외교관계 정상화 요구로 곧바로 대체되긴 했지만, 이 제안은 2006년 이후 북한의 주요 목표 중 하나가 되었다. 따라서 2차 북한 핵위기의 두 번째 단계에서는 '복잡한 학습' 과정의 초기 단계가 목격되었다. 북한이 북·미 외교관계 정상화에 대한 열의를 포기한 것은 아니지만, 중간 목표로서 보다 달성 가능한 목표에 관심을 갖게 된 것이다.

6자 회담은 2004년 6월 라운드가 종료된 시점부터 미국 대통령 선거 기간까지 중단되었다. 이후 북한은 북·미 외교관계 정상화를 위한 대화와 북·미 제네바합의 이행을 미국에 촉구했다(KCNA 2004e, 2005i). 2004년 11월 30일과 12월 3일 뉴욕 채널을 통해 북한은 이 같은 입장을 미국에 전달했다(Ibid: 2004f). 부시 행정부의 거듭된 보장에도 불구하고 북한은 자국이 미국의 군사적 공격 표적이 되지 않을 것임을 확신하지 못하고 있었다.

2004년 10월 4일 북한인권법의 미 하원 통과로 북한의 우려가 증대되었다. 이 법에는 북한 주민들의 인권을 보호해주는 한편 북한 정권에 위협적인 많은 수단이 포함되어 있었다. 또한 북한 주민에 대한 김정일 정권의 인권침해를 비난하는 내용이 포함되어 있었다.[17] 그러나 미국이 도입한 이 같은 새로운 압박 수단에도 불구하고 북·미 외교관계 정상화에 대한 북한의 열의는 전혀 지장 받지 않았다.

2005년 1월 미 상원외교위원회에 서면 제출된 보고서에서 신임 미 국무장관 라이스(2005)는 북한과 여타 5개 국가를 자국 국민들을 억압하는 '폭정의 전초기지'로 묘사했다. 북한은 이것을 미국이 대화 준비가 되어 있지 않은 것으로 해석했다. 북한은 외무성 성명을 통해 6자 회담 무기한 불참을 선언했다. 그러나 이 성명에서 북한은 북한 핵위기를 종료시키고 미국과 접촉하기 위해 양자대화를 추구하고 있다는 점도 강조했다(KCNA 2005b).

예외적으로 솔직한 표현의 이 외무성 성명에는 이전에 북한이 구사했던 정치적 선전들이 포함되어 있지 않았다. 북한은 2005년 3월에 발간

---

17) United States Congress, North Korean Human Rights Act of 2004(18 October 2004).

한 비망록을 통해, 북·미 외교관계 정상화에 대한 열정을 재차 표명했다. 이 비망록에서 북한은 미국의 정책 변화를 공개적으로 촉구한 한편, 클린턴 행정부와의 합의사항을 파기했다며 부시 행정부를 비난했다(Ibid: 2005c).

그 후 몇 개월 동안에는 6자 회담 재개를 위한 외교적 노력이 활발히 진행되었다. 이 기간 북한은 북·미 양자관계 정상화 필요성을 지속적으로 언급했다(KCNA 2005e). 6자 회담 네 번째 라운드의 첫 번째 회담이 7월 26일부터 8월 7일까지 개최되었다. 당시 북한 외무상 백남순은 북·미 외교관계 정상화를 조건으로 북한이 핵무기를 포기할 것임을 공개적으로 언급했다(Ibid: 2005f).

2005년의 9.19 공동성명 발표 직후, 북한은 북·미 외교관계가 정상화되면 북한이 더 이상 핵무기를 보유할 필요가 없게 될 것이라고 공개적으로 밝혔다(Ibid: 2005h; 2005g; 2005i). 북한은 이러한 입장을 유엔 총회에서도 강조했다.[18] 1994년의 북·미 제네바합의에서와 마찬가지로 2005년 9월의 공동선언문에도 북·미가 외교관계 정상화를 추구할 것임을 구체적으로 명시하고 있었다.[19]

북한 핵문제 해결에 대한 부시 행정부의 관심이 증대되긴 했지만, 핵위기는 해결될 조짐이 보이지 않았다. 미국이 이란 핵위기 초기에 직접 개입하지 않았던 것도 이러한 이유 때문이었다. 부시 행정부는 보다 중요한 의미가 있다고 생각되던 다른 외교정책 문제에 집중할 수 있도록

---

18) Choe Su Hon, *Statement at the General Debate of the Sixtieth Session of the United Nations General Assembly*, 22 Sep 2005.

19) Joint Statement of the Fourth Round of the Six-Party Talks.

북한 핵위기의 조속한 해결을 원했다.[20]

그럼에도 불구하고, 미국의 구체적인 목표가 무엇인지 분명하지 않았다. 이 부분이 북한의 입장을 강화해준 반면 협상 과정에서 미국의 입장을 약화시켰다. 한편, 북한 핵위기 해소에 관한 부시 행정부의 관심이 증대된 것은 사실이지만, 북핵문제가 부시 행정부에서 중심적인 사안이 되지는 못했다.

부시 행정부의 매파 관리들은 북한 정권의 교체를 원했으며 군사, 재정 및 외교적 압박을 고집했다. 또 다른 한편에서 비둘기파들은 북한 핵위기를 협상을 통해 해결하고자 했다. 그러나 이들은 미국의 목표가 북·미 외교관계 정상화가 되어야 할 것인지 아니면 북한 핵 프로그램을 단순히 중지시키는 것이 되어야 할 것인지에 관해 분명한 입장을 밝히지 않았다. 이러한 의견 차이와 불확실성으로 인해 6자 회담에 참여했던 다른 국가들이 미국의 목표가 무엇인지 확신할 수 없었다.

2004년에 부시가 대통령에 재선되자 미국의 입장이 보다 분명해졌다. 아프간 전쟁과 이라크 전쟁이 장기전 양상을 보이면서 부시 행정부에서 매파들의 입지가 약화되었다. 마찬가지로 중요한 의미가 있는 부분이지만 라이스가 미 국무장관에 임명되었다. 자신의 전임자 파월과 달리 신임 국무장관 라이스는 체니 부통령 그리고 부시 대통령과 긴밀한 관계를 유지했다. 한편 럼스펠드 국방장관은 이라크 전쟁에 분주한 상태에 있었기 때문에 부시 행정부의 대북정책 과정에 관여할 수 없었다. 따

---

20) 부시 대통령 당시 북한 관련 정책에 참여했던 1명의 미국 관리와의 인터뷰 (2008년 3월 27일, 워싱턴 D.C.).

라서 라이스는 비핵화에 대한 당근으로 북·미 외교관계 정상화를 북한에 제공해주는 방향으로 미국의 입장을 서서히 바꿀 수 있었다.[21]

6자 회담 네 번째 라운드의 첫 번째 회담이 2005년 7월과 8월 사이에 재개되었다. 회담 몇 개월 전에 6자 회담 미국대표로 임명된 크리스토퍼 힐은 북한이 핵무기 프로그램을 해체할 경우, 북한과의 외교관계 정상화에 미국이 반대하지 않는다고 말했다.

2005년 9월의 공동선언이 있기 전, 6자 회담의 미국 대표단은 워싱턴의 관리들과 지속적으로 접촉했다. 공식적인 국가안전보장회의와 비공식적인 모임에서 매파와 비둘기파들은 양측이 모두 만족할 만한 형태의 협상안을 만들기 위해 토론했다. 이들 토론 이후 라이스는 공동선언문의 문구와 관련하여 공감대를 형성하기 위해, 중국 외무장관뿐만 아니라 6자 회담의 중국 대표와 직접 대화했다(Funabashi 2007: 389-91).

라이스 국무장관이 행사하고 있던 강력한 권한 덕분에 협상안은 비둘기파들이 선호하는 형태에 보다 가까웠다. 그러나 북·미 관계 정상화에 대한 북한의 열의가 없었더라면 북·미 외교관계 정상화 관련 문구가 공동선언문에 포함되지 않았을 가능성이 높았을 것이다.

2) 북·미 외교관계 정상화 달성을 위한 북한의 행동

(1) 6자 회담 레짐 이용

북한은 적어도 냉전이 종식된 이후 최초로 2003년 4월 이후 북·미 관

---

21) 부시 대통령 당시 북한 관련 정책에 참여했던 2명의 미국 관리와의 인터뷰 (2008년 3월 27일, 3월31일, 워싱턴 D.C.).

계 정상화란 목표를 달성하기 위해 노력하면서 국제 레짐을 이용했다. 6자 회담 중심으로 구성되기 시작한 이 레짐이 북한의 이익에 도움이 되는 방식으로 조성될 수 있는 한 북한 입장에서 보면 그다지 나쁘지 않았던 것이다.

북한이 가입한 적이 있는 국제원자력기구 레짐 및 핵확산금지조약 레짐과 달리, 6자 회담 레짐은 처음부터 북한이 영향을 미칠 수 있는 성격이었다. 결과적으로 6자 회담 레짐 구성과 관련하여 김정일 정권이 어느 정도 영향력을 행사할 수 있었다.

그럼에도 불구하고 처음에 북한은 이 레짐의 수용을 주저했다. 북한은 나머지 5개국이 자국의 비핵화를 압박하기 위한 도구로 6자 회담을 이용하는 현상을 우려했다. 2003년 8월에 개최된 6자 회담의 첫 번째 라운드를 통해 이러한 북한의 우려가 해소되었다. 북한은 중국이 북한 핵위기를 외교적으로 해결하기를 원하고 있음을 인지했다.

또한 북한은 국제문제와 관련하여 중국이 행사할 수 있는 새로운 역할을 이해했다. '조화로운 세상' 구축 과정에서 중국이 도움을 줄 것이란 후진타오의 발언은 단순한 수사가 아니었다. 후진타오의 발언은 중국 대외정책의 변화를 선언한 것이었다.[22] 따라서 중국의 역할은 클린턴 시대의 4자 회담 당시 중국이 행사했던 역할과 전혀 달랐다. 북·미 회담 당시 단순한 방관자 입장이 아니라, 모든 관련국들 간에 협약을 이끌어내고, 다양한 입장 간에 균형자 역할을 중국이 수행했다.[23]

---

22) 후진타오는 '조화로운 세상'이란 개념을 유엔 60주년 기념일인 2005년 9월에 도입했다.

23) 부시 대통령 당시 북한 관련 정책에 참여했던 1명의 미국 관리와의 인터뷰

이 같은 중국의 역할에도 불구하고, 2005년의 네 번째 라운드 이전까지 6자 회담은 북·미 외교관계 정상화를 위한 북한의 주요 전술 수단이 아니었다. 2005년 이전까지만 해도 6자 회담에 대한 북한의 기대는 분명하지 않았다. 모든 6자 회담 당사국들은 6자 회담이 북한 핵위기의 평화적인 해결을 겨냥해야 한다는 점에 동의했다. 이는 북한이 몇몇 인센티브에 대한 보상으로 자국의 핵 프로그램을 동결하고 해체하는 방식으로 달성될 예정이었다(Funabashi 2007: 344).

하지만 인센티브가 무엇인지 결정되지 않았다. 즉 북한이 무엇을 받게 되는지와 누가 그것을 주는지가 확실치 않았다. 이 문제는 북·미 외교관계 정상화란 당근을 미국이 북한에 제공해주기로 결심한 6자 회담의 네 번째 라운드에서 해결될 수 있었다(Pritchard 2007a).

이외에도 이 레짐의 의사결정 절차가 6자 회담의 네 번째 라운드 준비 과정에서 수정되었다. 이전 세 차례 회담의 다자적 의사결정 절차가 북·미 간의 논의 진전을 방해했다. 따라서 6자 회담 당사국들은 6자 회담 틀 안에서 구체적인 북·미 양자 회담 진행에 동의했다.

여기에는 특히 북한 특사와 미국 특사 간의 양자회담이 포함되었다. 6자 회담 도중 북·미 양자협상이 이루어질 수 있게 된 것이다(Pritchard 2007a). 부시 행정부에서 비둘기파들의 입지가 보다 강화되면서 미국 대표단은 6자 회담의 레짐 안에서, 자신들이 선호하는 부분인 양자 및 다자 대화를 혼합하는 형태를 추진할 수 있었다. 따라서 6자 회담은 공식적이

(2008년 3월 25일, 워싱턴 D.C.) 이외에 2000년대 당시 북한 관련 정책에 참여했던 1명의 한국관리와의 인터뷰(2008년 8월8일, 서울), 1명의 일본인과의 인터뷰(2008년 9월16일, 서울).

고 관료적인 성격보다는 역동적이고도 솔직한 형태를 띠게 되었다.

북한은 자국의 대외정책 목표 달성 차원에서 6자 회담 중심의 레짐을 사용해도 문제가 없을 것으로 확신하게 되었다. 따라서 북한 대표단은 6자 회담의 네 번째 라운드에서 미국이 만족해할 만한 합의에 도달하고자 노력했다. 북한은 나머지 5개국이 모두 받아들일 수 있는 형태의 협약을 수용하도록 미국에 압력을 가할 목적으로 중국, 일본, 러시아 및 대한민국과 힘을 규합했다.

이외에도 북한 관리들은 미국 상대역들과의 양자회담에서 융통성이 있는 모습을 보였다.[24] 이전 6자 회담 당시와는 달리 새로운 라운드에서 북한 대표단은 눈에 띠는 태도 변화를 보여주었다(Funabashi). 북측이 적극적인 참여자로 변신한 것이다. 북한 대표단은 미국 대표단에게 북한 입장을 강요한 것이 아니고 보다 수용적인 자세를 보였다. 이를 통해 북한은 '능숙함의 덫(Competency Trap)'을 극복할 능력이 있음을 그리고 북·미 양자회담과 다자 회담에서 적절히 활동할 능력이 있음을 보여주었다.

(2) 절충적인 동맹의 등장

북한이 6자 회담 레짐을 수용하게 된 배경에는 2003~2005년의 기간에 미국에 대항하여 연성균형을 이룰 수 있는 중국, 북한, 러시아, 대한민국 간의 절충형 동맹이 등장했다는 사실이 있다.

---

24) 2000년대 당시 북한 관련 정책에 참여했던 1명의 대한민국 관리와의 인터뷰 (2008년 10월 30일, 런던).

고이즈미 당시의 일본도 종종 이 동맹에 합류했다. 이들 국가 간에 제휴가 가능했던 것은 북한 핵위기 해결을 위한 최상의 방안이 외교란 점에 6자 회담 참가국들이 공감했으며, 무엇보다 부시 행정부의 비둘기파가 협상을 원하고 있었기 때문이다.

그럼에도 불구하고, 북한은 2차 북한 핵위기 두 번째 단계의 처음 몇 달 동안 중국을 완벽히 신뢰하지는 않았다. 따라서 다자 회담이 처음 제기되었을 당시, 북한은 북한 핵위기 해결을 위한 다자 회담에 러시아의 참여를 요구했다. 북한은 중국과 미국이 가세하여 북한 핵 프로그램 해체를 강요할 가능성을 우려하고 있었다(Toloraya 2008).

중국에 대한 이 같은 불신은 북·중 간의 제휴가 당연한 현상이 아니었음을 보여준다. 그러나 6자 회담의 첫 번째 라운드 이후 이 같은 불신이 완화되기 시작했다. 중국 외무성 부상 왕이는 북한 핵문제 해결을 어렵게 하는 주요 장애물이라며 미국을 거침없이 비난했다(Kahn 2003). 더욱이 중국은 북한 핵 프로그램에 관한 부시 행정부의 비난에 공개적으로 의혹을 제기했다(Kahn and Chira 2004).

한편 중국은 북한에 대한 미국의 입장을 완화시키고자 노력했다(Funabashi 2007; 347). 북한과 중국은 또한 고위급 수준에서의 양자접촉을 재개했다. 2003년 초반에 시험적으로 시작된 북·중 양자접촉은 6자 회담 첫 번째 라운드 이후 보다 빈번해졌다. 중국의 대북 특사는 김정일과의 회담이 가능하며 핵문제를 논의할 수 있을 정도로 고위급 인사였다. 이는 양국 간 관계개선의 신호이기도 했다.[25]

---

25) 6자 회담의 첫 번째 라운드에서 시작하여 부시 행정부의 첫 번째 임기가 종료

북·중 관계 진전의 징후이지만, 2004년 4월 19일부터 21일까지 김정일이 중국을 방문하여 후진타오를 만났다(KCNA 2004e). 북·중 협력은 북한 외무상 부상이자 6자 회담 북측 대표인 김계관이 6자 회담에서 북한과 중국이 공동 입장을 제기할 것이라고 발언할 정도로 진전되었다(Ibid: 2004a).

중국의 협력에 근거한 미국에 대항한 북한의 연성균형은 부시 행정부 매파들의 압박을 피해갈 수 있을 정도로 강력했지만 북한의 목표인 북·미 외교관계 정상화를 진전시킬 정도로 충분한 수준은 못 되었다.

북·미 외교관계 정상화 논의를 진전시키고자 하는 경우 외교적으로 미국을 보다 강력히 압박할 필요가 있음을 북한은 인지했다. 미국과 균형을 이룬다는 차원에서 북한은 중국과 러시아의 협력을 강화시키고자 노력했다. 한편 북한주재 러시아 대사 안드레이 카로프(Andrei Karlov)가 북한 공식 언론매체와의 인터뷰에서 6자 회담 재개를 촉구(KCNA 2005d)하는 등 한반도문제에 대한 러시아의 관여가 확대되었다.

중국은 북한 핵위기를 외교적으로 해결할 수 있도록 북한에 보다 많은 인센티브를 제공해주라고 미국에 요구했다. 이 같은 중국의 요구를 러시아도 지지했다. 대한민국은 북한에 포괄적인 패키지를 제공해주라고 미국에 요청했다.[26] 북·미 관계 개선이라는 포괄적 목표를 달성하기 위해 4개국(한국, 북한, 중국, 러시아)이 임시 동맹을 결성하여 미국과 연성균형을

될 때까지 김정일은 중국이 파견한 우방궈, 이장춘과 같은 고위관리들과 회담했다.

26) 1990년대와 2000년대 당시 북한 관련 정책에 참여했던 2명의 한국관리와의 인터뷰(2008년 8월 26일, 9월18일, 서울).

이루게 된 것이다.

6자 회담의 네 번째 라운드 첫 번째 단계가 시작된 7월 26일부터 네 번째 라운드 두 번째 단계가 종료된 9월 19일까지 미국에 대한 연성균형은 보다 강화되었다. 6자 회담 대표들은 총 20일 동안 회동했다. 중국, 러시아, 한국, 북한이 비교적 동일한 입장을 견지했던 반면 미국이 고립되었다. 일본은 양측 입장을 왕래했지만 궁극적으로 북한 핵위기를 외교적으로 해결하고자 노력했던 4개국과 힘을 합쳤다(Kahn 2005).

미국을 겨냥한 북한의 연성균형은 후진타오의 '조화로운 세상' 추구와 중국의 '평화로운 부상'으로 인해 용이해졌다. 북한은 이러한 상황을 중국과 협력하여 미국에 균형을 맞출 기회로 받아들였는데, 이는 올바른 인식이었다. 중국에게 있어 북한 핵문제는 다른 국제문제 해결과 관련하여 제목소리를 낼 수 있는지를 평가해 보기 위한 시험대였다. 중국은 이란 핵문제 해결을 위한 대화, 아프리카의 수단에 평화유지군을 파병하는 문제, 미얀마가 국제원조를 받아들이도록 만드는 문제 등에 관여하고 있었다. 이들 문제 모두 후진타오의 '평화로운 부상' 및 '조화로운 세상' 원칙과 관련이 있었다. 중국은 6자 회담 참여 이후, 이들 문제에 적극 관여했다(Pacheco Pardo 2010).

중국과 러시아 입장에서 보면, 미국과의 균형유지는 자신들이 강조하는 "새로운 세계질서"의 일부이기도 했다. "새로운 세계질서"는 다자주의를 그리고 일방주의 거부를 기본원칙으로 했다. 이 원칙이 2005년 7월 4일의 공동성명에 반영되었다.[27] 러시아와 중국은 다자주의, 개개 국

---

27) "China-Russia Statement on New World Order", Xinhua, 4 July 2005.

가의 주권 존중, 독자적인 발전경로를 옹호했다.[28] 러시아 입장에서 보면 일반적으로 동북아시아 문제, 특히 한반도 문제 관여는 러시아 극동지역 경제 개발계획의 일부이기도 했다.[29]

연성균형과 6자 회담의 적절한 조합을 통해 북·미 외교관계 정상화를 명시하고 있는 9.19 공동성명을 2005년에 성공적으로 발표할 수 있었다. 여기서 보듯이 연성균형과 6자 회담의 조합은 2003년 4월 이후 북한이 지속해온 '단순학습'의 효과를 입증해 주고 있다.

벼랑끝전술은 미국과의 관계 단절과 북·미 제네바합의의 종료를 초래했다. 인지적 한계를 극복한 김정일 정부는 클린턴 행정부 당시 사용했던 것과 동일한 방식으로는 부시 행정부를 상대할 수 없다는 사실을 이해하기 시작했다. 북한은 또한 동북아시아 정치에서 중국이 수행할 수 있는 새로운 역할을 이해하기 시작했다. 결과적으로 북한은 이전에 자신이 가장 잘 알고 있던 협상 전술을 사용하도록 만든 '능숙함의 덫'을 극복할 수 있었다. 북한은 미국과의 외교관계 정상화란 목표를 추구하면서 벼랑끝전술을 포기하는 한편 국제 레짐에 진지하게 참여했다.

---

28) 퍼디난드(Ferdinand 2007)는 이 시기에 '이상적인 개발모델'에 대한 러시아와 중국의 "관점이 수렴"되었다는데 주목한다. 이 기간에 러시아에서 자유 민주주의에 대한 부정적인 시각이 증대되었는데, 중국 지도자들도 자유 민주주의에 대하여 신뢰하지 않고 있었다.

29) 러시아의 극동 지역은 자원이 풍부하고, 인프라가 빈약하며, 인구가 감소하고 있다. 중국, 일본 및 대한민국과 경제적 통합이 완벽히 이루어질 가능성이 있는 지역이다.

(3) 벼랑끝전술의 감소

북한의 핵확산금지조약 탈퇴가 공식화된 순간부터 9.19 공동성명이 발표되기까지, 김정일 정부는 벼랑끝전술을 거의 사용하지 않았다.

2005년 초반의 미국의 외교적 공세에 대항한 저강도 벼랑끝전술이 유일한 경우였다. 2005년 1월 20일의 2기 취임 연설에서 부시(2005)는 독재를 종료시키고 독재 치하에서 생활하는 사람들을 자유롭게 해주어야 한다는 사실을 5차례나 언급했다. 바로 이틀 전, 의회 인사청문회에서 라이스(2005)는 주민들을 두려움으로부터 해방시킬 필요가 있는 '폭정의 전초기지' 6개국 명단에 북한을 포함시켰다. 김정일 정부는 이들 발언에 저강도의 수사적인 벼랑끝전술로 대응했다.

2005년 2월 10일 북한 외무성은 북한을 고립 압살시키려는 부시행정부의 공공연한 정책에 맞서 자위 차원에서 핵무기를 제작했다는 내용의 성명을 공개적으로 발표했다(KCNA 2005b). 북한은 처음으로 핵무기 보유를 선언하면서 이것이 미국의 공격 가능성에 대항한 억제력이라고 주장했다. 한편 북한은 상황에 변화가 있기 이전에는 6자 회담에 참여하지 않을 것이라고 천명했다(Ibid).

그 후 1개월도 지나지 않은 시점, 북한 외무상은 부시 행정부가 김정일 정부와의 공존 의사를 명확히 선언하기 이전에는 핵무기를 포기하지 않을 것임을 비망록(Memorandum)을 통해 분명히 했다(Ibid: 2005c). 당시까지 북한의 핵무기 보유 여부에 관한 논쟁이 지속되고 있었다. 따라서 핵무기를 보유하고 있다는 북한의 선언은 북한 핵무기 프로그램을 중지시키지 못했음을 만천하에 보여줌으로서 미국에 압박으로 작용했다.

하지만 얼마 후 북한은 미국을 곤란하게 만드는 행위를 중단했다. 6자 회담 북한특사 김계관은 자신의 새로운 상대인 크리스토퍼 힐과 2005년 7월 9일 양자회담을 가졌다. 미국은 6자 회담 합류를 북한에 설득하기 위해 이 회담을 주선했다(Brinkley and Sanger 2005).

2차 북한 핵위기 두 번째 단계에서 북한은 벼랑끝전술을 더 이상 구사하지 않았다.

제4장

1차 핵실험 이후의 북한과 부시 행정부

1. 2005년 9.19 공동성명 발표부터
1차 핵실험까지(2005. 10~2006. 10)

2005년 9.19 공동성명 발표 이후에는 동북아 정치와 북한의 대미 협상에서 역사적인 변화가 목격되었다. 2005년 9월부터 2006년 10월의 기간 동안 북한은 지역 강대국들과의 협력과 국제 레짐 참여를 지양한 채 도발적인 핵실험과 고립으로 점철된 외교정책을 구사했다.

북한과 주변국들 간의 긴장고조, 특히 김정일 정부와 부시 행정부 간의 양자관계 악화가 북한을 2006년 10월의 1차 핵실험으로 몰고 갔다. 이러한 상황진전은 2003년 4월부터 2005년 9월까지의 북·미 관계 개선과 뚜렷한 차이가 있었다.

2005년 후반부터 2006년 후반까지 부시 행정부는 북한과의 긴장고조 외에도 여러 가지 대외정책의 도전에 직면에 있었다. 특히 아프간과 이라크 상황이 좋지 않았다. 이들 국가와의 분쟁 해결이 가시화되지 않았으며, 지상에서 미국의 동맹국들 간에 균열이 발생했다.

더욱이 국제체제에서 주요 변화가 발생했는데, 이러한 변화가 북한 핵위기 상황에 간접적으로 영향을 미쳤다. 2005년 중반, 이란에서는 강경파 아흐마디네자드가 대통령에 당선되었다. 그는 이란 핵 프로그램과 관련하여 강경 입장을 고수했으며, 결과적으로 긴장이 고조되었다. 2006년 2월 4일 국제원자력기구는 이란 핵문제를 유엔안전보장이사회에 회부하였다.[1] 결국 2006년 6월에는 EU-3 국가들과 함께 미국이 이란 핵협상에 참여하게 되었다(Rice 2006b).

그리고 국제체제에서 보다 직접적으로 북한 핵문제에 영향을 미친 중요한 상황진전이 2005년 후반기에 있었다. 2005년 8월 중국은 안보사안 관련 최초의 미·중 고위급 대화를 위해 미국 국방장관을 초대했다. 미·중 고위급 안보전략회의는 부시 행정부가 종료되는 순간까지 정기적으로 지속되었다. 미·중 안보전략회의는 재무장관 수준에서의 정기적인 경제전략회의를 보완한 것으로서, 부시 행정부 기간 동안 총 다섯 번 개최되었다.

21세기 초반 미·중 초강대국이 다양한 안보 및 경제 문제에 관해 고위급 회담을 정기적으로 갖게 되었다는 것은 냉전 당시와 극명히 대비되는 부분이었다. 2005년 9월 미 국무부 부장관 로버트 졸릭(Robert Zoellic)

---

1) IAEA Board of Governors, 'Implementation of the NPT Safeguards Agreement in the Islamic Republic of Iran', 4 February 2006.

은 국제문제와 관련하여 중국에 '책임 있는 행위자'가 될 것을 요구했다. 같은 달, 후진타오는 유엔총회 연설에서 '조화로운 세상'이라는 원칙을 강조했다. 중국의 신사고와 미국의 요청으로 중국의 대외정책이 변했다. 후진타오 정부는 이란 핵문제 해결에 보다 적극적으로 참여했으며, 궁극적으로 미국 및 러시아와 함께 EU-3 대화에 합류했다. 한편 유엔주재 중국대사 왕자규는 수단 위기와 소말리아 위기에 대처하는 과정에서 중요한 역할을 수행했다(Alden 2007: 116-17).

한편, 후진타오는 중국의 대북 접근방향을 바꾸었다. 북·중 관계가 제휴와 이웃 국가에 대한 특별한 배려에서 탈피하여 점차 정상적인 관계로 발전해갔다(Funabashi 2007: 277-8). 이 같은 사실은 방코델타아시아(BDA)에 대한 미국의 금융제재를 지원하기로 한 중국의 결정과 대북제재를 담은 유엔안전보장이사회 결의안에 반영되었다.

테일러(Taylor 2010: 45)가 지적한 바처럼, 2차 북한 핵위기 초기부터 중국은 북한에 대항한 다자제재에 보다 자발적으로 참여했으며, 심지어 단독으로 북한을 제재하기도 했다. 보다 구체적으로 설명하겠지만, 일부 상황에서 중국은 고강도 벼랑끝전술을 구사하는 여타 국가들을 대하는 것과 동일한 방식으로 북한을 다루었다.

부시 행정부에서 관료 조직들 간의 이견이 이 기간 전반에 걸쳐 나타났다. 매파들은 여전히 김정일 정부에 압력을 가하고자 노력했다. 특히 금융 압박이 김정일 정권을 약화시키기 위한 주요 전술이 되었다. 2005년의 9.19 공동성명이 발표되기 4일 전, 미 재무성은 마카오에 기반을 둔 방코델타아시아를 '주요 자금세탁 우려' 장소로 지정했다. 이 은행은 불법

활동을 통해 북한이 획득한 자금을 세탁해 주고 있다는 의심을 받았다.[2]

곧바로 미국은 방코델타아시아에 있던 북한 기업의 계좌를 동결시키는 방식으로 이들 기업을 제재했다. 당시의 금융제재가 2005년 10월부터 2006년 10월까지의 북한의 행동에 근본적인 영향을 주었다.[3] 대북금융제재와 더불어 북한의 열악한 인권상황에 대한 외교적 압박과 유엔안보리 차원의 다자제재가 가해졌다.

한편 비둘기파들은 관료들 간의 협상 과정에서 주도권을 확보하고자 노력했다. 북한 입장에서 보면, 미국의 대북 금융제재는 가장 치명적인 부분이었다. 북한은 6자 회담 복귀를 거부했다. 결국 2005년의 9.19 공동성명 이행 논의가 좌절되었으며, 미 행정부에서 비둘기파들의 입지가 약화되었다. 그럼에도 불구하고 대화를 통해 북한 핵위기를 해결한다는 이들의 인식에는 변함이 없었다.

먼저 당시의 위기 상황에서, 라이스(2006c), 졸릭(2006), 크리스토퍼 힐(2006a)이 6자 회담 재개를 촉구했다. 또한 비둘기파들은 리비아와 북한의 사례 간에 유사점을 도출하고는 리비아 모델에 입각하여 북한 핵문제를 해결해야 한다고 주장했다(Rice 2006a).

미국과 리비아의 관계가 당시 개선되고 있었다. 미국은 반 카다피(Muammar Qaddafi) 세력인 리비아 반군을 지원하는 나토의 2011년 군

---

2) United States Department of Treasury, 'Finding that Banco Delta Asia SARL is a Financial Institution of Primary Money Laundering Concern', 12 September 2005.

3) 1990년대와 2000년대 북한 관련 정책에 참여했던 러시아 관리와의 인터뷰 (2008년 3월 25일, 워싱턴 D.C) 그리고, 2000년대 북한 관련 정책에 참여했던 대한민국 관리와의 인터뷰(2008년8월 8일, 8월 12일, 서울).

사작전에 참여하지 않았다. 이외에도 비둘기파들은 미국 정부가 이란 핵 프로그램 협상에 참여하도록 만들었다(Doyle 2008; Weisman 2006). 이란과 리비아 사례는 그 후 북한 핵문제 해결에 참고가 되었다.

국제체제 변동과 미 대북정책의 급격한 변화로 인해 앞에서 설명했듯이 북한의 협상전술에 일대 변화가 있었다. 결과적으로 김정일 정부는 벼랑끝전술에 호소했다. 당시, 북한은 미국을 양자협상으로 복귀시키기 위한 다른 전술을 가지고 있지 않았다. 결국 북한은 가장 강력한 벼랑끝 전술인 핵실험을 단행했다. 오바마 행정부 당시에도 유사한 상황이 벌어졌다. 이는 북한이 핵 능력 보유에 상당한 의미를 부여하고 있음을 보여주는 부분이었다.

1) 북한의 목표; 북·미 외교관계 정상화

2차 북한 핵위기의 세 번째 단계에서, 북한의 '복잡한 학습'이 관찰되었다. 북한이 추구하는 목표가 변하기 시작한 것이다. 그렇다고 해서 북한이 북·미 외교관계 정상화에 대한 열정을 포기한 것은 결코 아니었다. 다만 북한은 '복잡한 학습' 과정을 거치면서, 북·미 평화공존 형태의 중간 목표를 추구하게 된 것이다. 그런데 이 목표는 2차 북한 핵위기 해결을 통해 달성될 예정이었다. 분명한 것은 아직도 북·미 외교관계 정상화가 북한이 추구하는 궁극적인 목표라는 것이다.

2005년 9.19 공동성명 발표 직후, 미 재무성은 방코델타아시아에 있던 북한 계좌들을 동결하는 방식으로 일부 북한 기업들에 대해 금융 제재를 가했다. 방코델타아시아는 북한의 불법 활동을 지원해주고 있다는 비난을 받았다.[4] 방코델타아시아 문제가 부상하고 있음을 목격한 북한은 부시 행정부 매파들이 9.19 공동성명 합의 이행에 저항하고 있다고 생각했다.[5] 미 재무성에 따르면, 방코델타아시아는 일정 기간 동안 북한의 불법 활동을 지원해왔다. 따라서 9.19 공동성명이 발표된 지 몇 주가 안 되어 제재를 가했다는 것은 우연한 일일 수 없었다.[6]

김정일 정부는 당시의 금융제재를 양자관계 정상화에 대한 미국의 진지하지 않은 자세의 일부로 이해했다. 따라서 2006년 전반기 6개월 동안 북한은 방코델타아시아에 대한 제재를 적대 행위라며 공개적으로 비난했다(KCNA 2006d, 2006b, 2006f). 북한은 2006년 7월 4일과 5일 장거리 미사일을 시험 발사했으며, 2006년 10월 9일에는 1차 핵실험을 단행했다. 북한은 이들 도발 모두 적대적 성격의 조치가 아니며, 미국의 침략에 대항하기 위한 필수적인 억제수단이라고 주장했다. 미국과 평화롭게 공존할 수 있는 경우 이러한 억제수단이 더 이상 필요치 않다고 강조했다(Ibid: 2006k, 2006h, 2006l).

이는 북한을 테러지원국 명단에서 삭제하고, 북한에 대한 '적대국 무

---

4) United States Department of Treasury, 'Treasury Designates Banco Delta Asia as Primary Money Laundering Concern under USA Patriot Act', 15 Sep 2005; United States Departmentof Treasury, 'Treasury Targets North Korean Entities for Supporting WMD Proliferation', 21 October 2005.

5) 북한 유엔 부대사 한성렬과의 인터뷰(2007년 7월 4일, 런던).

6) 우연히도 방코델타아시아는 그 후 잘못이 없음이 판명되었다. 그러나 북한 회사들의 계좌를 느슨히 관리했다는 비난을 받았다. 다음을 참조. Department of Treasury, 'Treasury Finalizes Rule against Bacon Delta Asia. BDA Cut Off from U.S. Financial System', 14 March 2007.

역 조항(Trading with the Enemy Act)' 적용을 종료시킴으로서 달성될 수도 있었을 것이다. 그런데 이러한 조치는 미국이 북한을 비적성국으로 인정하는 것과 동일한 것이었다. 왜냐하면, 이 명단의 정치적 성격으로 인해 미국이 싫어하는 정권을 처벌할 목적으로 해당 국가를 이 명단에 포함시키고 있었기 때문이다(Klug 2008; Sullivan 2005).[7] 핵실험 이후의 북한의 목표 변화는 재개된 북·미 대화에서 보다 분명해졌다.

김정일 정부가 자신의 목표를 변경하고 있는 동안, 부시 행정부는 강경파와 온건파의 대립으로 일치된 대북 목표를 정립하지 못하고 있었다. 방코델타아시아에 대한 금융제재 시점을 보면, 여전히 강경파들이 김정일 정부 전복을 추구하고 있었음을 알 수 있다. 적어도 1990년대 초반부터 미국은 북한이 달러 위조, 마약 및 주류 밀수와 같은 불법 활동을 하고 있다는 사실을 인지해왔다(Funabashi 2007: 145; Min 2006).

앞에서 논의한 바처럼 부시 행정부는 이들 불법 활동을 조사하고 조치를 취할 목적으로 2003년 초에 '불법활동방지구상(Illicit Activities Initiative)'을 설립했다. 그런데 대북 금융제재가 북·미 관계가 개선되는 시점에 시작되었다. 이들 두 사건이 무관할 수도 있을 것이다. 그러나 일반적으로 이들은 연관성이 있다고 생각되었다(Funabashi 2007; Pritchard 2007a: 129).

한편, 북한을 제재하기 위한 유엔안전보장이사회 결의안이 통과되었다. 북한이 미사일을 시험 발사한 지 11일이 지난 2006년 7월 15일, 유

---

7) 적성국교역법의 의미는 그 이름에 함축되어 있다. 이 책을 저술할 당시 쿠바는 이 법의 제약을 받는 유일한 국가였다.

엔안전보장이사회는 '결의안 1695호'를 통과시켰다. 중국, 러시아, 대한민국이 강력한 대북제재에 반대의사를 표시하였다. 결국 유엔안보리를 통과한 결의안에는 상징적인 수준의 제재만 포함되었다.

그럼에도 불구하고, 이 결의안은 미국의 대북 강경 정책 유지에 도움이 되었다. 북한에 대한 매파적 접근 방안을 가장 강력히 지지하던 사람 가운데 한 명인 볼톤(Bolton)이 2005년 8월 유엔주재 미국대사로 임명되었다. 1993년 이후 볼톤은 북한을 겨냥한 최초 결의안에 동의하도록 유엔안전보장이사회 주요 국가들을 설득했다(Bolton 2007).

또한 매파들은 북한의 열악한 인권상황을 공개하는 방식으로 북한을 압박했다. 2005년 8월에는 레프트코비츠(Jay Leftkowitz)가 북한 인권특사로 임명되었다. 그는 북한 당국의 인권침해를 맹렬히 비난했으며, 비핵화, 북·미 외교관계 정상화, 인권문제를 상호 연계시켰다. 대북정책과 관련하여 동료 국무성 관리들을 공격했다(Lefkowitz 2007, 2008). 비핵화와 인권의 연계는 부시 행정부 당시에는 그다지 강한 수준이 아니었다. 그러나 이는 북한을 압박하기 위한 나름의 방안이었다.

2차 북한 핵위기 2단계에서의 미국의 행동은 매파들의 선호를 반영한 것이었다. 부시행정부에서 온건파들도 강경파와 비슷한 수준의 파워가 있었지만, 방코델타아시아에 대한 제재로 북한과의 모든 대화 가능성이 사라졌다. 미국은 북한의 저항을 극복하는 과정에서 성공적으로 보였던 전술인 압박을 지속했다. 미국 기관들 간의 토론은 그다지 유쾌한 것이 못 되었다. 국가안전보장회의는 매파와 비둘기파 간의 불화로 점철되었다.

라이스와 체니는 북한에 대한 자신들의 접근방안을 옹호했지만 공동의 합일점을 찾을 수 없었다. 한편, 힐은 6자 회담 재개를 위해 노력했지만, 방코델타아시아에 가해진 금융제재에 공개적으로 도전할 수 있는 입장이 아니었다. 이들 제재를 이면에서 주도하고 있던 매파들이 힐의 6자 회담 재개 노력을 가로막았다.[8]

2) 북·미 외교관계 정상화 달성을 위한 북한의 행동

(1) 6자 회담의 실패

2차 북한 핵위기 세 번째 국면에서 북한은 이전에 사용해오던 6자 회담이란 틀을 더 이상 이용하지 않았다. 김정일 정부가 아직 명확히 정의되지 않은 6자 회담 레짐이 자신의 외교정책 목표 달성에 그다지 도움이 되지 못한다는 것을 깨달은 것이다. 중국의 대북정책 변경과 북한에 대한 중국의 사업적인 접근 태도가 북한의 6자 회담 거부 입장을 더욱 강화시켰다.

2005년 11월에 개최된 6자 회담의 5라운드 첫 번째 단계에서는 부시 행정부 매파들의 전술 변화에 대처한다는 측면에서 6자 회담 레짐이 그다지 효과적이지 않다는 것이 분명해졌다. 근본적으로 6자 회담 레짐은 북·미 평화공존과 북한 비핵화를 교환하기 위한 것이었다. 방코델타아시아에 가해진 미국의 금융제재를 북한은 경제 전쟁으로 간주했다.[9] 달리

---

8) 부시 대통령 당시 북한 관련 정책에 참여했던 미국 관리들과의 인터뷰(2008년 3월 18일, 4월 2일, 워싱턴 D.C.).

9) 경제적 제재는 자유주의자들 입장에서 보면 전쟁을 대신하는 성격의 것이다. 이는 특정 행위자의 행동에 영향을 줄 목적으로 실행되는 강압적인 수단이다

말하면 북한은 미국이 2005년의 9.19 공동성명을 무시하고 있다고 생각했다(KCNA 2005c, 2005k).

2005년 11월의 6자 회담에서 북한은 방코델타아시아에 대한 금융제재를 해제하지 않으면 공동성명 이행을 논의하지 않겠다고 말했다. 6자 회담 북한 특사 김계관은 제재를 해제하지 않으면 회담에 참석조차 하지 않겠다고 선언했다(KCNA 2006a; Pritchard 2007a).

2차 북한 핵위기의 세 번째 국면 몇 달 동안, 북한과 미국은 비핵화, 평화공존, 금융제재를 단일 레짐에서 다루는 것이 맞는지의 여부를 두고 논쟁했다. 북한은 직접 연계되어 있기 때문에 이들을 동시에 해결해야 한다고 주장하면서, 금융제재가 해결되지 않으면 비핵화를 겨냥한 어떠한 조치도 취하지 않겠다고 했다(KCNA 2006d, 2006b, 2006g, 2006e). 반면에 미국은 비핵화 문제와 북·미 외교관계 정상화가 금융제재와 별도의 문제이기 때문에, 이들을 분리해서 다루어야 한다고 주장했다(Hill 2006a).

6자 회담 레짐 당사국들은 이행 규칙과 상호 동의한 규범이 없었기 때문에 누가 옳은지에 관해 합의할 수 없었다. 북한은 금융제재가 해제되지 않으면 비핵화 논의에 참여할 수 없다는 입장이었다. 이로 인해 6자 회담은 성과를 내지 못했다. 비핵화와 금융제재를 동시에 논의할 수 있는 이행 규칙이 마련되어 있었더라면 상황이 보다 쉽게 진전되었을 것이다.

제대로 정리된 '행동 대 행동' 규칙은 미국의 새로운 요구를 미래 특정

(Nossal 1999).

시점에 반영할 수 있을 정도로 융통성이 있었을 것이다. 사실 이것도 미국이 먼저 금융제재를 해제하지 않으면, 비핵화를 겨냥한 어떠한 조치도 취하지 않을 것이라는 북한의 주장과 유사했다. 이러한 북한의 요구를 부시 행정부는 수용하지 않았다. 부시 행정부는 평화공존과 비핵화 교환은 금융제재와 별개 문제라고 주장했다. 결과적으로 6자 회담은 북한이 최초로 핵실험을 한 이후 두 달이 지난 2006년 12월에나 재개되었다.

(2) 미사일과 핵무기를 이용한 벼랑끝전술

북한의 6자 회담 복귀가능성이 줄어들면서 김정일 정부의 벼랑끝전술 위협이 증대되었다. 결국 북한은 1998년 이후 처음으로 계산되고 계획된 고강도 벼랑끝전술을 감행했다. 2006년 7월 4일과 5일 장거리 대포동미사일 1발을 포함하여 모두 8발의 미사일을 시험 발사한 것이다. 이로부터 3개월 뒤인 2006년 10월 9일, 북한은 최초로 핵실험을 단행했다. 장거리 미사일 발사와 핵 실험을 통해 북한은 미국과의 협상과정에서 발언권을 높일 수 있었다.

고강도 벼랑끝전술을 감행하기 몇 달 전부터, 북한은 방코델타아시아 금융제재를 가한 미국에 대해 위협적인 언어공세를 펼쳤다. 언어공세 초기부터 북한은 미국의 금융제재를 반복적으로 비난하면서 전시에 해당하는 조치를 취할 수 있다고 분명히 말했다(KCNA 2006j, 2006f).[10] 금융제재에 대한 북한의 저항은 매우 공격적이었다. 이 같은 사실을 통해, 이 제재가 김정일 정부에 상당한 영향을 미쳤음을 알 수 있었다. 이들 금융제

---

10) 북한 유엔 부대사 한성렬과의 인터뷰(2007년 7월4일, 런던).

재로 인해 북한은 상당 규모의 자금에 접근할 수 없었다.

3개월 동안에 북한이 미사일 발사와 핵 실험이라는 두 가지 고강도 벼랑끝전술을 감행하기로 결정한 이유를 북한의 역사적 경험에 비추어 설명할 수도 있을 것이다. 당시 북한의 벼랑끝전술이 북·미 관계 정상화 달성에 실패했지만, 이전의 벼랑끝전술이 북·미 대화를 초래한 적이 있었다. 이미 논의한 바처럼 부시 행정부 매파들은 김정일 정부와의 직접 대화에 반대했으며 김정일 정권을 붕괴시킬 목적으로 압박하고자 노력했다.

북한의 고강도 벼랑끝전술로 인해 매파들의 전술이 실패했음이 분명해지면서, 미국은 자국의 정책을 변경할 필요가 있었다. 이미 비둘기파들은 북한과의 직접 접촉으로의 정책 변경을 원하고 있었다. 북한의 벼랑끝전술은 비둘기파들이 미국을 북·미 양자대화로 인도하는 과정에서 도움이 되었다. 표면적으로는 북·미 대화가 북한의 벼랑끝전술 자체를 해결할 목적으로 개최되었다. 그러나 이들 대화에서는 북·미 양자 화해를 포함한 여타 사안들을 다룰 수 있었다. 이전의 북·미 양자대화 사례를 보면, 일단 양자회담이 시작되면 다양한 관심사항들이 논의되었다.

앞에서 언급했듯이, 2006년 7월 4일과 5일 북한은 장거리 대포동미사일을 포함해 8발의 미사일을 시험 발사했다. 이는 1998년의 장거리 미사일 발사 이후 첫 미사일 발사였다. 결과적으로 북한은 자신이 정한 장거리 미사일 발사 유예 약속을 스스로 파기했다. 북한은 미 독립기념일에 맞추어 대포동미사일을 발사했는데, 이날 미국은 우주선 디스커버리호를 쏘아 올릴 계획이었다(Onishi and Sanger 2006).

이외에도 북한의 대포동미사일 시험 발사는 북·중 협력이 매우 미약한 시점에 이루어졌다. 사실 대포동미사일 시험 발사 준비는 2006년 6월 초에 감지되었다. 중국 원자바오 총리는 한반도 상황을 악화시킬 수 있는 어떠한 조치도 취하지 말라고 북한에 공개적으로 요청했다. 여기서 상황을 악화시키는 조치란 북한의 미사일 시험 발사를 의미했다(China Daily 2006a). 당시 북한은 두 가지 목표로 미사일을 시험 발사했다.

첫째, 미국에 압력을 행사하여 방코델타아시아에 대한 제재를 해제시키고, 그 후 미국이 김정일 정부와의 대화에 나서도록 하고자 했다. 북한 외무성 대변인은 북·미 대화가 진행되면 장거리 미사일 시험발사를 중단할 것이라고 밝혔다(KCNA 2006h).

둘째, 중국의 영향력으로부터 북한이 벗어나 있음을 공개적으로 과시하고자 했다. 즉 중국에 압력을 가해 북핵문제를 해결하고자 하는 부시 행정부 매파들의 견해가 적절하지 않다는 것을 보여주고자 했다.

그럼에도 불구하고 벼랑끝전술에 관한 이전 미국 정부의 대응과 달리, 부시 행정부는 북한 미사일 시험 발사 이후에도 북·미 대화에 응하지 않았다. 럼스펠드(2011: 615)는 미국의 영토를 위협하는 북한 미사일을 요격할 준비가 되어 있다고 발표했는데, 이것이 북한의 행동을 악화시킬 수 있었다. 더욱이 중국과 러시아가 유엔안보리결의안 1695호에 찬성했는데, 이 결의안에는 대북 기술이전 제한과 금융제재가 포함되어 있었다.

이 결의안을 통해 유엔은 1993년 이후 처음으로 북한을 제재했다. 이는 미사일을 이용한 북한의 벼랑끝전술이 제대로 기능하지 않았음을 보여주는 대목이다. 북한의 미사일 시험발사는 북한에 대한 중국의 비관용적인 태도를 더욱 강화시켰다. 유엔안보리결의안 1695호에 찬성표를 던진 유엔주재 중국대사 왕광야(Wang Guanya)는 북한에 강력한 메시지를 보내는 데에도 동의했다(Xinhua 2006a).

북한 미사일 발사에 대한 부시 행정부와 중국 정부의 입장을 고려해 보면 북한은 중국에 편승하든지 아니면, 벼랑끝전술의 강도를 높이든지 둘 중 하나를 선택할 필요가 있었다. 결국 김정일 정부는 후자를 선택했다. 북한 공식매체가 핵실험 의사를 표명한 후 6일이 지난 2006년 10월 9일, 북한은 핵실험을 단행했다. 핵실험 의사를 밝힌 시점부터 실제 핵실험 시점 사이에, 미국은 북한 핵실험이 초래하게 될 부정적인 결과와 관련하여 북한에 경고했다(Office of the Press Secretary 2006). 라이스는 북한 핵실험을 '매우 도발적인 행위'로 지칭했다(Kauffman 2006).

중국은 북한에 핵실험 자제를 요청했다(Le 2006a). 핵실험 이틀 후 발표된 성명에서, 북한은 미국과의 신뢰가 구축되어 있는 동안에는 핵 억지력이 필요하지 않다고 밝혔다. 이는 북·미 평화공존을 암시하는 것으로서(KCNA 2006i) 핵실험의 주요 목표가 부시 행정부임을 분명히 보여주는 부분이었다.

한편, 핵실험 날짜는 중국도 북한의 주요 표적임을 보여주었다. 핵실험 바로 전날, 새로 취임한 일본수상 아베가 중국을 방문했다. 이는 일본수상으로 선출된 이후 아베의 첫 순방이었다. 보도에 따르면, 북·중 협력이 거의 존재하지 않던 시점에 이루어진 아베 수상의 중국방문으로, 중·일 관계에 새로운 시대가 열렸다.[11] 따라서 북한 핵실험은 중국의 북동

---

11) 아베의 중국 방문을 과소평가할 수 없을 것이다. 고이즈미 수상 당시 중·일 관계는 극도로 긴장되어 있었다. 야스쿠니 신사를 고이즈미가 지속적으로 방문했기 때문이었다. 후진타오와 여타 중국 관리들 그리고 중국 언론은 아베의 중

부 지역이 위험해질 수 있음을 중국에 상기시켜주는 역할을 했다. 6자 회담이 중단되고, 중국의 지원도 사라지자 북한은 고립무원의 신세가 되었다. 유엔안보리결의안 1695호에 대해 중국과 러시아가 거부권을 행사하지 않으면서, 북한의 고립 상태는 더욱 심화되었다. 하지만 이러한 상황은 1차 핵실험 이후 완전히 달라졌다. 1차 핵실험 직후 6자 회담이 다시 열렸던 것이다.

(3) 거듭된 제휴 거부

북·중 제휴는 미사일 위기의 세 번째 국면에서 급격히 약화되었다. 그렇다고 미국을 겨냥한 북한과 중국의 암묵적인 균형 유지 행위가 사라진 것은 아니었다. 중국은 여전히 북한 붕괴를 초래할 정도의 김정일 정부에 대한 압박 행위에 반대하고 있었다. 그러나 북한은 이전의 위기 국면 때와 마찬가지로, 북·중 공조를 통해 자국의 대외정책 목표를 진전시키고자 하지 않았다. 마찬가지로 후진타오 정부도 북한을 여타 국가와 동일한 방식으로 취급하기 시작했다. 북한은 또한 대한민국 또는 러시아와의 접촉을 통해 미국과 균형을 유지하려 하지도 않았다.

세 가지 난국을 거치면서, 북한은 협력이 제한적인 의미만 있다는 사실을 이해하게 되었다. 첫 번째 난국 기간인 2005년 10월 28일부터 30일 사이에 후진타오가 북한을, 2006년 1월 10일부터 18일까지 김정일이 중국을 방문했다. 이들 두 방문은 사무적인 분위기에서 진행되었다. 후

국 방문으로 인해 고이즈미의 행동으로 야기된 중·일관계의 정체현상이 종결되었음을 강조했다(China Daily 2006b, 2006c).

진타오의 북한 방문은 2001년 9월의 장쩌민의 방문 이후 중국주석이 북한을 방문한 최초의 경우였다. 따라서 북한 언론매체들은 북·중의 긴밀한 관계를 강조하면서, 정상회담 개최를 축하했다(KCNA 2005e, 2005g).

반면에 중국 언론매체는 후진타오와 김정일 간의 회담에서 나온 실제 결과에 초점을 맞추는 등, 보다 자제된 형태로 보도했다. 특히 중국 언론매체의 주요 초점은 북한이 6자 회담의 다섯 번째 라운드에 동참하기로 했다는 부분이었다(Xing and Jiang 2005).

2006년 1월에 있었던 김정일의 중국 방문도 실용적인 성격이었다. 방문 목적은 1978년에 시작된 중국 경제개혁의 성과를 직접 확인하는 것이었다. 김정일은 당시 개혁으로 혜택을 받은 중국의 몇몇 남부 도시를 방문했다. 여기에는 광저우(廣州), 선전(深圳), 우한(武漢), 주하이(珠海)가 포함되었다(KCNA 2006c; Onishi 2006a).

당시 중국 관리들은 김정일의 중국 방문이 경제적 측면에 초점이 맞추어져 있다고 언급하는 한편, 김정일이 북한 노동당의 고위 관리들과 부서 책임자들을 대동했다는 점에 주목했다. 당시 북한사절단에는 군인이 포함되어 있지 않았다. 2001년 이전까지만 해도 김정일의 중국 방문 사절단의 40% 정도가 군 장교였다는 사실과 구별되었다(Funabashi 2007: 438).

2005년 11월 9일부터 11일까지의 제5차 6자 회담과 2006년 2월 4일부터 8일까지의 북·일 관계 정상화 회담이 연성균형에 대한 북한의 신념에 타격을 주었다. 제5차 6자 회담은 북한과 미국 대표단 간의 충돌로 점철되었다. 이는 방코델타아시아에 가해진 금융제재와 관련하여, 미국의 6자 회담 대표단이 부시 행정부의 입장을 바꿀 능력이 없었기 때문이었다. 북·일 관계 정상화에 관한 어떤 합의도 이루어지지 않았다. 심지어 차기 회담 일정도 채택하지 못했다.

관계 개선에 관한 고이즈미의 희망에도 불구하고 일본인 납치 문제로 인한 일본 내부의 제약으로 일본은 북·일 관계 정상화를 겨냥한 더 이상의 조치를 취할 수 없었다. 일본 외무성 대변인은 일본인 납치 문제가 해결되기 이전에는 다른 문제를 논의할 수 없다는 사실을 강조했다(Taniguchi 2006).

주변국들과의 제휴에 관한 북한의 신념에 상처를 준 마지막 부분은 방코델타아시아에 대한 미국의 대북 금융제재에 중국이 동의했으며 유엔 제재를 중국, 러시아, 대한민국이 지지했다는 사실이었다.

방코델타아시아가 중국 영토에, 즉 중국의 사법권이 미치는 지역에 있었기 때문에 미 재무성은 방코델타아시아 북한계좌 동결을 위해 중국의 동의가 필요했다(Fifield and Kirchgaessner 2006; Lim 2006). 사실 북한 핵실험 이후 몇 달 뒤, 중국도 중국은행에 있던 북한자금의 안전을 위협하는 방식으로 북한을 압박했다.[12]

2. 6자 회담 9.19 공동성명 이행협정 추구(2006. 10~2007. 2)

2006년 10월 9일에 단행된 북한 1차 핵실험은 북·미 협상의 역학관

---

12) 부시 행정부 당시 북한 관련 정책에 참여했던 미국 관리들과의 인터뷰(2008년 3월 19일, 2008년 4월 3일, 워싱턴 D.C.). 2000년대 대북정책 관련 한국 관리들과의 인터뷰(2008년 8월 8일, 서울).

계를 바꾸었다. 1차 핵실험 이후 북한은 벼랑끝전술을 중단하고 수정된 6자 회담 레짐으로 복귀했다. 또한 여타 동북아 국가들과의 제휴 가능성을 포기했다. 1차 북한 핵실험이 북·미 관계에 대한 북한의 사고에 오랫동안 영향을 주었다. 추후 살펴보겠지만, 북한은 자국의 궁극적인 대외정책 목표로 북·미 관계 정상화를 지속적으로 추구하고 있었다. 1차 핵실험을 통해 향상된 핵능력을 보유하게 되면서 김정일 정부는 외압에 대항할 수 있는 강력한 억지력을 구비하게 되었다. 따라서 북한은 1차 핵실험 성공 이후부터는 북·미 외교관계 정상화에 대한 조건으로 핵 프로그램 중지를 언급하지 않았다.

1차 북한 핵실험(2006.10.9.)부터 6자 회담 2.13 합의(2007.2.13.)까지의 4개월 동안, 북·미 관계에 영향을 미치는 국제 환경에는 별다른 변화가 없었다. 아프간 전쟁과 이라크 전쟁은 이란 핵문제와 함께 지속되고 있었다. 특히 이란 핵문제가 미국에 중요한 문제로 부각되었다. 이란은 핵 확산 우려를 높였고, 국제원자력기구와의 협력에 실패했다. 결국 2006년 말 유엔안전보장이사회는 이란 제재 결의안 1737호를 채택했다. 중동지역의 이 같은 현안으로 인해, 부시 행정부는 북한 핵위기 해결에 보다 적극적으로 나서게 되었다. 부시 행정부는 이 같은 방식으로 보다 긍정적인 대외정책 유산을 남기길 원했다(Ha 2008; Sevastopulo 2008).

동북아시아에서 중국의 입장에는 변함이 없었다. 북한 핵실험으로 김정일 정부와 후진타오 정부가 보다 소원한 관계가 되었다. 결과적으로 중국은 2006년 10월의 1차 북한 핵실험 이후 북한에 대한 유엔안전보장이사회 제재안에 거부권을 행사하지 않았다. 중국이 이란 제재에 동의했다는 사실은 중국의 대외정책이 보다 사무적으로 변했음을 암시한다. 중국의 새로운 입장과 일본의 아베 정부 등장(2006년 9월)은 북한의 지역 내 고립을 보다 강화시켰다. 아베는 자신의 전임자인 고이즈미와 비교하여 북한에 보다 강경한 입장을 취했다. 여기에는 1차 북한 핵실험 이후 북한을 단독으로 제재했다는 사실이 포함되어 있었다(Green and Szechenyi 2007).

그러나 당시 부시 행정부 내부에서 중요한 변화가 있었다. 2006년 11월의 중간선거에서 공화당이 대패했던 것이다. 부분적으로 이는 유권자에게 이라크 전쟁이 인기가 없었다는 사실에 기인했다(Gartner and Segura 2008). 선거 다음날 부시(2006)는 국방부장관 럼스펠드의 사퇴 의사를 수용한다고 발표했다. 럼스펠드는 2006년 12월부로 사퇴했다. 2006년 11월에는 볼턴 유엔주재 미국대사도 사임했다. 이들 두 명의 사임으로 부시 행정부에서 매파들의 입지가 약화되었다.

북한과 북한 핵위기에 대한 미국의 정책이 급격히 변했으며, 비둘기파들의 선호에 보다 가까워지기 시작했는데 이는 전혀 놀라운 일이 아니었다. 6자 회담 아젠다에 포함되어 있던 방코델타아시아에 대한 제재가 해제되었으며 6자 회담이 재개되었다. 더욱이 북·미 양국은 클린턴 행정부 이후 중지되었던 양자회담을 시작했다. 이들 회담은 6자 회담 레짐에서 필수적인 부분이 되었다.

2006년 10월의 핵실험 직후 몇 달 동안, 북한은 자국의 행동방식을 급격히 바꾸었다. 김정일 정부는 벼랑끝전술을 포기했으며, 6자 회담 레짐에 그리고 중국과의 제휴에 초점을 맞추었다. 북한은 또한 6자 회담 레짐에 평화공존이란 개념을 도입하고자 노력했으며, 2007년의 2.13 합의에 평화공존을 포함시키는데 성공했다. 이 같은 목표 변경은 2006년에도 분명했다. 1차 핵실험 이후 북한이 '복잡한 학습' 과정에 착수했음을 협상 전술의 극적인 변화에서 확인할 수 있었다. 북한의 인지구조는 2006년 10월의 1차 핵실험 이후 초래된 파장을 처리할 수 있는 수준이었다. 더욱이 미국과의 협상과정에서 상황을 고려할 정도로 북한의 전술이 보다 재치 있게 변했는데 이 같은 북한의 변화를 저지할 수 있을 정도의 장애물은 없었다.

1) 북한의 목표; 북·미 외교관계 정상화

이미 논의한 바처럼 북한은 2006년 10월의 핵실험 이전과 직후에 평화공존을 촉구했다. 그 후 3주 뒤인 10월 31일, 6자 회담의 북·미 대표인 김계관과 크리스토퍼 힐은 베이징에서 중국 관리들과 회동했다. 북한 외무성 대변인은 미국이 방코델타아시아 문제 해결을 약속할 경우 북한이 6자 회담에 복귀할 것이라고 선언했다(KCNA 2006n). 이 회동 직후인 11월 26일부터 28일까지 북한, 미국, 중국 특사들이 베이징에서 만나 테러지원국 명단에서 북한을 해제하는 문제를 처음으로 직접 논의했다(조선일보 2006).[13]

2006년 11월 18일부터 22일까지 진행된 6자 회담에서 결정적인 합의는 있지 않았다. 그러나 북한은 이 회담을 통해 미국의 정책변화를 확인할 수 있었다. 미국은 북·미 양자회담과 평화공존에 도달할 수 있는 양

---

13) 2000년대 당시 북한 관련 정책에 참여했던 대한민국 관리와의 인터뷰(2008년 10월 30일, 런던).

보를 진지하게 고려할 의향이 있었다(Hill 2006c, 2006b).

회담 마지막 날인 2006년 12월 22일, 북한은 중국이 아닌 지역에서 북·미 양자회담을 가질 것을 미국에 제안했으며, 부시행정부가 여기에 동의했다.[14] 이에 따라 2007년 1월 16일과 17일 김계관과 힐은 베를린에서 양자회담을 했다. 이 회담에서 김계관은 테러지원국 명단에서 북한을 삭제하는 문제와 적성국교역법 적용 대상 국가에서 북한을 제외하는 문제를 제기했는데, 이들 가운데 북한은 테러지원국 명단 삭제를 보다 강조했다.

북한은 이 조건을 미국이 수용할 경우 자국의 핵 프로그램 해체 작업을 시작할 것이라고 약속했다(Kessler and Cody 2007; Pritchard 2007b; Yardley 2007). 미국은 김계관의 이 제안들을 받아들였으며, 6자 회담 참석자 전원이 동의한 2007년 2.13 합의 내용에 포함시켰다. 사실 2.13 합의가 발표되기 몇 달 전부터 북한은 테러지원국 명단에서 자국을 삭제하는 문제에 관심을 표명해 왔다(Hill 2007a).

그 후부터 2차 북한 핵위기가 종료되는 시점까지 북한은 테러지원국 명단에서 북한을 삭제함으로서 북한과의 평화공존 의사를 밝혀줄 것을 미국에 지속적으로 요구했다.

한편 부시 행정부는 보다 명확히 정의된 목표를 발전시키기 시작했는데, 이는 '외교와 대화를 통한 북한 비핵화'였다. 이 같은 목표는 2007년과 2008년 전반에 걸쳐 보다 명확해졌다. 사실 이는 1994년의 북·미 제

---

14) 부시 대통령 당시 북한 관련 정책에 참여했던 미국 관리와의 인터뷰(2008년 4월 3일, 워싱턴 DC).

네바 합의에 포함되어 있던 중요한 내용 가운데 하나였다.

북·미 제네바 합의에는 1992년에 남·북한이 서명한 '한반도 비핵화 공동선언' 이행에 필요한 조치를 북한이 강구해야 한다는 표현이 명시되어 있었다. 이 목표는 2005년 9.19 공동성명과 2007년 2.13 합의문에 재차 포함되었다.[15]

미 행정부의 비둘기파들이 추구한 가장 중요한 목표 가운데 하나였던 북한의 비핵화는 북한 핵실험 이후부터 부시 행정부 마지막 몇 년 동안 미국의 궁극적인 목표가 되었다. 매파들은 이 같은 목표에 도전할 수 있는 입장에 있지 않았다. 2007년 중반 매파들이 비둘기파에 도전했지만, 라이스 국무장관과 힐의 강력한 지원을 받은 비둘기파의 힘의 우세로 인해 별 성과를 거두지 못했다. 따라서 대화와 외교를 통한 비핵화 달성이라는 목표와 견줄 수 있는 또 다른 목표는 있지 않았다. 특히 김정일 정부의 강제 제거라는 목표는 설 자리가 없었다.

2) 평화공존을 달성하기 위한 북한의 행동

(1) 6자 회담 레짐으로의 복귀

6자 회담 다섯 번째 라운드 첫 번째 회담이 2005년 11월에 시작된 이후 13개월 동안 난항을 거듭하다가 2006년 12월에 두 번째 회담이 재개되었다. 이 두 번째 회담에서 북한은 6자 회담 레짐의 부적절성을 더욱

---

15) Initial Actions for the Implementation of the Joint Statement, 13 February 2007.

확신하게 되었다.[16] 왜냐하면 이 회담에서 북한 비핵화와 북·미 간의 외교적 화해 촉진 측면에서 6자 회담이 많은 문제가 있음이 드러났기 때문이다. 6자 회담 레짐의 수정 필요성이 보다 분명해졌다.

2006년 12월 회담 이후, 6자 회담 레짐의 의사결정 절차에 대한 주요 변화가 있었다. 2007년 1월 16일과 17일 미국과 북한은 6자 회담의 틀 밖에서 회동하여, 나머지 4개국 대표들이 논의하여 비준할 협약에 합의했다. 이는 절차적 측면에서 두 가지 변화를 의미했다. 첫째, 북한과 미국은 6자 회담 틀을 벗어나 양자회담을 개최했다. 물론 이전에도 6자가 베이징에 모인 가운데 북·미 양자회담이 이루어지기도 했다. 하지만, 이 회담은 매우 짧게 이루어졌으며, 다른 4개국의 간섭을 받았다. 하지만, 힐과 김계관 간의 2007년 1월의 회담은 베를린에서 열렸으며 여타 당사국 대표들은 참석하지 않았다. 보다 중요한 부분은, 이들 양국 대표가 나머지 4개국 대표들과 논의해야 할 6자 회담 레짐의 목표 및 규칙과 관련된 합의에 도달했다는 사실이다.[17] 이를 통해, 나머지 4개국 대표는 6자 회담에 새롭게 추가된 의사결정 과정에서 효과적으로 배제되었다.

부시 행정부의 비둘기파들은 6자 회담의 새로운 의사결정 과정을 지원하는 입장이었다. 이들은 북한 핵위기 상황에서 미국의 대북정책을 지시하고자 했다. 비둘기파들은 북·미 양자대화가 북·미간의 공통된 합의

---

16) 부시 대통령 당시 북한 관련 정책에 참여했던 미국 관리와의 인터뷰(2008년 3월 24일, 워싱턴 D.C.) 2000년대 당시 북한 관련 정책에 참여했던 대한민국 관리와의 인터뷰(2008년 8월 4일, 서울).

17) 부시 대통령 당시 북한 관련 정책에 참여했던 미국 관리와의 인터뷰(2008년 4월 15일, 런던) 2000년대 당시 북한 관련 정책에 참여했던 2명의 대한민국 관리와의 인터뷰 (2008년 8월 8일, 2008년 8월 26일, 서울).

에 도달할 수 있도록 해주기 때문에 매우 유익하다고 판단했다.[18] 클린턴 행정부 당시에도 북·미 양자회담이 개최되었으며 이들 회담을 통해 양국이 서로를 보다 잘 이해할 수 있었다. 비둘기파들은 이 부분을 잘 알고 있었으며, 결과적으로 김정일 정부와 접촉하기 위한 유사한 메커니즘을 추구했다.

당시 의사결정 절차의 두 번째 변화로 인해 6자 회담이 영향을 받았다. 2007년 2월 6자 회담 다섯 번째 라운드에서는 북한과 미국이 합의한 제안을 다루었다. 이전의 6자 회담에서는 북한과 미국이 자국의 제안들을 협상테이블에 올렸으며 여타 당사국들 또한 자국의 제안을 발표했다. 이에 반해, 2007년 이후 김정일 정부와 부시 행정부는 6자 회담 전체회의 전에 북·미 양국 모두가 수용할 수 있는 협약을 매듭짓기 위해 협력했다. 그 후 북·미제안은 6자 회담 전체회의에서 수정을 거친 후 당사국들이 승인했다. 그러나 이들 수정은 북·미가 제안한 최초 안의 성격에 영향을 미치지 않았다(Cha and Kelly 2008; Pritchard 2007a: 159).

2007년 2월 13일 6자 회담에서 발표된 '2.13 합의(공동성명 이행을 위한 초기 조치들)'에서는 북한과 미국이 6자 회담 전체회의 전에 미리 제안사항을 합의하는 새로운 절차를 더욱 공식화했다. 이 합의를 통해 '행동 대 행동(Action for action)'이라는 규칙이 6자 회담 내에서 제도화되었다.[19] 북한 비핵화와 궁극적으로 북·미 외교관계 정상화가 이루어지기 위해서는

---

18) 부시 대통령 당시 북한 관련 정책에 참여했던 미국 관리와의 인터뷰(2008년 3월 24일, 워싱턴 D.C.).

19) '2.13 합의(Initial Actions for the Implementation of the Joint Statement, 13 February 2007)'

상호 협조적이며 점증적인 단계들이 강구되어야 했다.

'행동 대 행동' 규칙은 북한이 평화공존이란 목표를 달성하는 순간까지 6자 회담 레짐에서 중심적인 부분이 될 예정이었다. 이 규칙을 도입하기 이전에는 개개 당사국이 합의한 의사결정 사항의 이행 방법이 불분명했다. 이 규칙의 도입은 북한이 비핵화를 향해 특정 단계들을 취하는 경우 평화공존이 달성될 수 있다는 것을 보여주었다.

북한은 자국의 새로운 목표를 6자 회담 목표에 성공적으로 통합시켰다. 2007년 2.13 합의문에는 '테러지원국 명단'에서 북한을 삭제한다는 부분과 '북한에 대한 적성국교역법 적용을 종료'한다는 부분이 구체적으로 언급되어 있었다.[20] 이들 두 조치는 북·미 평화공존과 대등한 의미가 있었다. 따라서 2007년 2월 이후 평화공존은 6자 회담 레짐의 주요 목표 가운데 하나가 되었다. 북한은 벼랑끝전술로는 평화공존을 달성할 수 없다는 사실을 학습했다. 분명한 목표, 보다 분명히 정의된 레짐, 보다 수용적인 의사결정 절차가 훨씬 유용하다는 사실도 깨닫게 되었다.

(2) 이것이 제휴인가?

북한 핵위기의 세 번째 국면에서 동북아지역 국가들과 북한의 관계가 약화되었다. 2006년 10월의 북한 핵실험 이후, 중국과 러시아는 북한에 새로운 제재를 부과하는 유엔안전보장이사회 결의안 1718과 관련하여 거부권을 행사하지 않았다. 이것을 통해 중국과 러시아는 북한의 행동과 무관하게 외교적으로 무조건 지원하는 일이 더 이상 없을 것임을 분명히

---

20) Ibid.

보여주었다. 대한민국도 북한 핵실험 이후, 유엔의 대북 제재에 반대하지 않았다.

한편, 중국의 후진타오 정부는 북한의 생존을 지속적으로 보장했다. 왜냐하면 이것이 자국의 이익에 부합되었기 때문이었다. 하지만 중국은 북한의 도발을 더 이상 간과하지 않기로 결정했다(Pollack 2011: 149-50). 그럼에도 불구하고, 북한 핵실험 여파를 처리하는 과정에서 중국의 도움이 매우 유용했다. 자신의 행위로 인해 북한이 더욱 고립될 수도 있던 상황에서, 중국은 북한 핵위기의 외교적 해결을 장려했다.

후진타오는 탕자쉬안 및 우다웨이와 같은 거물급 인사가 포함된 고위급 사절단을 북한에 보내 김정일과 회동하게 했다(KCNA 2006m). 이 회동 직후 중국은 북한 및 미국과의 3자 회담을 주관했으며, 3자 회담 이후 6자 회담이 재개되었다(Ibid: 2006n). 중국은 북·미 사이에 중도적인 입장을 견지하기로 결정했으며, 미국이 북한 핵문제 해결을 주도해 나가도록 상황을 조성했다(Pollack 2011: 150).

2006년 10월의 핵실험 이후 몇 주 동안 진행된 북·중 협력은 핵무기를 이용한 북한의 벼랑끝전술로 북·중 관계가 거의 붕괴 직전까지 갔던 것에 대한 반작용이었다. 후진타오 정부는 핵실험이 비생산적이며, 엄청난 도발임을 김정일에게 분명히 말했다.[21] 중국 외무부장관은 북한 핵실험을 가장 강력한 어조로 비난했다(China Daily 2006c).

그러나 중국 외교담당 국무위원 탕자쉬안을 대표로 한 사절단의 북한

---

21) 2000년대 당시 북한 관련 정책에 참여했던 중국 관리와 인터뷰(2009년 4월 22일, 런던) 부시 대통령 당시 북한 관련 정책에 참여했던 미국 관리들과의 인터뷰(2008년 3월 19일, 2008년 4월 3일, 워싱턴 D.C.).

방문으로 북한과 중국이 어느 정도 공감대를 형성할 수 있었다. 하지만 그 후 북·중 제휴는 유지되지 않았다. 따라서 북한은 당시의 북한 핵실험으로 인해 부시 행정부와의 접촉이 지장 받지 않도록 할 목적에서 중국과 짧은 기간 동안 제휴한 듯 보인다. 한 가지 중요한 부분은, 북한이 미국을 상대할 목적으로 러시아와 대한민국의 지원을 추구조차 하지 않았다는 사실이다. 이는 양자회담에서 미국과 접촉할 수 있게 되는 경우, 북한이 미국을 겨냥한 여타 국가들과의 연성균형에 별다른 관심을 갖지 않음을 분명히 보여주는 부분이다.

(3) 굿바이 벼랑끝전술

2006년 10월의 1차 핵실험 이후 북한은 또 다른 벼랑끝전술을 자제했다. 미국의 접촉 거부, 대북 유엔안전보장이사회 제재 결의에 대한 중국과 러시아의 찬성, 중·일 관계 개선 움직임이 북한을 더욱 고립시켰다. 그러나 핵을 이용한 벼랑끝전술은 이전의 벼랑끝전술의 경우와 마찬가지로 동북아 국가들로 하여금 북한에 재차 관심을 갖도록 하는 이점이 있었다. 또한 북한의 1차 핵실험은 김정일 정권의 붕괴를 초래할 압박을 선호했던 부시 행정부의 매파적 접근이 실패했음을 보여주는 효과가 있었다.

북한 핵실험 직후 형성된 상황은 북한의 계산이 틀렸음을 보여주는 것처럼 보였다. 북한을 제외한 6자 회담의 나머지 5개국은 북한 핵실험을 강력히 비난했다. 이외에도 유엔안전보장이사회는 곧바로 북한에 대한 가장 강력한 제재를 담은 결의안 1718을 통과시켰다. 김정일 정부 입장에서 보면 괴로운 부분이었지만, 중국은 북한 핵실험을 수용할 수 없으며, 북한의 핵무기 프로그램을 포기시키도록 할 목적에서 미국과 공조하는 자세를 보였다(China Daily 2006c).[22]

그러나 이미 논의한 바처럼, 북한 핵실험은 북한이 자국의 목표를 달성하는데 도움이 되는 방향으로 6자 회담의 틀을 바꾸어 놓았다. 더욱이 핵실험은 부시 행정부에서 비둘기파의 부상 시기와 일치했다.

북한은 부시 행정부의 비둘기파와 매파 간의 분할을 이해하고 있었을 뿐 아니라, 라이스와 힐의 점차적인 영향력 증대로 비둘기파의 결정권이 증대되고 있다는 것도 잘 알고 있었다. 마찬가지로 김정일 정부는 중동 지역 상황이 부시 행정부 매파의 입지에 영향을 주었다는 사실을 올바로 인지했다.

북한은 중국의 새로운 대외정책에 관해서도 잘 알고 있었다. 대외정책 측면에서의 이 같은 변화가 북·중 양자협력을 약화시켰다. 왜냐하면 중국은 다양한 국제문제들을 놓고서 뿐만 아니라 여타 열강과 자국의 관계를 놓고 자신의 입장을 효율적으로 조직해야 하는 입장에 있었기 때문이다. 이 같은 사실로 인해 중국은 안정을 저해하는 북한의 행위를 지원할 의향이 점차 없어졌다. 따라서 2006년 10월의 북한 핵실험 이후부터 부시 대통령 임기가 종료되는 순간까지 북한은 더 이상 벼랑끝전술을 구사하지 않았다. 미국이 6자 회담 합의에 명시된 자국의 책임을 이행하지 않고 있다고 느끼는 경우에만 북한은 벼랑끝전술 사용 가능성을 언급했다.

---

22) 부시 대통령 당시 북한 관련 정책에 참여했던 미국 관리들과의 인터뷰(2008년 3월 28일, 2008년 4월 3일, 워싱턴 D.C.).

3. 2.13 합의 시점부터
북한의 테러지원국 명단 삭제 시점까지(2007. 3~2009. 1)

부시 행정부 당시의 제2차 북한 핵위기의 마지막 단계는 2007년 3월에서 2009년 1월 사이에 있었다. 이 단계는 2006년 10월의 북한 핵실험 여파와 2006년 11월의 미국 중간선거 여파로 진행된 2007년 2.13 합의 이후 시작되어, 오바마 대통령 취임과 함께 막을 내렸다.

이 단계 도중인 2008년 6월 미국은 북한을 '적성국교역법' 대상국가에서 삭제했으며, 2008년 10월에는 '테러지원국' 명단에서 제외시켰다. 이를 통해 상징적이긴 하지만 북한은 북·미 간의 평화공존을 달성했다. 평화공존이라는 목표를 달성한 이후 북한은 오바마 행정부가 출범할 시점까지 관망 자세를 취했다.

미국의 대북정책 형성에 영향을 미친 주요 국제체제 요인은 중동지역의 상황 악화였다. 이라크 전쟁과 아프간 전쟁이 지속되고 있었으며, 이란 핵문제가 교착상태에 빠졌다. 특히 이라크 상황은 2007년 말이 되어서야 개선되기 시작했다(Johnson 2008a). 그것도 부시 대통령이 이라크 안정을 위해 병력을 더 투입할 것을 명령한 이후에야 가능했다(Bush 2007a). 당시에서조차 미국의 여론은 이라크 전쟁에 그다지 우호적이지도 않았다. 아프간 분쟁의 경우는 2007년과 2008년 전반에 걸쳐 사실상 상황이 악화되고 있었다(Mullen 2009).

이란 핵 프로그램 관련 대화도 2006년부터 2008년 사이에 별다른 진전이 없었다. 이란 핵문제의 교착상태가 이란을 겨냥한 유엔안전보장이사회 제재 결의안 3건, 즉 결의안 1737(2006.12), 결의안 1747(2007.3),

결의안 1803(2008.3) 채택에 주요하게 작용했다.

이란과 국제원자력기구는 2007년 8월에 나름의 협약에 도달했다. 이 협약에서 이란은 핵 물질을 군사적 목적으로 전용하지 않는다는 것을 보장하기 위한 안전장치와 투명성 보장 방안 이행에 동의했다(IAEA 2007). 그러나 미국은 이란 정권에 대한 의혹을 지속적으로 제기했다. 결과적으로 2008년 3월 새로운 제재가 실행되었다.

결국, 미국 외교관들은 북한 핵위기 종료를 추구함과 동시에 적대적 성격의 이란과 대적해야 하는 상황에 놓여 있었다. 미국의 고위 관리들이 이란 위기 해소와 북한 위기 해소를 공개적으로 연계시키기 시작했다(Burns 2006; Rice 2006d). 협상을 통한 북한 핵위기 해결이 이란 문제 해결의 한 가지 사례로 제시될 수도 있었다.

북한 핵위기 진전에 영향을 미친 또 다른 요소는 2008년의 미국 대통령 선거였다. 이미 2007년 초반부터 부시는 점차 '레임덕' 현상을 보이고 있었다. 이 같은 현상은 오바마가 민주당 대통령 후보가 되고 여론조사에서 당선 가능성이 높아지면서 보다 분명해졌다. 선거 유세 당시 오바마(2007a, 2008)는 북한과 대화할 것이며, 필요하다면 북한을 방문하기조차 할 것이라고 선언했다.

이들 선언으로 인해 북한 핵위기의 역학구조가 변했다. 북한은 점차 부시 행정부에 필요 이상의 양보를 하고자 하지 않았다. 오바마 행정부가 보다 쉬운 협상 상대일 것으로 기대한 것이다. 클린턴 행정부 당시 국가안전보장회의 참모였던 골드기어(James M. Goldgeiere)가 주목했듯이, 새로운 대통령이 이미 선발된 상태에서 다른 국가들이 퇴임 행정부의 비위를 맞추고자 노력할 이유는 없었다.[23] 부시 행정부 말기에 북한이 보여준 행동이 이 같은 골드기어의 진술과 정확히 일치했다.

부시행정부 당시의 북한 핵위기의 마지막 단계에서 국내외 상황 진전으로 힘이 약해진 매파들은 북한을 다루기 위해 상징적인 외교적 압박에 호소할 뿐이었다. 북한 핵실험 직후 결의된 유엔안전보장이사회 제재는 거의 즉각 무시되었다(Onishi 2006d). 또한 2007년 중반에는 방코델타아시아 문제가 해결되면서, 이 은행에 동결되어 있던 북한 자금이 김정일 정부로 되돌아갔다(Greenlees 2007). 결과적으로 매파들은 북한인권 상황을 비난하기로 결정했다. 레프코비치(Lefkowitz)는 이 전략의 '중심인물'이었다.

한편, 비둘기파는 두 가지 전술을 선호했다. 첫째, 실질적인 협상이 가능하도록 양자협상과 다자협상을 적절히 통합하고자 했다. 형식적인 선언문 채택에서 벗어나, 보다 실용적인 협상을 진행하고 이를 통해 실질적인 문제에 관한 현실적인 결정이 가능해지도록 노력했다.[24] 둘째, 점진적인 형태의 경제 및 정치적 인센티브 사용을 선호했다. 이것이 2007년 2.13 합의에서 공식화된 '행동 대 행동' 규칙을 개발하는 과정에 반영되었다.[25] 비둘기파들은 자신의 정책 선호를 촉진시키기에 보다 좋은 입장

---

23) Johnson(2008b)에서 인용.

24) 부시 대통령 당시 북한 관련 정책에 참여했던 미국 관리와의 인터뷰(2008년 4월 3일, 워싱턴 D.C.).

25) '행동 대 행동(Action for Action)' 규칙은 비핵화를 겨냥하여 북한이 취한 모든 조치에 여타 상대방들이 화답하는 형태의 프로세스를 지칭한다. 따라서 6자 회담의 모든 당사자들, 특히 북한과 미국은 상대방의 조치에 대응하여 점증적인 형태의 양보를 해야 한다는 제약을 어느 정도 받게 된다.

에 있었으며, 결과적으로 자신들이 선호하던 전술을 이행할 수 있었다.

따라서 보다 영향력이 있었던 비둘기파의 입장이 부시 행정부의 대북정책에 반영되었다. 미국과 북한은 6자 회담 틀 밖에서 수차례 양자협상을 진행했는데, 이 협상들은 2007년 1월 베를린 회담에서 형성된 절차에 따라 이루어졌다. 북·미 양자회담은 6자 회담의 또 다른 산물인 2007년의 10.3 합의에도 기여했다. 그 후 2007년 말경과 2008년의 북·미 양자회담은 2.13 합의와 10.3 합의의 이행에 관한 기술적인 부분에 초점이 맞추어졌다. 따라서 2007년 2월과 2008년 12월 사이에 개최된 6자 회담의 6차례 회동에서는 합의안 도출보다는 북·미가 합의한 협약안을 공식화하고 적절히 수정하는 작업이 이루어졌다.[26]

국제상황과 부시 행정부의 행동이 북한의 협상전술 선택에 많은 영향을 주었다. 김정일 정부는 6자 회담 레짐의 요구에 순응했다. 부시행정부가 상호 합의한 협약을 준수하지 않는다고 인식하는 경우에만 북한은 벼랑끝전술 가능성을 언급했다. 그러나 북·미 관계가 개선되고, 중국과 대한민국이 우호적인 대북정책을 실행하자 북한은 지속적으로 제휴를 거부했다.

1) 북한의 목표; 북·미 외교관계 정상화

2007년과 2008년 전반에 걸쳐, 북한은 궁극적인 목표인 북·미 외교

---

26) 부시 대통령 당시 북한 관련 정책에 참여했던 미국 관리와의 인터뷰(2008년 3월 24일, 워싱턴 D.C.). 2000년대 당시 북한 관련 정책에 참여했던 대한민국 관리들과의 인터뷰(2008년 8월 9일, 서울).

관계 정상화보다 중간 단계 목표인 북·미 평화공존에 초점을 맞추는 모습을 보였다. 북한은 미국의 '적성국교역법' 적용대상과 '테러지원국' 명단에서 자국을 제외시켜야 한다고 주장했다(Hill 2007b; KCNA 2008h, 2008g).[27] 북한은 또한 이들 조치에 반대하는 매파들을 공격했다(Ibid: 2007a, 2007c, 2008d). 적성국교역법은 1950년 12월 16일에 북한에 적용되었다(Chang 2007: 34).

이 법에 따라 2007년 당시 미국은 북한을 적으로 간주했으며, 거의 60년 동안 북·미 간에 공식적인 무역이 이루어지지 않았다. 북한에 대한 몇 가지 중요한 제재가 아직도 유효한 상태에 있었다. 적성국교역법 적용대상에서의 북한의 삭제는 북·미 평화공존에 관한 미국의 의향을 보여주는 상징적인 부분이었다. 결과적으로 부시 행정부는 2008년 6월 북한을 적성국교역법 적용 대상에서 삭제하기로 결정했으며, 북한은 이 결정을 환영했다(KCNA 2008f).

테러지원국 명단에서 북한을 삭제하는 일은 실용적인 의미뿐만 아니라 상징적으로 보다 중요한 제스처일 수 있었다. 이 책을 저술할 당시에는 쿠바만이 적성국교역법의 적용을 받는 유일한 국가다. 그러나 테러지원국 명단은 특정 정권에 대한 미국의 불만을 표시할 목적으로 사용하는 정치적 수단이다.

북한은 1987년의 대한항공 소속 여객기 폭파사건으로 이 명단에 포함되었다. 그 후 여타 테러 행위와 연계되지 않았으며, 미국에 대한 9.11 테러 공격을 비난했음에도 불구하고(KCNA 2001g) 북한은 이 명단에 지속

---

27)　영국 주재 북한대사인 자성남과의 인터뷰(2008년 3월 4일, 런던).

적으로 포함되어 있었다. 북한은 소말리아 해안에서 미군 구축함이 북한 선박을 구조해준 것을 계기로, '테러와의 전쟁'과 관련하여 북·미 협력 방안에 관해 논의하자고 제안했다(Ibid: 2007b).

결국 북한은 2008년 10월 11일 테러지원국 명단에서 제외되었다. 북한은 이것을 6자 회담 틀 안에서 이루어진 협약의 이행이라고 말하면서 환영했다(Ibid: 2008e). 테러지원국 명단에서의 삭제는 실질적인 의미에서 국제통화기금 및 세계은행과 같은 국제 금융기관으로부터 융자와 대부를 받을 수 있으며, 미국의 특정 원조 프로그램에 지원할 자격을 구비했음을 의미했다.

북·미 외교관계의 직접적인 정상화보다 평화공존에 대한 북한의 열정은 미국 대통령 선거가 다가오면서 더욱 고조되었다. 2008년 당시 김정일 정부는 평화공존 달성에 필요한 부분에 관해서만 기꺼이 양보했다. 이는 민주당 후보가 당선될 경우 북한의 협상 입지가 보다 좋아질 것으로 기대했기 때문일 것이다.

마틴(Martin 2010: 192)이 설명하고 있듯이, 2008년 1월에 오바마가 미국 대통령에 취임하자마자 북한은 평화공존을 촉구했으며, 한반도 비핵화를 위해 노력할 것이라고 약속했다. 그리고 미국에 대한 비방을 중단했다. 더욱이 북한은 차기 미국 행정부와의 보다 좋은 협약체결을 어렵게 만들 수 있는 행동을 자제했다.

당시로부터 1년 전 북한은 대한민국에 유사한 접근방안을 사용한 바 있었다. 대한민국과의 협상에서도 북한은 자국의 목표 달성에 필요한 최소 부분만을 양보했다. 2007년 10월 김정일은 노무현 대통령을 초대하여 몇몇 협약을 맺었는데 이들 협약을 노무현의 후임 대통령, 즉 보수적

성격이 될 가능성이 높은 후임 대통령이 존중해줄 것을 기대했다(Park and Kim 2010: 117-18). 미국에서는 보수에서 진보로, 대한민국에서는 진보에서 보수로 정권이 전환되고 있었지만, 북한은 권력을 상실하고 있던 두 행정부로부터 최대한 많은 것을 얻고자 했다.

부시 행정부 마지막 시기, 비둘기파인 라이스와 힐은 국가안전보장회의에서의 부처 간 논쟁을 우회할 수 있었다. 이들은 자신들이 선호하는 정책들을 매파들과 논의하지 않고 부시와 직접 상대했다.[28] 이로 인해 매파들은 자신들이 선호하는 전술을 제대로 이행할 수 없었다. 매파들이 공식적인 정책 부서를 장악하지 못하고 있었기 때문이다. 이외에도 매파 자체가 부시의 지원을 받지 못하고 있었다.

럼스펠드(2011: 642)가 언급했듯이 미국의 대북정책은 라이스와 힐이 주도하고 있었다. 때문에 이들의 관점이 아닌 다른 관점은 주목을 받지 못했다. 따라서 2007년과 2008년 동안 미국이 추구한 목표는 비둘기파들의 이익과 관심사항을 반영했다. 특히 비둘기파들은 외교적 수단을 통한 북한의 '완전하고 검증 가능하며 돌이킬 수 없는 비핵화(CVID)'를 달성하고자 노력했다.

2007년의 2.13 합의에 서명한 다음날 라이스(2007)는 이 목표를 거론했다. 힐(2007b, 2007c) 또한 부시 행정부 마지막 몇 달 동안 이 목표를 언급했다. 북·미 협상은 이 목표를 달성하기 위한 수단이 되었다. 2007년 6월부터 2008년 12월까지 북한과 미국은 이 목표에 관해 논의할 목적으

---

28) 부시 대통령 당시 북한 관련 정책에 참여했던 미국 관리들과의 인터뷰(2008년 3월 24일, 워싱턴 D.C.).

로 9차례 양자협상을 진행했다.

외교를 통해 '완전하고 검증 가능하며 돌이킬 수 없는 비핵화(CVID)'를 달성할 것이란 미국의 열망은 국내외 상황에 영향을 받았다. 첫째, 이란 핵위기 등 중동지역 상황에 집중해야 할 필요성으로 인해 북한 핵문제에 대한 관심이 상대적으로 줄어들었다. 더욱이 2007년 후반에 시작된 범세계적인 금융위기로 인해 부시 행정부는 다른 사안에 관심을 기울일 여유가 거의 없었다.

둘째, 긍정적인 유산을 남겨주겠다는 부시 행정부의 열망에 따라 미국은 점진적인 양보만을 고려했다. 이란 핵문제 해결에 대한 관심으로 인해, 북한 핵위기는 그것 자체로서 중요한 것이 아니고 일종의 이란 핵위기 해결을 위한 사례로 인식되었다.[29]

부시 행정부가 추구한 궁극적인 목표는 북한 핵무기의 '완전하고 검증 가능하며 돌이킬 수 없는 폐기'였다. 하지만 미국은 2007년 2월에 합의한 '행동 대 행동' 프로세스를 준수했으며 몇몇 부분과 관련해서 양보도 했다. 북한이 영변 핵시설을 동결하자 미국과 대한민국은 에너지와 경제적 지원으로 보상했다. 그 후 북한이 핵 프로그램에 관한 선언문을 발표하자 미국은 적성국교역법 적용 대상에서 북한을 제외시키고, 추가 에너지를 지원하는 방식으로 화답했다. 마지막으로 북한이 영변 핵시설의 불능화를 재개하고, 국제원자력기구 사찰요원들에 의한 북한 핵 프로그램 동결 이행 검증에 동의하자 미국은 북한을 테러지원국 명단에서 삭제했

---

29) 부시 대통령 당시 북한 관련 정책에 참여했던 미국 관리와의 인터뷰(2008년 3월 27일, 워싱턴 D.C.).

다(Cooper 2008).

2) 평화공존 달성을 위한 북한의 행동

(1) 6자 회담 레짐 준수의 유용성

부시 행정부 당시, 북한 핵위기의 마지막 단계에서 북한은 6자 회담 레짐에 새롭게 관심을 표명했다. 이 레짐은 이제 규칙, 규범, 절차 및 목표 측면에서 보다 잘 정의되었다. 2007년 2월과 2007년 9월 회담에서 작성된 합의문의 이행을 위한 초기 조치와 2단계 조치로 인해 이 레짐의 규칙이 공식적인 성격이 되었다.

2007년의 2.13 합의는 '행동 대 행동' 규칙을 제도화했다. 이는 상호 조정된 단계적인 조치를 통해, 궁극적으로 북한 비핵화와 북·미 외교관계 정상화가 달성될 것임을 의미했다. '행동 대 행동' 규칙은 북한이 평화공존이란 목표를 달성하는 순간까지 6자 회담에서 핵심 역할을 할 것이었다. 이 규칙을 도입하기 이전에는 각 당사국들이 합의된 결정사항을 이행하는 방식 측면에서 어느 정도 불확실한 부분이 있었다. 이 규칙의 도입으로 북한이 비핵화를 겨냥한 특정 단계에 도달하는 경우 평화공존을 달성할 수 있음이 분명해졌다. '행동 대 행동' 규칙은 2007년의 2.13 합의에 명시되었으며, 2007년의 10.3 합의에서 보다 구체화되었다.

6자 회담 레짐에 관한 북한의 희망 사항들과 관련하여 말하면, 북한은 북한 핵위기의 이전 국면에서 있었던 목표 변화를 완수했다. 2007년 2.13 합의와 10.3 합의에 '적성국교역법' 적용대상과 '테러지원국 대상'

에서 북한을 제외시킨다는 것이 구체적으로 명시된 것이다.[30] 앞에서 언급한 바처럼, 이들 조치는 사실상 법적으로 북·미 평화공존을 의미했다. 2007년의 2.13 합의 이후 북·미 평화공존은 6자 회담 레짐의 중요한 목표 중 하나가 되었다.

최종적으로, 2007년 2.13 합의를 통해 핵확산금지조약 레짐이 북한이 준수해야 할 국제규범으로 제도화되었다. 2.13 합의에 핵확산금지조약 레짐이 구체적으로 서술되어 있지는 않다. 하지만 국제원자력기구와 북한이 합의한 영변 핵시설 운영 중단 및 봉인조치와 관련하여 감시 및 검증할 수 있도록 국제원자력기구 요원을 북한이 다시 수용한다는 점이 명시되어 있었다.[31] 이미 2007년의 10.3 합의에는 북한이 국제원자력기구 사찰 요원들과 함께 일하고 있다는 사실이 언급되어 있었다.[32] 따라서 북한이 준수해야 할 명확한 규범이 6자 회담 레짐의 일부가 된 것이다(Hill 2007b; Rice 2007).

분명한 것은, 2008년 1월에서 6월까지 북한이 저강도 벼랑끝전술을 전개했다는 것이다. 그러나 이는 북한 핵시설에 대한 북한의 불능화 검증 프로토콜을 미국이 요구한 결과였다. 북한은 이것이 당시 합의사항에 포함되어 있지 않다고 주장하고 있었다(KCNA 2008h). 이들 저강도 벼랑

---

30) Initial Actions for the Implementation of the Joint Statement, 13 February 2007.; Second-Phase Actions for the Implementation of the Joint Statement, 3 October 2007.

31) Initial Actions for the Implementation of the Joint Statement, 13 February 2007.

32) Second-Phase Actions for the Implementation of the Joint Statement, 3 October 2007.

끝전술은 2007년 1월에 형성된 의사결정 절차 덕분에 해결되었다. 이로 써 6자 회담 레짐의 유용성이 재차 입증되었다.

북한과 미국은 2008년 2월부터 4월까지 양자협상을 했다. 이들 협상을 통해, 김정일 정부는 부시 행정부가 수용할 수 있을 정도의 검증 관련 문서를 작성할 수 있었다.[33] 이 같은 메커니즘이 없었더라면 북한과 미국은 새로운 분쟁에 돌입했을 것이다.

2008년 8월과 9월 사이 이 레짐이 또한 북한에 도움이 되었다. 부시 행정부는 북한을 테러지원국 명단에서 삭제하기 이전에 북한에 새로운 양보를 요구했다. 당시 6자 회담 레짐이 효력을 발휘했다. 북한은 미국의 요구를 거부하며, 테러지원국 명단 삭제는 2007년 2.13 합의와 10.3 합의에 명시된 내용이므로 미국이 이행해야 한다고 반복적으로 주장했다 (KCNA 2008h, 2008g).[34]

북한의 2인자인 김영남 상임위원장이 이례적으로 일본의 교토통신과 인터뷰했다. 이 인터뷰에서 김영남은 협약을 제대로 준수하지 않고 있다 며 미국을 비난했다(Lee 2008). 6자 회담의 균형국이자 관리국인 중국도 미국에 약속 준수를 촉구했다(Xinhua 2008a, 2008b). 중국외무성 대변인 류젠차오(Liu Jianchau)는 6자 회담 프로세스를 진전시키고자 하는 경우 미국이 약속한 부분을 준수해야 한다고 주장했다(Ibid: 2008c).

달리 말하면, 중국과 북한은 2.13 합의에 명시된 규칙들을 준수하라 고 한 목소리로 미국에 촉구했다. 미국이 테러지원국 명단에서 북한의

---

33) Press Communique of the Heads of Delegation Meeting of the Sixth Round of the Six-Party Talks, 12 July 2008.

34) 영국 주재 북한대사인 자성남과의 인터뷰(2008년 3월 4일, 런던).

삭제를 거부한 이후에나 북한은 핵확산금지조약 규범을 어겼으며, 2008 년 9월 국제원자력기구 사찰단들을 추방했다(IAEA 2008).

그럼에도 불구하고 이는 북한이 6자 회담 레짐을 파기하기 위한 의도적인 시도가 아니었으며, 미국이 합의사항을 준수하지 않음에 대한 반작용 성격의 조치였다. 당시 북한은 미국이 준수해야 할 의무를 제대로 이행하지 않고 있다고 주장했다. 한편 북한이 테러지원국 명단에서 삭제되면서 평화공존에 관한 자국의 목표가 달성되자, 북한은 국제원자력기구 사찰단의 북한 입국을 재차 허용했다(KCNA 2008i).

'단순학습'을 통해 북한은 북·미 평화공존이란 목표를 포함하고 있는 6자 회담 레짐의 준수가 이 같은 목표를 달성하기 위한 최상의 방안이란 점을 이해할 수 있었던 듯 보인다. 따라서 북한은 이전에 북한에 도움이 되었던 '행동 대 행동' 규칙을 준수했다.

(2) 제휴가 더 이상 필요 없어지다

북한 핵위기 마지막 단계에서 북한은 미국을 겨냥한 연성균형을 거의 추구하지 않았다. 2006년의 북한 핵실험 이후 몇 주 동안 지속되었던 최악의 상황 속에서 북·중 관계가 회복되었다. 그러나 2007년과 2008년 북한은 중국에 편승하여 미국과 세력균형을 추구하는 현상을 그다지 선호하지 않았다. 이미 언급했듯이, 북한은 개별 국가와의 협력 대신 6자 회담 레짐과 저강도 벼랑끝전술에 의존했다.

북·중 대표단 간에 의전상 방문이 있긴 했지만, 이들 방문이 북한의 목표 달성에 활용되지는 않았다.[35] 북한과 중국의 제휴는 상징적인 수준에 그쳤다. 부시 행정부에서 주도권을 장악한 비둘기파들과 북한의 이해관계가 비교적 잘 수렴되면서 북·중 제휴가 불필요해졌기 때문이다. 중국의 신외교 정책에 따라, 중국은 북한과 미국 사이에서 균형자 역할을 추구했다. 동시에 중국은 북한 붕괴 방지 역할을 암묵적으로 지속하고 있었다. 그러나 미국 매파들의 세력 약화와 그에 따른 금융 및 외교적 압박 종식으로, 김정일 정권의 붕괴 가능성이 매우 낮아졌다.

그럼에도 불구하고, 미국은 2.13 합의와 10.3 합의를 이행하면서도 유엔안전보장이사회의 대북제재를 지속적으로 추구했다. 특히 미국은 북한 대량살상무기가 중동지역, 특히 이란으로 이전되는 것을 막고자 노력했다. 즉 미국은 핵실험과 관련하여 북한을 처벌하는 문제와 비교하여 북한의 대량살상무기가 미국의 적국으로 확산되지 않도록 하는 일에 보다 관심이 있었다. 미국은 북한 대량살상무기의 이전 차단과 관련하여 중국의 협력을 요청했지만, 중국은 이를 받아들이지 않았다.[36] 이를 통해, 비록 명시적인 북·중 협력이 이루어지지 않고 있음에도 불구하고 중국이 6자 회담 레짐의 지속 유지에 필요한 수준 이상으로 미국을 지원할 의사가 없음을 알 수 있었다.

북한, 러시아 및 대한민국 간의 제휴도 북·중 제휴만큼이나 미약하고 형식적이었다. 러시아와 대한민국은 북한 붕괴를 방지하기 위해 암묵적으

---

35) 예를 들면 중국 외무장관 양제츠가 북한을 방문하여 김정일을 만났다.

36) Diplomatic cable 07STATE152317, Post Requested to Follow Up on Ongoing Matters of Proliferation Concern Raised at APEC by President Bush, 31 October 2007.

로 노력했다. 그러나 2007년과 2008년 북한은 미국에 대해 연성균형을 추구하지 않았다. 사실 남·북 관계는 이명박이 대통령에 취임한 2008년 2월 이후 악화되었다. 이명박 대통령은 김대중 정부와 노무현 정부에서 추진된 대북 포용정책(일명 햇볕정책)에서 이탈했다.

이명박은 보다 강경한 대북 접근방안을 도입했으며 2007년 정상회담에서 김정일 위원장과 노무현 대통령이 체결한 '정상합의'의 적용을 거부했다(Park and Kim 2010: 118). 북한에 대한 이명박의 태도로 인해 남·북한 간 제휴가 불가능해졌다. 따라서 부시 행정부 마지막 1년 동안, 대한민국의 대북정책은 2차 북한 핵위기 도중 처음으로 미국의 대북정책과 비교하여 보다 강경해졌다.

(3) 최후 수단으로서의 벼랑끝전술 위협

2006년 10월의 1차 핵실험 이후 북한은 벼랑끝전술의 사용을 자제했다. 1차 핵실험은 북한 핵문제 해결 차원에서 금융 압박이 비생산적이란 사실을 어느 정도 입증해주었다. 벼랑끝전술이 미국과의 협상 재개를 위한 수단이었기 때문에[37] 북·미 대화가 진행되던 2007년 북한은 벼랑끝전술을 구사하지 않았다.

한편, 2008년 1월에서 6월 사이 북한은 저강도 벼랑끝전술을 전개했다. 2007년 10월의 6자 회담에서 당사국들은 영변의 북한 핵시설을 불능화하고, 모든 북한 핵 프로그램에 관한 '완전하고 정확한 신고서'를 제

---

37) 중국 외무성 관리와의 인터뷰(2009년 5월 6일, 런던).

출하는 마감일로 12월 31일을 설정했다.[38] 사실 기술적인 문제로 이 날짜까지 영변 핵시설의 불능화가 불가능하다는 것이 입증되었다. 하지만 북한은 불능화를 향해 점진적인 진전을 이루어 나갔다(Bush 2007c).[39]

한편, 북한 핵 프로그램에 관한 '완전하고 정확한 신고'가 가능할 수도 있었을 것이며, 이 같은 신고가 6자 회담의 나머지 5개국에게 긍정적으로 작용했을 것이다. 북한이 약속한 신고 마감시한을 지키지 못하자 5개국은 북한을 비난했는데 이는 놀라운 일이 아니었다. 그러자 김정일 정부는 영변 불능화를 취소시키겠다고 위협했고, 미국 내부의 보수 집단, 다시 말해 매파들이 북·미 화해과정의 실패를 추구하고 있다고 비난하는 방식으로 수사적인 벼랑끝전술을 사용했다(KCNA 2008a, 2008f, 2008g, 2008i).

당시 북한이 전개한 벼랑끝전술에는 모든 핵 프로그램에 관한 완벽한 목록을 제출하라는 미국의 요청에 대한 북한의 불편한 심기가 반영되어 있었다. '완벽한 목록제출'이라는 문구는 2007년 2.13 합의와 10.3 합의에 포함되어 있지 않았다. 이는 나중에 미국이 제기한 것이었다(Bush 2007b; Hill 2007c). 사실, 라이스(2008)는 테러지원국 명단에서 북한이 제외되려면 적절한 검증이 필요하다는 점을 분명히 했다. 북한의 벼랑끝전술은 북한이 '신고서'를 최종 제출한 2008년 6월 26일에나 일단락되었다.

---

38) Second-Phase Actions for the Implementation of the Joint Statement, 3 October 2007.

39) 2000년대 당시 북한 관련 정책에 참여했던 대한민국 관리와 인터뷰(2008년 10월 30일, 런던).

2차 북한 핵위기의 마지막 단계인 2008년 8월에서 10월 사이, 북한은 두 번째 벼랑끝전술을 구사했다. 북한이 핵 프로그램에 대한 '신고서'를 제출한 당일, 부시(2008)는 미 의회에 북한을 테러지원국 명단에서 삭제할 것이라고 통보했다. 그 기한을 8월 11일로 설정했다. 그러나 미국은 북한을 테러지원국 명단에서 삭제하기 이전에, '신고서'와 영변 핵시설 불능화에 관한 보다 강력한 모니터링과 검증이 필요하다고 주장했다. 북한은 미국이 약속을 파기하고 있다고 비난하는 방식으로 저강도 벼랑끝전술을 전개했다(KCNA 2008d, 2008h).

부시가 설정한 기한인 8월 11일이 지나도, 미국은 북한을 테러지원국 명단에서 제외시키지 않았다. 그러자 북한은 벼랑끝전술을 가속화시켰다. 8월 14일 북한은 영변 핵시설 불능화 중단을 선언했다(Ibid: 2008d). 그 후 북한은 국제원자력기구 사찰요원들을 추방했으며, 9월에는 영변 원자로를 재가동시킬 것이라고 위협했다(IAEA 2008).

테러지원국 명단에서 북한을 삭제하지 않기로 결정한 부시 행정부에 분노한 북한은 2002년 말과 2003년 초반에 북한이 추구했던 동일한 경로를 따랐다. 이러한 북한의 벼랑끝전술은 10월 11일부로 북한이 테러지원국 명단에서 삭제되면서 중지되었다. 김정일 정부는 테러지원국 명단에서의 북한의 삭제를 평화공존으로 받아들였다. 이 같은 '단순학습'을 통해, 북한은 고강도 벼랑끝전술이 역효과를 초래할 수 있음을 이해하게 되었다. 따라서 오직 제한된 수준의 저강도 벼랑끝전술을 활용하게 되었다.

제5장

핵 보유 북한과
오바마 행정부

1. 오바마 행정부 초기와 2차 북한 핵실험(2009. 1~2009. 5)

오바마 행정부는 2009년 1월에 출범했다. 신임 행정부는 1930년대 대공황 이후 최악의 금융위기에 휩싸인 국가를 물려받았다. 따라서 국내 경제 문제가 오바마 행정부에서 가장 중요한 이슈로 떠올랐다(Henry 2009). 오바마 행정부는 국내문제를 보다 중요시 여겼지만, 일관된 외교정책 추진에도 지대한 관심을 표명했다.

오바마 행정부는 불안정한 중동지역, 아프간과 이라크에서 진행되던 전쟁뿐만 아니라 이란 핵 프로그램 문제에 직면해 있었다. 이스라엘-팔레스타인 분쟁도 해결의 기미가 보이지 않았다. 지구상에서 무슬림이 가장 많은 인도네시아에서 어린 시절 4년 동안 생활했던 오바마는 무슬림 세계에 관한 직관이 있었다. 오바마가 대통령에 당선되면 무슬림 세계와 미국의 관계가 개선될 것이란 기대가 제기된 것은 이 같은 이유 때문이었다(Kull 2011: 3).

따라서 오바마 대통령 취임 초반에는 중동 지역에 대한 미국의 정책이 전환되었다. 오바마(2009g)는 이라크에서 보다 신속히 철군할 것이라고 선언했다. 또한 신임 힐러리 클린턴 국무장관(2009f)은 이스라엘-팔레스타인 분쟁이 협상을 통해 종료되기를 촉구했다. 이는 부시 행정부 초기와 비교하여 오바마 행정부에서 외교가 보다 많은 역할을 수행할 것임을 암시해주는 부분이었다.

한편, 오바마 행정부는 일부지역에서 보다 강압적인 정책이 추구될 수도 있음을 명백히 했다. 바이든(2009) 부통령은 이란과 접촉할 의향이 있지만, 이란이 자국의 핵 프로그램에 관한 입장을 바꾸지 않을 경우, 이란을 압박할 것임을 분명히 했다. 아프간의 경우 오바마(2009a)는 병력 증강을 선언했으며, 아프간의 불안정과 파키스탄 상황을 연계시켰다. 여기서 암시하는 메시지는 미국이 아프간 전쟁을 가까운 시일에 종료시키지 않을 것이란 점이었다.

오바마 행정부 초기 미국의 대외정책 노력이 집중되던 중동지역 상황과 비교해 보면, 다른 지역의 전망은 비교적 안정적이었다. 동북아시아의 경우, 북한을 제외하면 미국과 지역 국가들 간의 관계가 개선되고 있었다. 2009년 4월, 후진타오와 오바마는 '미·중 전략경제대화(S&ED)'를 선언했다(Obama 2009c). 이는 부시행정부 당시 시작된 2개의 미·중 대화를 격상시킨 것이었다. 여기에 미 재무장관과 중국 부총리, 미 국무장관과 중국 국무위원이 참석했다.

'미·중 전략경제대화(S&ED)' 발표 두 달 전 힐러리(2009b)는 미국과 중국이 상호 이익을 위해 공조할 수 있음을 강조한 바 있었다. 이처럼 격상된 대화 메커니즘과 힐러리의 발언을 놓고 보면, 미·중 관계가 지속적으로 개선될 것임을 알 수 있었다. 이외에도 힐러리(Ibid)는 일본과 대한민국에게 오바마 행정부가 자신들을 결코 경시하지 않을 것임을 재확인시켜 주었다.

더욱이 중국, 일본, 대한민국 3개국 간의 관계도 증진되고 있었다. 이들 3개국은 2008년 12월, 안보 및 경제 문제를 논의하기 위해 3개국 정상회담을 개최했다. 다른 다자 회담 틀에서 벗어나 3개국 정상들이 회담하는 것은 이번이 처음이었다.[1] 이 정상회담은 연례회담 형태가 되었으며, 아시아 3국간의 의견 격차 해소에 도움이 되었다.

중국과 대만의 양안관계 또한 점차 개선되고 있었다. 중국과 대만에 기반을 둔 2개 준정부기구 간에 세 번째 라운드 대화가 준비되고 있었다. 이 대화는 9년의 공백을 거쳐 2008년에 재개되었다. 이 대화를 통해, 1950년 이후 최초로 중국 본토와 대만 간에 직항로가 개설되었다.[2] 개선되고 있던 동아시아 지역정세에서 보면, 북한은 예외적인 국가로 보였다.

2009년 초반 북한은 미국의 관심을 끌면서 미국의 대북정책을 시험해볼 수 있는 대미전술을 선택했다. 북한은 핵무기 보유국이란 새로운

---

1) Japan-China-ROK Trilateral Summit : Joint Statement for Tripartite Partnership, 13 December 2008.

2) 2000년부터 2008년까지 대만의 독립을 선호한 천수이볜(陳水扁)이 총통으로 있을 당시 양안관계는 좋지 않았다. 당시 중국은 대만과의 대화를 거부했다. 2008년 3월의 총통 선거에서 국민당이 승리한 직후 양안교류가 재개되었다. 천수이볜의 진보정당과 달리 국민당은 중국과의 통일을 지지했다. 양안관계에 관한 훌륭한 자료를 보고자 하는 경우 Su(2009)를 참고하기 바란다.

지위를 인정받고자 했으며, 유엔안보리 제재, 국제원자력기구 레짐과 핵확산금지조약 레짐을 무시하는 경향을 보였다. 김정일 정부는 벼랑끝전술을 전개하는 한편 6자 회담 레짐뿐만 아니라 미국과 균형을 이루기 위한 주변국과의 제휴도 거부했다.

2차 핵실험을 통해 재차 벼랑끝전술을 구사하고자 하는 김정일 정부의 결정은 잘못된 역사적 전례, 즉 핵 벼랑끝전술을 통한 1994년의 북·미 제네바 합의 성취, 2003년의 6자 회담 개시, 2007년 2.13 합의와 10.3 합의, 이에 따른 평화공존에 기인한다. 특히 오바마는 클린턴 이후 최초의 민주당 출신 대통령이었다.

한편 오바마가 힐러리 클린턴을 국무장관으로, 한반도에너지개발기구(KEDO)의 책임자였던 보스워스(Stephen W. Bosworth)를 국무부의 주요 직책에 임명함으로써, 클린턴 행정부와 오바마 행정부의 분명한 연계관계가 드러났다. 이러한 상황에서 북한은 핵무기를 이용한 2009년의 벼랑끝전술을 통해, 1993년과 1994년에 달성했던 성과를 다시 얻을 수 있을 것으로 확신했을 가능성이 매우 높다. 오바마 행정부 초기에 북한이 오바마 행정부를 제대로 이해하지 못한 이유는 '능숙함의 덫' 때문이라기보다는 '인지구조'의 문제 때문이었다.

더욱이 핵 능력을 통한 국제사회에서의 입지 강화와 관련하여 말하면, 북한은 자국이 '새로운 인도'가 될 수 있을 것이라고 믿었던 것 같다. 북한은 사실상 핵무기 보유국이라는 강화된 입지를 바탕으로 향후 미국과 협상할 수 있을 것이라고 판단한 듯 보인다. 중국과 국경을 접하고 있다는 사실로 인해 북한은 전략적으로 중요한 의미가 있었다. 이런 측면에서 북한은 자국을 인도와 유사한 경우로 해석했을 것이다. 그런데 북한이 미처 고려하지 못한 부분이 있는데, 이는 북한과 인도가 국제체제에서 차지하는 위상이 서로 다르며, 1990년대 초반 이후 미·중 관계 측면에서 변화가 있었다는 것이다. 아무튼 고립된 김정일 정부에게 있어 인도와의 비교가 매우 매력적인 듯 보였을 것임에 틀림이 없을 것이다.

1) 북한의 목표; 북·미 외교관계 정상화

미국이 북한을 테러지원국 명단에서 삭제함으로서, 부시 행정부 마지막 몇 달 동안이긴 하지만, 북한이 추구해 왔던 평화공존이 달성되었다. 이미 논의한 바처럼 2006년의 핵실험 이후 북한은 테러지원국 명단에서의 삭제를 부시 행정부와 협상을 통해 달성해야 할 중간 목표로 간주했다. 하지만 김정일 정부의 궁극적인 목표는 여전히 북·미 외교관계 정상화였다. 그러나 1차 핵실험 성공, 평화공존 성취, 2008년 12월의 6자 회담에서 북한 비핵화를 북한이 거부했다는 점을 고려해보면, 북·미 외교관계 정상화에 관한 북한의 열의와 관련하여 의문이 제기된다. 일부 분석가들은 북한이 생존 보장 차원에서 신뢰할 수 있는 핵 억지력 개발에 보다 관심이 있다고 믿었다(Park and Lee 2009). 북한이 취한 일부 조치들이 이 같은 주장을 뒷받침해 준다.

사실 북한은 오바마 행정부 초기 몇 달 동안 자국의 궁극적인 목표에 관해 애매한 입장을 보였다. 오바마 대통령의 취임 연설 3일 전, 북한은 지난 수십 년 동안 미국과 외교관계가 없는 상태에서도 북한이 존재해 왔기 때문에 북·미 외교관계 정상화는 필요하지 않다고 말했다. 북한 외무성 대변인은 북·미 외교관계 정상화와 비교하여 핵 억지력 유지가 북한 입장에서 보다 중요하다고 강조했다. 즉 핵 억지력만이 북한의 안보를 보장해줄 수 있다는 것이다(KCNA 2009a). 한편, 일부 성명에서도 북한은 북·미 외교관계 정상화가 아니라, 자국의 핵무기 능력 증진이 가장 중요한 부분이라는 강경한 입장을 반복했다(Ibid: 2009d, 2009b).

이 같은 사실에도 불구하고, 북한은 지속적으로 북·미 외교관계 정상화에 열의를 보였다. 그러나 북·미 외교관계 정상화를 조건으로 핵무기를 폐기하겠다던 이전의 언급과는 확연한 차이가 있었다. 오바마 행정부 초기, 북한은 비핵화 이전에 북·미 외교관계를 정상화해야 한다고 주장했다. 오바마의 취임 연설 며칠 전, 북한 외무상은 2005년 9.19 공동성명이 북한의 비핵화뿐만 아니라 한반도 비핵화를 지칭했음을 언급했다. 따라서 북한은 대한민국에 대한 미국의 핵우산 제공 중지를 보장하기 이전에는 북한의 핵 프로그램을 포기할 의사가 없었다(KCNA 2009a). 한반도의 완전한 비핵화와 주한미군 철수, 북·미 외교관계 정상화가 북한 비핵화의 선결 요건이 되었다(Ibid).

이들 요구는 양국 수도에 대사관을 개설하는 등의 일반적인 관계 정상화 과정을 초월하는 형태로서, 미국이 수용하기 매우 어려운 것이었다. 이는 북·미 외교관계 정상화에 대한 북한의 열의가 줄어들고 있음을 보여주는 부분이기도 했다.

그러나 또 다른 채널을 통해 북한은 북·미 외교관계 정상화와 관련하여 보다 개방적인 자세를 전달해왔다. 북한을 방문한 중국 사절단에게 김정일은 북한 비핵화와 여타 국가들과의 관계 증진에 관한 자신의 희망을 피력했다(Yonhap 2009). 미 대북정책 특별대표로 임명되기 직전 보스워스가 북한을 방문했다. 당시 보스워스는 북한이 오바마 행정부와 접촉할 의향이 있다는 말을 들었다(Landler 2009).

언론인이자 학자이며 주기적으로 북한을 방문해온 셀릭 헤리슨(Selig Harrison)은 2009년 1월의 북한 방문에서, 김정일 정부가 미국과의 관계 증진을 원하고 있음을 확인했다(Harrison 2009). 북한은 궁극적인 목표와 관련된 세 가지 상호 충돌하는 메시지, 즉 핵 억지력 개발, 북·미 외교관계 정상화 이후 비핵화, 북·미 외교관계 정상화를 미국에 전달하고자 했던 것으로 보인다.

북한이 여전히 오바마 행정부가 실행하던 정책을 평가하는 과정에 있었다고 볼 수도 있다. 이 같은 관점에서 보면, 북한의 핵무기 개발은 타당성이 있었다. 핵무기 개발 프로그램은 클린턴 행정부 및 부시 행정부 당시와 마찬가지로, 미국과의 양자회담에서 협상용으로 사용할 수 있는 수단이었다. 미국이 북한에 제공해주고자 하는 것에 따라, 북·미 외교관계 정상화와 비핵화 교환을 제안할 수도 있었다. 북한이 핵무기를 개발했다는 점을 고려해보면, 비핵화 이전에 북·미 외교관계 정상화를 요구하지 않는 것이 어리석은 일이었을 것이다(Kang 2010; Surkov 2009). 1998년의 인도 핵실험 이후, 미국은 남아시아 국가인 인도를 제재한 바 있다. 그러나 인도의 전략적 의미를 고려하여 미국은 그 후 10년 뒤인 2008년에 인도와 양자 핵 협정을 체결했다. 북한의 전략적 가치를 고려해 보면, 북한이 인도와 유사한 사례가 될 수도 있을 것이다. 설령 미국이 인도와 맺은 협정을 북한과 맺지 않으려 하는 경우에도, 보다 발전된 핵 프로그램은 강력한 억지력으로 기능하게 될 것이다. 따라서 핵무기 개발을 추구하면서 북한이 잃을 부분은 거의 없었다.

오바마 행정부에서는 조지 W. 부시 행정부를 괴롭혔던 매파와 비둘기파간의 격렬한 대립과 분열은 없었다. 마틴(Martin 2010: 184)이 설명하고 있듯이, 오바마 행정부의 의사결정 과정은 '공식적 측면' 즉 계층적 형태와 '합의적 측면' 즉 협력적 형태가 혼합된 양상을 보였다. 의사결정이 내각 수준에서 이루어졌지만, 하위 참모들의 합의된 의견이 상부로 전달되었다. 이 같은 의사결정 과정으로 인해 내부 토론이 어려워진 것은 아니었다. 이념적인 논쟁이 줄어들었으며, 적어도 오바마 행정부는 의견을 수렴하여 의사를 결정한다는 인상을 주고자 노력했다(Ibid: 192).

사실 오바마 행정부의 고위관료들 간에 대북정책에 대한 합의가 있었던 듯 보인다. 대통령에 당선되기 이전부터 오바마는 북한을 상대하는 과정에서 외교 활용을 촉구했다. 상원의원과 그 후 대통령 후보로서 오바마(2007a, 2007b, 2008)는 최고위급 회담을 포함하여 북·미 양자 및 다자접촉을 지지했다. 부통령에 지명되기 이전, 바이든도 북한의 도전에 대처하기 위한 최상의 방안이 외교라고 주장한 바 있었다. 오바마와 마찬가지로 바이든(2008)도 고위급 외교를 촉구했다.

미 상원 외교위원회 인사청문회에서 힐러리 클린턴(2009a)은 오바마, 바이든과 동일한 관점을 표명했다. 미 국무성을 처음 방문한 자리에서 6자 회담의 지속 필요성을 분명하게 밝혔다(AFP 2009).

럼스펠드 후임으로 2006년 12월 미 국방부장관에 임명되어 오바마 행정부에서도 그 직책을 유지한 게이츠(Robert Gaes 2006) 또한 미국이 외교적으로 북한과 접촉해야 한다고 믿고 있었다. 보스워스(2009a) 또한 김정일 정부와의 대화를 지지했다. 한반도에너지개발기구(KEDO)의 초대 책임자였던 보스워스를 미 행정부 고위관리로 임명한 것은 오바마 행정부가 북한과의 접촉을 원하고 있음을 보여주는 신호였다. 이처럼 이론적인 관점에서 보면, 미국의 대북정책에 영향을 줄 수 있는 5명의 최고위급 관리 모두가 북·미 간의 외교적 접촉을 선호하고 있었다.

그러나 실제적인 관점에서 보면, 오바마 행정부의 접근 방안은 이전 정부의 압박 중시에서 벗어나지 못했다. 부시 행정부가 정립한 정책에 따라 오바마 행정부는 북·미 외교관계 정상화 이전에 북한의 '완전하고 검증 가능한 비핵화'를 요구했다(Clinton 2009c). 대화와 압박을 병행하고 있음을 입증해주는 부분이지만, 미 행정부는 비확산 규정을 위반한 3개의 북한기업을 제재했다(Martin 2010: 198).

이런 대목에서 보면, 비록 북한이 '적성국교역법' 대상과 '테러지원국' 대상에서 벗어났지만, 미국이 또 다른 메커니즘을 이용하여 북한을 얼마든지 제재할 수 있다는 것은 명확했다. 더욱이 힐러리(2009d)는 북한의 후계자 계승 문제를 거론했다. 힐러리는 김정일의 건강 상태를 고려해볼 때 북한의 후계자 상황이 불분명하며, 이것이 미국의 대북정책을 어렵게 하고 있다고 주장했다. 따라서 이론적인 관점에서는 오바마 행정부가 북한과의 외교적 접촉을 옹호하고 있었지만 실제적으로는 반드시 그러한 것은 아니었다.

2) 목표 달성을 위한 북한의 행동

(1) 벼랑끝전술로의 회귀

클린턴 행정부 초기와 2002년 10월의 켈리의 방북 직후를 연상시키듯이, 김정일 정부는 오바마가 미국 대통령에 취임한 직후부터 벼랑끝전술의 강도를 높여가기 시작했다. 앞에서 논의한 바처럼, 북한은 자신을 핵보유국으로 대우해 줄 것을 요구한 이후, 비핵화와 북·미 외교관계 정상화 교환문제에 대한 입장을 변경했다.

이러한 북한의 입장은 오바마 행정부 당시에도 유지되었다. 한편, 북한은 오바마 행정부가 부시행정부와 별다른 차이가 없다고 주장했다(KCNA 2009L). 김정일 정부가 북·미 제네바 합의 체결 이후 비교적 좋은 관계를 유지했던 클린턴 행정부가 아니고, 적대적 관계를 유지했던 부시행정부와 오바마 행정부를 비교하고 있다는 사실에 주목할 필요가 있다.

북한은 2009년 2월에서 4월 사이의 기간 동안 벼랑끝전술의 강도를 높였다. 특히 2009년 2월 말에 북한은 위성 발사를 준비하고 있다고 발표했으며(KCNA 200c), 외기권 조약(Outer Space Treaty)에 서명했다(Ibid: 2009c). 하지만 대부분의 사람들은 북한이 위성로켓이 아니라 장거리 미사일 시험 발사를 준비하고 있다고 생각했다.

북한의 로켓발사는 북한의 미사일 시험발사를 금지하고 있는 유엔안전보장이사회 결의안 1718에 위배되었다. 이 같은 결의안에 무관하게 김정일 정부는 4월 4일부터 8일 사이 장거리 로켓을 발사할 것이라고 국제민간항공기구(International Civil Aviation Organization)에 통보했다(ICAO 2009). 2009년 4월 5일 북한은 장거리 로켓을 발사했는데, 이 로켓이 일본 상공으로 날아갔다(Choe and Sanger 2009).

한편, 2009년 3월 21일 북한은 불법 입국 혐의로 2명의 미국 기자를 체포했다고 발표했다(KCNA 2009f). 그 후 북한은 이들 기자가 불법입국과 '공화국 적대행위' 혐의로 재판받게 될 것이며, 미국인이라고 관대하게 다루지는 않을 것임을 분명히 했다(Ibid: 2009c).

체포될 당시 이들 기자가 북한에 있었던 것은 분명해 보인다. 다만, 북한이 이 사건을 크게 공표한 것은 미국으로 하여금 북·미 양자회담에 나오도록 압력을 넣기 위한 것으로 보였다.

중국과 대한민국 관리들은 북한의 벼랑끝전술이 미국의 관심을 끌기 위한 것이라는 의견을 미국에 분명히 전달했다. 중국을 방문한 미국 대표단에게 중국 관리는 북한이 어른의 관심, 다시 말해 미국의 관심을 끌기 위해 망나니 어린이처럼 행동하고 있다고 말했다.[3]

대한민국 관리도 클린턴 행정부 마지막 2년 동안 큰 성과를 거두지 못한 북한이 오바마 행정부를 미국과의 관계개선을 위한 두 번째 기회로 바라보고 있다는 의견을 제시했다. 대한민국 관리는 부시 행정부와 북한의 화해가 뒤늦게 이루어진 점을 지적하며, 북한이 양자대화의 필요성을 강조하기 위해 먼저 긴장 고조를 추구할 것임을 강조했다.[4]

2009년 5월 25일 북한은 2차 핵실험에 성공했다. 이를 통해 북한은 협상에 유리한 카드를 확보했다. 사실 2차 핵실험은 긴장이 고조되어 가는 과정을 거친 이후 실시되었다. 유엔안전보장이사회가 4월의 북한 장거리 로켓 발사를 비난하는 의장 성명을 발표하자, 북한은 6자 회담 탈퇴를 선언하면서, 이전의 어떠한 협약도 준수할 필요를 느끼지 못한다고 주장했다(KCNA 2009i). 그 후 북한은 영변 핵시설에서 일하고 있던 모든 국제원자력기구 사찰단을 추방했으며(IAEA 2009) 폐연료봉의 재처리를

---

3) Diplomatic cable 09BEIJING1176, XXXXXXXXXXXXX Discusses G-20, DPRK, Iran, AF/PAK, UNSC Reform, Taiwan, Tibet with Charge, 4 April 2009.

4) Diplomatic cable 09SEOUL672, MND: DPRK Military Rhetoric and National Defense Commission Changes Arc About Succession, 27 April 2009.

재개할 것이라고 선언했다(KCNA 2009j).

5월 초에는 김정일이 희천시에 있는 기계 공장을 현지 시찰 했다고 북한 언론이 공개했는데, 이 기계공장에는 우라늄 농축에 사용되는 원심분리기 운영에 필요한 물자들이 비축되어 있었다. 이처럼 단계적이고도 공개적인 방식으로 북한은 자국이 2차 핵실험을 준비하고 있음을 선언했다.

외국 전문가들이 북한을 핵무기 보유국가로 인정하기 시작했다(Lloyd Parry 2009). 그러자 북한은 2차 핵실험을 실시할 것이라고 밝혔다(KCNA 2009k). 핵실험 직전, 북한은 핵실험을 준비하고 있다고 미국과 중국에 통보했다(Charbonneau 2009). 마침내 2차 핵실험이 단행되었다. 핵실험 이후 북한은 이전 핵실험에 비해 강도와 성능 면에서 많은 개선이 있었다고 발표했다(KCNA 2009n).

1993년과 2006년의 경우에서처럼 북·미 양자회담을 유도할 수 있을 것이란 기대 아래 북한은 핵무기를 이용한 두 번째 벼랑끝전술을 감행했다. 2차 핵실험을 통해 북한은 미국의 공격을 방지하기 위한 핵 억지력 확보란 목표에 보다 가까이 다가갔다.

(2) 주변국들과의 제휴 망각

미국과의 협상 전술로 벼랑끝전술을 구사하면서, 북한은 다른 전술을 병행하지 않았다. 클린턴 행정부와 부시 행정부 당시의 북한은 벼랑끝전술을 사용하면서, 주변국과 협력하여 미국과 연성균형을 이루고자 했다. 이것이 북한과 대화할 의사가 없던 미국 관리들을 상대하는 과정에서 도움이 되었다.

그러나 오바마 대통령이 취임한 처음 몇 달 동안 북한은 어느 국가와도 제휴하고자 하지 않았다. 당시 북한은 김정일의 건강 문제로 지도부 교체 과정을 진행하고 있었다.[5] 김정일의 후계자가 불분명했기 때문에 주변국과의 제휴에 나서지 못했을 수도 있다. 아무튼 이 시기 북한은 주변국과의 제휴를 고려하고 있다는 사실조차 암시하지 않았다.

자국의 협상 입지를 강화할 목적으로 북한이 주변국과의 제휴를 결심했더라도 마땅한 동맹국이 없어 이 같은 전술이 불가능했을 가능성도 없지 않다. 이명박 정부 출범 이후 남·북 관계는 실질적으로 붕괴되었다. 이명박(2009)은 핵 프로그램 논의에 동의하지 않으면 북한과 협조하지 않는다는 정책을 지속할 것이라고 분명히 말했다.

이명박 정부는 김대중 정부와 노무현 정부의 햇볕정책에 비판적이었으며 대북 경제 지원 대가로 보다 많은 것을 얻고자 했다. 2008년에 금강산 관광객이 북한 초병에 의해 피살되자 이명박 정부는 1998년 이후 지속되어온 금강산관광을 중지시켰다(Moon 2009: 127).

금강산관광을 통해 북한은 고정적인 수입을 얻고 있었다. 이 같은 이명박 정부의 정책을 북한은 거세게 비난했다. 이외에도 2009년 5월 북한은 개성공단 임대비와 임금 관련 협약을 모두 무효화한다고 선언했다. 이처럼 남·북한 모두에 도움이 되던 경제협력 영역에서조차 이견을 보이는 상황에서, 남·북 협력을 통한 미국과의 연성균형 추구는 상상도 할 수 없는 일이었다.

---

5) 김정일의 후계자로 누가 선정 될 것인지에 관해 추측만 난무할 뿐 2008년 여름 김정일의 건강 문제가 불거질 때까지 누가 후계자인지 분명하지 않았다. 2009년 6월 김정일의 셋째 아들인 김정은이 후계자로 지명되었다고 북한 언론이 암시했다. 2010년 9월 김정은이 조선인민군 대장, 당 중앙군사위원회 부위원장, 당 중앙위원회 위원에 임명되면서 후계자로 공식화되었다.

후진타오 정부는 북한을 도와 오바마 행정부와 연성균형을 취할 가능성이 있었다. 하지만 부시 행정부 당시 미·중 관계가 개선되기 시작하여 오바마 대통령 초기에 급진전을 이루었다. 2009년 4월 오바마와 후진타오는 미국과 중국이 전략경제대화를 시작하기로 했다는 내용의 공동성명을 발표했다. 당시 미·중 관계가 절정에 달했다.

북한과 관련하여 말하면, 오바마 행정부 처음 몇 달 동안 중국은 북한과 양자대화를 시작하라고 미국에 조언했으며, 6자 회담 재개를 거듭 촉구했다. 북한이 장거리 로켓을 발사한 4월 이후에도 중국은 모든 당사국들의 자제를 촉구했으며 다자대화 재개를 추구했다(Wang 2009). 이것을 암묵적인 북·중 제휴로 인식할 수도 있을 것이다. 하지만 중국은 2006년 10월의 북한 핵실험 이후 고위급 인사의 북한 방문을 중지시켰다(Zhang 2010). 따라서 중국이 북한의 완벽한 고립을 원한 것은 아니었지만 중국 고위급 인사들의 북한 방문 중지 조치로 인해 중국과의 협력을 통한 미국에 대항한 북한의 연성균형 가능성은 희박해졌다.

(3) 6자 회담 레짐의 종언?

미국과 평화공존을 이루기 위해, 북한은 2007년과 2008년 전반에 걸쳐 6자 회담 규칙을 준수했다. 그러나 2008년 12월 8일부터 11일까지 진행된 6자 회담 수석대표회의에서, 북한은 6자 회담 유지의 어려움을 이미 암시한 바 있었다. 북한 비핵화 검증을 위한 회담은 결국 아무런 성과가 없었다. 미국과 대한민국은 검증 차원에서, 영변 핵시설을 포함한 북한 핵시설들에서 샘플을 채취하고자 했다. 그러나 북한은 영변 핵시설에서의 샘플 채취에만 동의했으며, 이마저 해체 마지막 단계에서만 가능하다고 주장했다(Kim 2009). 6자 회담 수석대표회의가 난항에 처하도록 만든 주요 이견은 바로 이 부분이었다.

오바마 행정부 초기 몇 달 동안 김정일 정부는 6자 회담 재개에 거의 관심이 없었다. 북한 외무성 대변인은 미국의 행동이 6자회담 정신에 어긋난 것이며, 6자 회담이 거의 의미가 없다고 말했다(KCNA 2009g). 김정일과의 양자 회동도 가능하다는 오바마의 발언에 입각하여, 북한은 6자 회담의 다자 틀을 무시한 채 미국과 직접 접촉할 수 있을 것으로 평가했을 것이다.

여전히 오바마 행정부는 미국의 대북정책에 관한 분명한 입장을 표명하지 않았다. 따라서 북한 입장에서는 6자 회담에 관해 관망 자세를 취하는 것이 현명했다. 이명박 정부의 출현으로 6자 회담에서 대한민국의 지원을 기대할 수 없게 된 것을 고려하면 특히 그러했다.

6자 회담 재개에 대한 북한의 반대 외에 중국의 새로운 입장으로 인해 6자 회담 레짐이 약화되었다. 중국은 공식적으로는 6자 회담을 통한 북한 핵문제 해결 필요성을 옹호했다. 즉 북한 로켓 발사 이후 유엔주재 중국대사 장예수이(Zhang Yesui)는 모든 당사국들의 자제를 호소했다(China Daily 2009). 또한 중국 외무부장관 양제츠는 6자 회담 재개를 촉구하는 성명서를 발표했다(Wang 2009).

그러나 개인적으로 중국 관리들은 6자 회담을 탐탁지 않게 생각했다. 후진타오 정부는 북·미 양자대화를 지지할 준비가 되어 있었다. 중국은 미국과 북한에 자리만 제공해주는 형태의 3자 회담조차 수용할 수 있다는 입장이었다.[6] 중국은 북한 핵문제 해결 가능성을 높일 수 있다면, 6자 회담을 생략할 수도 있다고 보았다.

몇 주가 지나면서, 6자 회담 재개에 대한 북한의 거부는 보다 강해졌다. 마침내 김정일 정부는 6자 회담에 더 이상 참여할 의사가 없으며, 북한 장거리 로켓 발사를 비난하는 유엔안전보장이사회 의장성명 발표 이후 6자 회담 협약에 더 이상 구속받을 필요를 느끼지 않게 되었다고 선언했다. 이처럼 북한은 북·미 평화공존이라는 목표를 달성한지 몇 달도 지나지 않아, 협약의 북측 의무사항인 비핵화도 완수하지 않은 상태에서 6자 회담 레짐을 포기했다.

2. 2차 핵실험 시점부터
연평도 포격 시점까지(2009. 5~2010. 11)

2009년 하반기부터 2010년 전반기에 걸쳐 오바마 행정부의 주요 관심 사항은 국내 경제였다. 미국의 경기침체는 2009년 6월에 공식적으로 종료되었지만, 경제 상황은 여전히 좋지 않았다. 이 같은 국내 상황에도 불구하고, 미국은 대외정책 문제를 중요시 여겼다.

특히 오바마 행정부는 중동지역 상황을 크게 우려하고 있었다. 또한 유럽연합(EU)의 지속적인 경제적 혼란과 그로 인해 미국이 받을 영향이

---

6) Diplomatic cable 09BEIJING1176, XXXXXXXXXXXXX Discuss G-20, DPRK, Iran, AF/PAK, UNSC Reform, Taiwan, Tibet with Charge, 4 April 2009.

오바마 행정부의 핵심 문제로 부상했다. 이 같은 맥락에서 보면, 북한 핵 문제는 미국의 다른 국내외 문제로 인해 제대로 주목받지 못하고 있었다.

중동지역 문제와 관련하여 말하면, 오바마 행정부는 취임 초기의 정책을 지속했다. 2009년 12월 오바마(2009g)는 아프간에 3만여 병력의 추가 파병을 선언했다. 그 이전에 미국은 2만여 병력을 추가 전개한 바 있었다. 이 같은 방식으로 오바마 행정부는 알카에다 지도자인 오사마 빈 라덴을 추적하는 문제, 그리고 탈레반과의 전투가 미국의 주요 관심사항이란 점을 분명히 했다.

2010년 6월 오바마(2009d)는 무슬림을 대상으로 한 카이로 연설에서 이란에 화해 제스처를 보내고자 노력했다. 오바마의 연설은 이란 대통령 선거 불과 8일 전에 있었다. 이란 선거에서 강경론자가 대통령에 당선되자, 미국과 이란의 관계가 경색되었다. 이란에 대한 강경 노선을 고수하는 가운데 2010년 6월 미국은 유엔안전보장이사회의 이란 제재결의안 통과를 주도했다(MacFarquhar 2010).

유엔안보리 결의안이 통과된 지 1개월 뒤, 미국은 대이란 단독제재를 결정했다(Obama 2010). 한편 이스라엘-팔레스타인 분쟁과 관련하여, 미국은 협상을 통한 해결을 지속적으로 추구했다. 이로 인해 미국과 이스라엘의 관계가 냉각되었다. 카이로 연설에서 오바마(2009d)는 팔레스타인 영토에서의 정착촌 건설을 중지하라고 이스라엘에 촉구했다. 바이든 부통령이 이스라엘을 방문한 2010년 3월, 이스라엘은 새로운 정착촌 건설을 선언하는 방식으로 이 같은 미국의 요구를 거부했다(Bronner 2010). 이라크 상황을 안정시킨 것을 제외하면, 미국의 중동지역 정책은 중동지역 안정에 별로 기여하지 못했다.

이에 반해 동아시아 상황은 크게 개선되었다. 미·중 간의 '전략 경제 대화'가 2009년 7월 워싱턴에서, 2010년 5월 베이징에서 각각 개최되었다. 이 회의를 통해 환율, 기후변화, 에너지 협조와 같은 미·중 대외정책 측면 관련 주요 사안들에 관한 가시적인 성과가 있었다.

하지만 2001년의 중국의 WTO 가입 이후 증대된 미·중 경제 및 무역 갈등이 2010년 미·중 관계를 악화시켰다(Hufbauer and Woollacott 2010). 그럼에도 불구하고, 미·중 관계는 비교적 탄탄한 토대위에 형성되어 있었다. 게이츠 미 국방장관과 량광례 중국 국방장관이 2010년 10월 베트남에서 개최된 제1회 아세안 국방장관 회담에 참석했다(ASEAN 2010). 미·중 국방장관은 남지나해의 영토 분쟁을 포함한 동아시아 안보 문제를 논의하면서 미·중 유대를 과시했다.

동북아 열강들 간의 관계도 개선되었다. 통화교환협정인 치앙마이 이니셔티브(Chiang Mai Initiative)가 2010년 3월 24일에 발효되었다. 이 협정은 단기 유동성 문제를 겪고 있던 국가들을 지원하기 위한 아세안 국가들과 중국, 일본 및 대한민국의 다자간 통화교환 메커니즘이었다(Asami 2005). 이 메커니즘은 동북아지역의 통합을 보여주는 가장 거대한 신호 가운데 하나였다.

치앙마이 이니셔티브로부터 자금을 빌리는 국가는 다른 국가들의 도움에 의존하지만, 자신의 주권에는 조금도 손상이 없다는 원칙이 확립되었다. 이 원칙이 동북아 통합에 크게 기여했다. 이외에도 중국, 일본, 대한민국 정상들은 2009년 10월 베이징에서, 2010년 5월 제주도에서 3개국 정상회담을 개최했다.[7] 이 정상회담에 안보문제가 새로운 안건으로 추가되었다. 2010년 회담 이후 3개국 정상회담 사무국이 설립되었다.[8]

지속적으로 개선되던 중국과 대만의 양안관계는 오바마 행정부가 대만에 군사 장비를 판매할 계획을 공개한 2010년 1월 이후 악화되었다. 중국 외무성은 이 같은 군사장비 판매가 미·중 관계에 부정적인 영향을 줄 것이라고 주장했다(Bradsher 2010). 그럼에도 불구하고 미국 군사장비 판매가 미·중 관계에 장기적인 영향을 미치지는 않았다.

2009년 후반기와 2010년 전반기에 걸쳐, 북한은 지속적으로 벼랑끝 전술을 사용했다. 이 기간 동안 김정일 정부는 6자 회담 참여 거부와 제휴 거부로 인해 보다 고립되었다. 그러나 미·중 관계가 냉각된 반면 북·중 관계가 개선되고 있던 2010년에는 북·중 제휴 상황에 변화가 있었다. 이를 통해, 북한의 대미정책이 핵무기 보유국으로서의 북한의 새로운 위상뿐만 아니라 미·중 관계에도 영향을 받는다는 사실을 확인할 수 있었다.

1) 북·미 외교관계 정상화라는 북한의 목표

2009년과 2010년에도 북·미 외교관계 정상화는 북한의 최종 목표였

---

7) 중국, 일본 및 대한민국 간의 3자 협력 10주년 기념 공동성명, 2009년 10월 10일; 대한민국, 일본 및 중국 간의 3차 3국 정상회담 공동보도자료, 2010년 3월 30일.

8) 일본, 중국 및 대한민국 정부 간의 3자 협력 사무국 설치에 관한 비망록, 2010년 3월 30일.

다. 부시 행정부 당시와 달리 오바마가 대통령에 당선된 시점의 북한은 완벽한 핵무기 보유 국가였다. 이로 인해, 북·미 외교관계 정상화와 비핵화 연계에 대한 북한의 입장이 바뀌었다. 김정일 정부는 북·미 외교관계 정상화 이후에나 비핵화를 추진할 생각이었다.

북한은 혹시라도 있을 수 있는 미국의 공격을 억제하기 위한 수단으로, 그리고 북·미 외교관계 정상화와 교환하기 위한 협상 수단으로 자국의 핵 능력을 사용할 수 있는 입장이었다. 이로 인해 북한이 궁극적으로 추구하는 목표가 무엇인지 애매해졌다.

2차 핵실험의 여파로 북·미 간에 긴장이 고조되었을 당시, 북한은 자국의 안전보장 차원에서 핵 억지력 보유가 필요하다는 사실을 강조했으며, 미국의 대북 적대시 정책에 대항하기 위해 사용할 수 있는 핵무기 구축을 매우 중요시 여겼다(KCNA 2009p). 북한은 북·미 외교관계 정상화가 순조롭게 진행되는 경우에서조차 자국의 핵 프로그램을 포기할 의향이 없어 보였다. 김정일 정부는 핵무기와 같은 자체 능력 증진을 통해 생존을 보장하고자 했다.

북한은 북·미 외교관계 정상화 열망과 관련하여 애매한 입장을 보였다. 북한이 체포한 2명의 미국 기자 석방 문제를 협의하기 위해, 2009년 8월 전 미국 대통령 클린턴이 북한을 방문하자, 북한은 이것을 '양국 신뢰'를 구축하고 '현안 문제를 해결'하기 위한 진일보로 환영했다(KCNA 2009c). 보도에 따르면, 방북 이후 클린턴은 북한이 외교적 방식으로 미국과 재차 협상할 의향이 있다는 사실을 오바마 행정부에 알렸다고 한다(Landler and Mazzetti 2009).

이것을 미국은 북한이 부시 행정부 말기에 중단된 북·미 외교절차를 재개하기 위한 분명한 조치로 받아들였다. 유엔주재 북한대표 또한 북한이 한반도 비핵화를 추구하고 있다고 주장했다(KCNA 2009u). 2009년 10월 김정일 정부는 보스워스를 초청할 의향이 있다고 밝혔으며(kelly 2009), 2009년 12월에는 보스워스가 북한을 방문했다. 방북 이후 보스워스(2009c)는 북·미 외교관계 개선을 위해 노력할 의향이 있다고 말했다.

오바마 행정부 입장에서 보면, 비핵화 이전의 북·미 외교관계 정상화는 고려할 가치가 없는 대안이었다. 여기서 북한은 '복잡한 학습' 상황을 경험한다. 북한이 비핵화와 북·미 외교관계 정상화의 첫 단계로서 한국전쟁을 종료시킨 정전협정을 평화협정으로 대체할 것을 제안한 것이다(KCNA 2009z, 2010c, 2010c).

이것이 새로운 제안은 아니었다. 보스워스의 방북 한 달 이후 북한이 평화협정을 촉구했는데, 이는 미국이 북한 비핵화 이전에 북·미 외교관계 정상화를 추진할 의사가 없음을 북한이 파악하고 있음을 보여주는 부분이었다. 평화협정 제안은 북·미 양국이 모두 수용할 수 있는 방식으로 북한이 미국과 접촉하고자 한 것으로 볼 수 있었다. 평화협정 체결은 북·미 외교관계 정상화를 겨냥한 중요한 단계였지만, 북한의 비핵화를 전제로 하는 형태는 아니었다.

핵무기 보유국가로서의 북한의 행동 변화는 2010년 4월에 보다 분명해졌다. 북한 외무성은 비확산 및 핵감축 레짐에 북한이 동참할 의향이 있으며, 이들 레짐에 북한이 다른 핵 국가들과 대등한 조건에서 참여할 것이라고 밝혔다(KCNA 2010f). 북한 외무성은 북한이 다른 핵 열강들과 동일한 대우를 받아야 한다고 수차례 주장한 바 있었다(Ibid: 2009w).

이미 언급했듯이, 북한은 '인도모델'을 선호하고 있었다. 인도는 핵확산금지조약 회원국이 아님에도 불구하고 미국과 핵협력 양자협약인 '델리협약'을 체결했다. 북한은 미국과의 관계개선을 지속적으로 언급했지만, 상당한 수준의 보상이 없이는 자체 핵 능력을 포기할 의사가 없음을 또한 분명히 했다.

한편 오바마 행정부는 취임 초기에 정립한 목표와 전술을 유지했다. 북한 핵무기의 '완전하고 검증 가능하며 돌이킬 수 없는 폐기(CVID)'는 북한이 1차 핵실험을 한 부시 행정부 당시부터 미국이 추구한 최종 목표였다(Martin 2010: 203).

게이츠(2009)는 미국이 북한을 핵무기 보유국으로 인정할 의사가 없음을 분명히 했다. 이에 대한 미 행정부 내부의 의견 균열이 없음을 분명히 보여주는 부분이지만, 힐러리(2009g) 또한 북한 핵무기의 '완전하고 검증 가능하며 돌이킬 수 없는 폐기'를 촉구했다. 오바마 대통령의 특별보좌관이자 군비통제 및 대량살상무기 확산·테러 관련 백악관 조정관인 게리 세이모어(Gary Samore 2008)는 북·미 외교관계 정상화 이전에 북한이 핵무기를 포기해야 할 것이라고 취임 2개월 전에 주장했다. 이는 북한의 요구와 상반되는 것이었다. 비핵화와 북·미 외교관계 정상화의 연계에 관한 미국과 북한의 관점은 상호 조정이 불가능해 보였다.

북한과의 협상을 위해 오바마 행정부가 활용한 주요 전술은 다수 채널을 통한 압박이었다. 대통령 선거 1년 전 포린 어페어스(Foreign Affairs)에 발표한 논문에서, 오바마(2007c: 9)는 자신이 대통령이 되면 군사적 대안을 고려 대상에서 제외시키지 않을 것임을 강조했다.

이 같은 오바마의 입장은 대통령에 당선된 이후에도 바뀌지 않았다. 임기 첫 1년 동안 오바마(2009a, 2009b)는 북한의 도발 패턴을 깨기 위해 가능한 모든 수단을 사용할 것이라고 공개적으로 두 차례나 언급했다.

주한 미 7공군사령관 제프리 레밍턴(Geffrey Remington)은 북한 위협과 침략에 대항하기 위한 미군의 대비태세를 언론 인터뷰에서 재차 확인했다(동아일보 2009). 미국은 유엔안전보장이사회 결의안 1874을 통과시키는데 앞장섰다. 이 결의안으로 인해 핵 및 군수 관련 물품 이전이 의심되는 북한 선박과 항공기를 검색할 수 있게 되었다.

대북 금융제재도 가능해졌다. 오바마 행정부는 북한 선박을 정선시킬 수 있는 메커니즘의 정립을 통해 새로운 이 결의안의 성공을 보장하고자 노력했다(ABC 2009). 2009년 9월 로버트 킹(Robert King)이 북한 인권특사로 임명되었다(White House 2009). 이를 통해, 오바마 행정부가 부시 행정부 당시의 압박 전술을 그대로 유지하고 있었음을 알 수 있을 것이다.

그렇다고 오바마 행정부가 외교적 방안을 모두 철폐한 것은 아니었다. 빌 클린턴 전 대통령의 2009년 8월 평양 방문은 미국이 김정일 정부와 접촉할 의사가 있음을 보여준 부분이었다. 2009년 12월 8일부터 10일까지 보스워스와 미국 관리들이 북한을 방문했다. 보스워스는 김정일에게 오바마의 친서를 전달했으며 북한의 고위급 관리들을 만났다. 이 자리에서 보스워스(2009c, 2009b)는 외교협상의 문이 열려 있다고 말했다.

그러나 미국은 추가 회담 이전에 북한이 몇 가지 신뢰구축 조치를 취해줄 것을 요구했다(Ibid: 2009c). 분명히 말하지만, 미국의 외교 창구가 무조건적으로 개방되어 있었던 것은 아니었다. 추후 설명하겠지만, 2010년에 북한이 구사한 벼랑끝전술은 미국의 새로운 대북 금융제재를 초래했다(Department of the Treasury 2010). 전임 행정부와 달리 오바마 행정부는 북한의 행동이 변하기 이전에는 북한과 협상하려 하지 않았다.

2) 목표 달성을 위한 북한의 행동

(1) 핵무기를 이용한 새로운 벼랑끝전술 위협

2차 핵 실험 이후 북한은 지속적으로 벼랑끝전술을 선호했다. 북한이 언제든지 핵실험을 재개할 수 있음은 분명했다. 2009년과 2010년 북한은 한반도 핵전쟁 가능성을 수차례 경고했다(KCNA 2009p, 2009t, 2009v, 2010k, 2010q). 북한의 핵전쟁 경고에 충분한 주의를 기울일 필요가 있을 것이다. 하지만 북한의 핵 공격 임박 발표가 오랫동안 지속된 점을 고려해 보면, 북한이 핵무기를 이용한 벼랑끝전술을 구사하고 있음을 알 수 있을 것이다. 2009년 11월, 북한 언론매체는 북한이 영변 원자로에서 모든 폐연료봉의 재처리를 완료했다고 선언했다(Ibid: 2009y). 이는 북한이 8~10개의 핵무기를 개발할 수 있다는 의미였다. 1년 뒤인 2010년 11월 북한은 방북한 미국 과학자들에게 우라늄 농축 시설을 건설했다고 선언했다(Sanger 2010). 이제 북한은 보다 강력한 우라늄 농축 핵무기를 개발할 능력을 보유하게 된 것이다.

북한은 핵무기를 이용한 벼랑끝전술에 더불어 매우 도발적인 조치들을 취해 나갔다. 2009년 7월 2일에서 4일 사이, 북한은 2회에 걸쳐 미사일을 시험 발사했다(Yoo 2009b). 미 독립기념일에 맞춰 진행된 미사일 시험발사는 유엔안전보장이사회 결의안 1874를 위반하는 것이었다. 미사일을 이용한 벼랑끝전술이 새로운 유형도 아니고, 핵실험만큼 도발적이지도 않지만, 미국 입장에서 보면 이는 일종의 도전이었다. 이전과 달리 북한은 미사일 시험발사를 자축하지 않았다. 장거리 미사일 시험발사가 미 독립기념일에 이루어졌다는 사실이 충분히 강력한 메시지를 전달해 주었다.

북한은 외교적으로도 벼랑끝전술을 운용했다. 불법 입북 혐의로 체포된 두 명의 미국 기자들이 2009년 6월에 12년 노동교화형을 구형받았다(KCNA 2009o). 이들 미국 기자는 북한 법 위반을 인정했다(Stolberg 2009). 북한은 국제사회의 거듭된 사면 요청을 거부했으며, 이들 여기자를 재판에 회부하기로 결정했다.

북한은 외교적인 해결이 아니고 미국과의 정치적 긴장고조를 선택했다. 북한은 이들 여기자를 강제수용소로 보내지 않았으며, 전 미국 대통령 클린턴이 북한을 방문하자 석방해주었다(Landler and Baker 2009). 매들린 올브라이트가 북한을 방문한 2000년 10월 이래, 클린턴은 미국인 가운데 북한을 방문한 최고위급 인사였다. 북한은 핵 및 군사적 도발을 통해 얻을 수 없는 효과를 '벼랑끝(외교)전술'을 통해 얻을 수 있었던 것이다.

2010년 1월, 북한은 벼랑끝(외교)전술을 재차 사용했다. 미국인 영어교사 곰즈(Aijalon Mahli Gomes)를 불법 입국혐의로 체포한 것이다. 2010년 4월 곰즈는 노동교화형 8년을 선고받았다(KCNA 2010d).

2010년 6월, 북한은 미국이 천안함 사건에 관한 태도를 바꾸지 않으면 이 영어교사에게 '전시법(Wartime Law)'을 적용할 것이라고 선언했다(Ibid: 2010j). 북한은 전 미국 대통령 카터가 북한을 방문한 2010년 8월, 이 영어교사의 석방에 동의했다(Ibid: 2010m). 비록 상징적인 측면이었지만 북한은 재차 외교적 도발의 가치를 경험했다.

천안함 폭침사건과 연평도 포격사건은 미국을 직접 겨냥한 것은 아니지만 북·미 관계에 상당한 영향을 미친 벼랑끝전술이었다. 2010년 3월 26일 천안함이 서해에서 폭침되어 46명의 병사가 사망했다.

2개월 뒤 국제사회 전문가로 구성된 조사팀은 북한 잠수함에서 발사된 어뢰로 천안함이 격침되었음을 보여주는 수사 결과를 발표했다(Choe 2010). 북한은 천안함 사건과 전혀 관련이 없다고 주장했다. 북한은 천안함 사건에 자국을 연루시킬 목적으로 대한민국이 증거를 조작했다고 비난했다. 김정일 정부는 북한 검열단이 사건을 조사할 수 있게 해달라고 한국 정부에 요청했다(KCNA 2010h). 결국 북한은 남·북한 간에 우발적인 해상 충돌을 방지하기 위해 체결한 협약을 폐기했다(Ibid: 2010i). 이 협약의 폐기로 경미한 충돌이 전면전으로 확산될 가능성이 높아졌다.

미국은 천안함 침몰을 조사하기 위해 구성된 국제조사단에 참여했다. 힐러리(2010a)는 천안함 침몰과 관련하여 미국이 북한에 책임을 추궁해야 한다고 말했다. 국제조사단의 결과가 나온 이후, 미 국방성은 한미 대잠 합동군사훈련 계획을 발표했다(Sanger and Shanker 2010). 북한은 미국의 천안함 사건 관여에 언어를 이용한 벼랑끝전술로 대응했다. 북한은 미국이 천안함 침몰을 설명해주는 여러 가설들을 무시한 채 대한민국 입장에서 사실을 왜곡했다고 비난하며, 이 같은 미국의 행동에 대해 보복할 것이라고 위협했다(KCNA 2010g).

그 후 6개월 뒤인 2010년 11월 23일 북한은 남·북한 간의 비공식적인 해상경계선인 북방한계선 바로 남쪽에 위치해 있는 연평도를 겨냥하여 150여 발의 방사포와 로켓을 발사했다. 북한의 연평도 포격으로 4명의 대한민국 국민이 사망했으며, 20여명이 중경상을 입었다(McDonald

2010). 북한 외무성은 대한민국이 수십 발의 포탄을 북한 해역으로 연습 발사한 것에 대한 정당한 대응으로 연평도를 포격했다고 주장했다(KCNA 2010q). 대한민국의 포사격 훈련이 정기적으로 진행되어 왔다는 점을 고려해 보면, 북한의 설명은 설득력이 떨어졌다. 그럼에도 불구하고, 북한은 당시의 포격과 관련하여 대한민국을 지속적으로 비난했다. 대한민국이 군사적으로 대응하는 경우 보다 강력한 공격을 받게 될 것이라고 위협했다(KCNA 2010o, 2010p).

미국은 천안함 사건과 마찬가지로 연평도 포격사건에도 관여했다. 수잔 라이스(2010) 유엔주재 미국대사는 북한의 포격 도발을 즉각 비난했으며, 강력한 대북 제재를 유엔에 촉구했다. 더욱이 미 국방성은 항공모함 기동타격부대를 한반도에 전개시켰다. 이 부대는 한국해군과 사전 계획되어 있던 기동 훈련에 참가했다.

그럼에도 불구하고, 북한은 미국에 대해 언어를 이용한 벼랑끝전술을 재차 구사했다. 북한은 미국이 군사기동을 지속하면 예상치 못한 상황에 직면할 것이라고 위협했다(KCNA 2010n). 김정일 정부는 분명한 이유도 제시하지 않은 채 연평도 포격사건에 미국이 부분적으로 책임이 있다고 주장했다(Ibid: 2010p). 언어를 이용한 벼랑끝전술은 미사일 또는 외교를 이용한 벼랑끝전술 만큼 도발적이지 않았으며, 미국을 직접 겨냥한 것도 아니었다. 하지만 이 같은 전술을 통해 북한은 미국의 반감 초래를 전혀 우려하지 않고 있음을 보여주었다.

(2) 6자 회담 레짐 재개를 향하여?

2009년 초, 북한은 6자 회담에 복귀할 준비가 되어 있지 않다고 선언했다. 2009년 하반기와 2010년 1년 동안, 북한은 혼합된 형태의 반응을 보였다. 이 기간 북한은 6자 회담을 거의 언급하지 않았다. 다만 북한은 6자 회담 레짐을 비난했으며, 다자간 대화 재개를 원치 않는다고 반복해 말했다(KCNA 2009x, 2009r). 6자 회담 레짐에 대한 김정일 정부의 공식적인 입장은 6자 회담 레짐이 이미 생명력을 잃었으며, 재개가 불가능할 것이란 것이었다.

반면에 중국은 6자 회담 레짐의 재개를 추구했다. 중국은 6자 회담 레짐의 틀 안에서의 북·미 양자회담과 다자 회담의 혼합적인 사용이 북한 핵문제를 해결하기 위한 가장 적합한 수단이라고 미국에 주장했다.[9] 북한의 도발 이후 중국은 긴장 완화 차원에서 모든 관련국들의 자제와 양자 및 다자 외교를 촉구했다(조선일보 2010; 신화사 2009b, 2010). 후진타오가 보낸 메시지는 분명했다. "6자 회담 레짐은 생명력을 잃은 것이 아니며, 북한 핵문제를 해결하기 위한 최상의 수단은 여전히 외교다"라는 것이었다.

미국도 6자 회담 재개를 촉구했다. 힐러리(2009c)는 북한과 접촉하기 위한 적절한 방안으로 다자간 외교를 언급했다. 보스워스(2009c) 또한 다자간 대화가 재개될 것이라는 자신의 희망을 피력했다. 그러나 오바마 행정부는 2007년과 2008년에 부시 행정부가 한 것과 같은 방식의 북·미 양자회담에 별로 관심이 없었다. 오바마 행정부는 6자 회담이 북한 핵 프로그램 종결에 초점을 맞추어야 한다고 주장했다(Goldberg 2009). 이는

---

9) Diplomatic cable 09BEIJING2965, Deputy Secretary Steinberg's 29 September 2009 Conversation with State Council Dai Bingguo, 26 October 2009.

북·미 외교관계 정상화 이후에나 비핵화를 거론해야 한다는 북한 입장과 상반되는 것이었다.

2009년 10월, 중국 원자바오 총리는 북한을 방문하여 김정일과 회담 했다. 이 회담 이후 중국 언론은 북한이 6자 회담 복귀 의향을 원자바오 에게 밝혔다고 보도했다. 북한은 북·미 양자회담이 먼저 열릴 경우 다자 간 협상을 재개할 의향이 있었다(Xinhua 2009c). 이는 2007년 초반부터 부시 행정부 말까지 진행된 것과 동일한 과정이었다. 이를 통해, 북한이 2008년 12월의 형태로 6자 회담 레짐을 되살리고자 한다는 것을 알 수 있었다.

보스워스가 이끄는 미국 외교단이 2009년 12월 북한을 방문했을 당 시, 보스워스(2009c)는 북한 관리들과 만난 자리에서 북한 핵 프로그램 과 관련하여 다자 협상을 재개할 의향이 있다고 말했다. 보스워스의 방 북 직후 북한은 6자 회담 레짐을 통해 평화협정을 논의하기를 원한다고 밝혔다(KCNA 2010a). 그러나 6자 회담은 재개되지 않았으며 천안함 침몰 사건으로 6자 회담의 조속한 재개 가능성이 사라졌다.

2010년 김정일 정부는 6자 회담 재개에 별다른 관심이 없다는 원래 입 장으로 회귀했다. 처음에 북한은 6자 회담의 궤도 이탈과 관련하여 미국 을 비난했다(KCNA 2010d, 2010j). 그 후 북한은 6자 회담에 관해 더 이상 진지하게 언급하지 않았다. 종합해보면, 북한은 2009년 말부터 2010년 초반, 짧은 기간에만 6자 회담 재개에 진정 관심이 있었다.

(3) 계산된 제휴인가?

2009년 한 해 동안 북한이 동북아국가들과 협력하여 미국과 세력균형을 취할 가능성이 점차 감소했다. 2009년의 2차 북한 핵실험 다음날, 대한민국은 '대량살상무기 확산방지구상(PSI)'에 동참했다(Yoo 2009a). 이명박 정부 당시에는 북한이 남·북 공조 형태로 미국과 세력균형을 이루는 것은 불가능했다. 대량살상무기 확산방지구상에 대한 대한민국의 동참은 대한민국이 북한 대량살상무기의 외부 유출을 차단하기 위해 적극 노력할 것임을 의미했다. 대한민국은 얼마 남지 않은 북한의 외화벌이 수단 가운데 하나인 무기 수출을 차단하는 방식으로 북한을 압박할 준비가 되어 있었다.

북한 입장에서 보다 괴로운 사실은 중국과 러시아가 북한 핵실험을 단호히 비난했다는 사실이다(Ha and Chun 2010: 88). 특히 중국은 단호한 어조로 북한 핵실험에 반대한다는 입장을 발표했다(Li and Zhang 2009). 김정일 정부 입장에서 보면 이는 예상치 못한 부분이었다.[10] 중국의 이러한 입장 표명을 보며 북한은 핵무기를 통한 억지력 강화의 필요성을 보다 절감했다. 중국의 외교적 지원을 더 이상 기대할 수 없게 된 것이다. 유엔 안전보장이사회 대북제재 결의안에 신속히 합의하는 것을 보면서, 북한은 더 이상 중국과 러시아의 외교적 지원에 의존할 수 없음을 절감했다.

중국의 공식적인 입장에도 불구하고, 중국에서는 북한의 행동을 다루기 위한 방법에 관한 토론이 벌어졌다. 일부 중국 관리들은 중국을 겨냥한 미국의 공격에 대항한 완충지대로서의 북한의 전략적 가치가 감소하고 있다며 북한과의 관계를 멀리해야 한다고 주장했다.

---

10) Diplomatic cable 09BEIJING1761, Chinese Scholars on UNSCR 1874 and Possible Next Steps for China and Washington, 26 June 2009.

반면에 또 다른 관리들은 북한의 생명줄에 해당하는 중국의 지원이 지속되어야 한다고 주장했다. 결국 중국은 북한과의 경제협력을 재개하기로 결정했다(Pollack 2011: 172-3). 지난 10년 동안 중국은 북한이 중국 유형의 시장친화적인 개혁을 추진하기를 희망했다(Moore 2008). 북한이 핵억지력 강화에 보다 많은 관심을 기울이던 시기에도 중국은 이 같은 희망을 버리지 않았다. 2010년 말, 북한을 방문했던 중국 대표단은 북한이 경제개혁을 추진할 의향이 있다고 결론지었다.[11]

2010년 5월, 중국의 초청으로 김정일이 중국을 방문했다. 이는 2006년 이래 김정일의 최초 중국방문이었다. 김정일은 중국의 경제발전을 상징하는 몇몇 도시를 방문했다(Choi 2010). 그 후 3개월 뒤인 2010년 8월 김정일은 재차 중국을 방문했다. 당시에도 김정일은 중국의 경제발전을 상징하는 몇몇 도시를 방문했다(Wines 2010).

두 차례의 중국 방문을 통해 김정일은 자신의 아들이자 후계자로 지명된 김정은을 중국 지도자들에게 소개할 수 있었다. 북한을 경제개혁으로 유도하고자 하는 중국의 입장과 후계자를 승인받고자 하는 북한의 희망이 상호작용하였다. 그러나 북한이 미국과 연성균형을 이루도록 중국이 도움을 줄 것이라는 징후는 발견되지 않았다.

그럼에도 불구하고 천안함 사건에 대한 중국의 반응은 북한이 대한민국과 그리고 암묵적으로 미국과 연성균형을 취하는데 중국이 도움을 줄수도 있는 것으로 해석되었다. 중국 정부는 천안함 침몰 사건과 관련하여 북한을 비난한 국제사회의 조사 결과에 동의하지 않는다고 공개적으

---

11) 중국 대외정책 관리와의 인터뷰(2011년 7월 26일, 런던).

로 말했다(China Daily 2010). 이미 설명했듯이, 중국은 천안함 침몰 사건 이후 모든 당사국들에게 자제를 촉구했다.

2010년 전반기 6개월 동안에는 미·중 관계가 악화되었다. 천안함 사건에 대한 중국의 반응을 통해, 북한문제에 관한 중국의 입장을 엿볼 수 있었다. 미국을 겨냥한 중국의 연성균형은 여타 사안에 관한 미국의 대중국 비판에 대응하는 성격으로 해석되었다. 당시 미국은 환율조작과 관련하여 중국을 비난하고 있었다.

3. 연평도 포격사건 이후부터
김정일 사망 시점까지(2010. 12~2011. 12)

2010년 11월 23일 북한은 연평도를 포격했다. 미국의 중간선거가 끝나고 3주가 지난 시점이었다. 미 중간선거에서 오바마의 민주당은 공화당과의 경쟁에서 상당한 손실을 입었다. 중간선거 결과는 민주당이 공화당에 완승을 거둔 2006년 선거와는 전혀 다른 메시지를 전달해주고 있었다. 미국의 대외정책, 특히 미국 국민들에게 인기가 없던 이라크 전쟁과 아프간 전쟁에 관한 정책이 2006년 중간선거 결과에 부분적으로 영향을 미쳤다.

반면에 2010년의 선거 결과는 미국의 경제 위기와 직접 연계되어 있었다(Kolodny 2011). 따라서 2006년 중간선거 이후 럼스펠드 국방장관이 사임한 것과 달리, 오바마 행정부의 대외정책팀에는 별다른 변화가 없었다. 또한 2010년 중간 선거 이후 오바마 행정부는 대외정책 측면에서의 극적인 전환을 강요받지도 않았다.

그럼에도 불구하고 미국의 대외정책은 미군이 파키스탄에서 오사마 빈 라덴을 제거한 2011년 5월 2일 이후 엄청난 변화를 겪었다. 빈 라덴의 사망으로 미국은 아프간 작전을 종료시킬 강력한 명분을 얻을 수 있었다.

2011년 6월 오바마(2011b)는 2011년 연말까지 아프간에서 1만 명의 병력을 철수시키고 2012년 여름까지 23,000명의 추가 병력을 철수시킬 것이라고 선언했다. 한편 미군의 이라크 철수는 2011년 12월에 종료될 예정이었다. 이라크에 있던 미군 병력은 줄어들고 있었지만 외교관과 정치 고문관의 유입은 점차 늘어나고 있었다(Pincus 2011).

한편, 미국은 유엔안전보장이사회가 2011년 3월에 통과시킨 결의안 1973에 규정되어 있던 리비아 상공에 '비행금지구역'을 강요하는 과정에서 주도적인 역할을 담당하고자 하지 않았다(King et al. 2011). 리비아 상공에서의 비행금지구역 설정은 카다피(Muammar al-Qaddafi) 군대와 반군 간 내전의 결과였다. 카다피 추출을 추구하던 반군에 유리한 '비행금지구역' 설정과 적용 과정에서 도움을 주고자 노력하면서도 미국은 리비아 분쟁을 외교적으로 해결하는 방안을 고려했다(White House 2011).

한편 미국은 이스라엘과 팔레스타인 간의 분쟁도 협상을 통해 종결시키고자 지속적으로 노력했다. 2011년 5월, 오바마(2011a)는 이스라엘과 팔레스타인의 국경선이 1967년 당시의 경계선에 근거해야 한다고 주장했다. 지난 10년 동안 가장 열렬히 추적해온 빈 라덴을 제거했으며, 중동 지역에서 강구한 여러 조치로 인해 미국은 자국의 대외정책에서 외교에 우선순위를 두게 되었다.

이 같은 미국의 입장 변화는 동북아지역에서도 그대로 나타났다. 많은 분석가들에 따르면, 2010년에는 미·중 관계가 별로 좋지 않았다. 이는 몇몇 사안 때문인데, 가장 두드러진 부분은 중국 위안화의 평가절하 문제였다(Godement 2011). 이에 반해 2011년은 매우 긍정적인 방향으로 시작되었다. 후진타오가 미국을 방문하여 오바마를 만난 것이다. 후진타오의 미국 방문은 성공적이었으며, 미·중 양자관계를 강화시켰다(Da 2011). 2011년 5월 워싱턴에서 개최된 미·중 '전략 경제대화'를 통해 양국은 다수의 용이하거나 난해한 안보문제에 관한 협력에 합의했다(Department of State 2011). 특히 양국 군대가 관계 증진을 위해 공조하기 시작했다. 그 해 7월에는 최고위급 미군장교인 합참의장 마이크 뮬렌(Mike Mullen)이 중국을 방문하여 자신의 상대역인 첸빙더(陳炳德)를 만났다. 이 군사회담에서 미국과 중국은 군사적 신뢰를 형성하기 위한 많은 정책을 발표했다. 여기에는 해적소탕과 재난구호를 염두에 둔 미·중 연합훈련이 포함되어 있었다(新华社 2011).

중국, 일본, 대한민국의 관계도 지속적으로 개선되었다. 지진과 쓰나미가 동일본 지역을 강타하여 후쿠시마 원자력발전소에 영향을 미친 지 불과 2개월 후인 2011년 5월, 4차 3국 정상회담이 도쿄에서 개최되었다. 이 정상회담에서 한·중·일 3국은 핵 협력이라는 민감한 사안에서의 연대를 강화시켰다.[12] 중국과 대만의 양안관계도 긍정적이었다. 그러나 2012년 1월의 대만 총통 선거에서 야당인 민주진보당 후보가 당선되면서 양안관계가 악화되었다.

---

12) Summit Declaration, 22 May 2011.

연평도 포격 사건 이후의 북한의 행동은 '단순학습'의 결과였다. 북한은 오바마 취임 2년이 지난 시점부터 벼랑끝전술을 사용하지 않았다. 중국과의 협력이 북한이 가장 선호하는 전술이 되었다. 2011년 여름부터 이명박 정부와의 관계도 개선되기 시작했다. 북한은 6자 회담을 수용하는 방향으로 나아갔다.

1) 북·미 외교관계 정상화라는 북한의 목표

2010년 말경과 2011년 한 해 동안, 북한은 북·미 평화협정 체결을 지속적으로 요구했다. 그러면서도, 북한은 자국의 핵무기 프로그램을 유지하고자 노력했다. 리비아의 카다피 제거는 이 같은 북한의 태도를 더욱 강화시켰다. 2003년 말경 리비아는 자국의 대량살상무기 프로그램을 포기하기로 결정했다. 그런데 이처럼 결정한 지 8년도 지나지 않아 리비아가 내전에 휩싸였으며, 카다피 휘하 정부군이 미국과 미국의 동맹국이 설정한 '비행금지구역'으로 인해 군사적 이점을 상실한 상태에서 전투를 수행해야만 했다. 대량살상무기를 보유하고 있었더라면, 리비아는 내전에 대한 서방국가의 간섭을 막을 수 있었을 것이다. 이러한 리비아의 상황 전개에서 김정일 정부는 많은 교훈을 얻었다.

이로 인해 2011년 한 해 동안 북한은 북한 핵 프로그램의 무조건 해체 요구를 수용할 수 없다고 주장했다. 김정일 정부는 충분한 대가가 없는 상황에서의 핵 능력 제거는 있을 수 없는 일이란 점을 반복해 강조했다. 북한은 미국의 '적대적'이고 도발적인 행동이 지속되고 있기 때문에 핵무기 프로그램이 반드시 필요하다는 입장이었다(KCNA 2011b, 2011c).

김정일 정권의 생존 보장 차원에서 핵무기와 같은 자체 전력을 이용한 세력균형 유지를 북한은 여전히 선호했다. 미국이 탈레반과 사담 후세인을 제거했으며, 리비아 반군들이 서구 군사력의 도움을 받아 카다피를 권좌에서 몰아냈다. 대량살상무기가 없었기 때문에 이들 국가는 외국군의 간섭으로부터 자신을 방어할 수 없었다. 이러한 점에서 보면, 김정일 정부가 확실한 억지력인 핵무기를 포기하지 않는 것이 논리적인 듯 보였다.

그럼에도 불구하고, 북한은 여전히 미국과의 평화협정 협상을 희망했다. 2011년 1월, 북한은 북·미 관계 개선을 원한다고 선언했으며(KCNA 2011b), 4월에는 오바마 행정부와 북한 핵 프로그램을 논의할 준비가 되어 있다고 밝혔다(Ibid: 2011e). 북한은 여전히 북·미 외교관계 정상화를 추구하고 있었다. 그러나 평화공존의 경우와 유사하지만 평화협정을 그 중간 단계로 간주하고 있었다.

북한이 완벽한 북·미 외교관계 정상화와 핵 프로그램을 교환할 의사가 있는지 분명하지 않았다. 핵무기 프로그램을 포기한 이후 비참한 최후를 맞이한 가다피의 운명을 고려해 보면, 김정일 정부는 핵카드를 전면 포기하는 모험을 감행하지는 않을 것이다. 북한은 북·미 외교관계 정상화 이후에나 자국의 핵 프로그램 폐기를 고려할 것이다.

보스워스와 김계관의 2011년 7월 회동에서는 1953년에 체결된 정전협정을 대체하기 위한 평화협정 서명의 중요성이 부각되었다. 김계관이 뉴욕에 도착하기 하루 전날 노동신문은 평화협정을 촉구했다. 이 같은 방식으로 북한은 자신이 추구하는 목표를 제시했다(KCNA 2011j). 김계관은 북·미가 화해하고 양국관계를 개선시켜야 할 시점이 되었다고 주장하면서 북·미 양자관계를 논의하기 위해 미국에 왔다고 말했다(Kwon 2011).

2010년 초반부터 북한이 강조해오고 있는 평화협정 체결은 북·미 화해 과정에서 중요한 단계였다. 평화협정이 체결되면 북·미 관계가 급속히 개선될 것이었다. 김계관의 미국 방문 이후, 북한 외무성 대변인은 2005년 9.19 공동성명의 포괄적인 이행을 희망한다고 밝혔다(KCNA 2011k). 대변인 성명에서 북한은 평화를 여섯 차례나 언급했다. 그런데 이미 살펴본 바처럼, 북·미 외교관계 정상화와 북한 비핵화는 9.19 공동성명의 근간에 해당하는 부분이었다. 9.19 공동성명의 포괄적인 이행에서는 북·미 외교관계 정상화와 비핵화의 교환을 가정하고 있었던 반면 평화협정체결이라는 중간단계를 상정하지 않았다.

한편 오바마 행정부는 미국의 대외정책을 수정하기 시작했다. 2011년 4월, 전 미국 대통령 카터가 북한을 재차 방문했다. 오바마 행정부가 공식적으로 승인한 것은 아니었지만, 카터의 방문은 북·미 협상 재개를 위한 비공식적인 노력으로 보였다(Carter 2011).

카터의 방북 직후, 오바마 행정부는 북한에 대표단을 파견했다. 북한 인권특사 로버트 킹을 중심으로 하는 미국 관리들이 인도적 지원 문제를 논의할 목적으로 평양을 포함한 몇몇 도시를 방문했다(USAID 2011). 당시 북한은 심각한 기근으로 허덕이고 있었다. 미 대표단의 방문은 북·미 화해를 겨냥한 중요한 조치였다. 이 대표단에는 미국의 몇몇 고위급 관리들이 포함되어 있었다. 2009년 12월의 보스워스 방북 이후 최고위급 방문단이었다.

대북정책 측면에서 오바마 행정부의 가장 큰 변화를 보여준 부분은 2011년 10월 대북정책 특별대표로 글린 데비스(Glyn Davies)를 임명한 사실이었다. 데비스와 그의 전임자 보스워스는 북한 대표와 제네바에서 이

틀간 회담했다. 회담이 종료될 시점에 발표된 성명에서 보스워스(2011)는 6자 회담 재개에 자신감을 표명하는 등 회담이 전반적으로 건설적이었다고 말했다. 그는 '북·미 외교관계 정상화'라는 표현도 사용했다. 이 회담 이후 데비스는 중국, 일본, 대한민국 관리와 회동했다. 데비스가 베이징에서 중국 6자 회담 대표와 회담하고 있던 2011년 중순, 또 다른 미국 대표단과 중국 대표단이 북한을 인도적 차원에서 지원하기 위한 조건에 관해 논의했다. 데비스는 6자 회담 재개를 위한 북·미 양자회담 가능성도 공개적으로 언급했다(Davies 2011). 미·중 회담 직후 데비스는 베이징에서 북한 대표단과 회담할 계획이었다(Kirk 2011). 그런데 김정일의 사망으로 이 회담은 성사되지 못했다.

이들 방문에도 불구하고 오바마 행정부는 여전히 북한의 '완전하고 검증 가능하며 돌이킬 수 없는 비핵화'를 추구했다(Campbell 2011). 2011년 7월의 뉴욕에서의 북·미 양자회담 바로 전 날 미국은 '돌이킬 수 없으며 완전한 비핵화'의 필요성을 북한에 상기시켰다(Toner 2011). 그러나 2011년 초 오바마 행정부는 북한의 정권교체를 추구하고 있지 않다는 점을 강조했다(Eckert 2011). 여기서 보듯이 미국은 '완전하고 검증가능하며 돌이킬 수 없는 북한의 핵 폐기(CVID)'를 공식 목표로 유지하고 있었음에도 불구하고 북한이 가까운 미래에 핵을 포기할 것 같지 않은 상황에서도 북한과 기꺼이 대화하고자 했다.

2) 목표 달성을 위한 북한의 행동

(1) 6자 회담 레짐의 재탄생 추구?

북한이 자국의 가장 중요한 목표와 관련하여 모호성을 유지하고 있었다는 점에서 보면, 연평도 포격 이후의 북한의 행동은 잘 이해되지 않는다. 북한은 2011년 전반 6개월 내내 6자 회담을 재개할 준비가 되어 있음을 알리기 위해 다양한 조치를 취했다. 1년간의 국가 정책기조를 밝히는 신년 공동사설에서, 북한은 김정일 정부가 한반도 비핵화와 남·북 관계 개선을 위해 '대화와 협력'을 추구할 것이라고 선언했다(KCNA 2011a). 또한 북한은 주변국과의 대화에 복귀할 의사가 있다는 것도 분명히 했다(Kwon 2011). 2009년과 2010년 북한은 6자 회담 재개에 반대한다는 견해를 공식적으로 표명했다. 하지만 최소한 다자 회담은 받아들인다는 입장이었다.

2011년 3월, 북한 외무성 대변인은 북한을 방문한 러시아 대표단에게 김정일 정부가 6자 회담에 복귀할 준비가 되어있을 뿐만 아니라 2010년 11월에 공개한 우라늄 농축 프로그램에 관해서도 논의할 의사가 있다고 밝혔다(KCNA 2011d). 이 우라늄 농축 프로그램의 공개로 핵 대결이 보다 악화된 바 있다. 왜냐하면 이 프로그램은 북한과 부시 행정부 간의 2007년 및 2008년의 협상 의제가 아니었기 때문이다. 우라늄 농축 프로그램은 북한이 핵 억지력을 유지하면서 미국으로부터 정치 및 경제적 양보를 얻어내기 위해 사용할 수 있는 새로운 카드였다.

한 달 뒤 중국은 6자 회담 레짐을 재개하기 위한 새로운 제안을 들고 나왔다. 중국의 제안은 3단계 접근법이었다. 즉 남·북 양자대화가 북·미 대화를 촉진시키고, 이 북·미 대화가 6자 회담의 틀 안에서 다자대화를 촉진시킨다는 것이었다(조선일보 2011a). 연평도 포격 사건 이후 미국, 대한민국, 일본은 6자 회담 재개 이전에 남·북 관계가 증진되어야 한다고 주장했다(Clinton 2010b). 중국의 제안은 이 같은 3개국의 요청에 부합할 뿐만 아니라, 북·미 양자대화에 관한 북한의 요구도 충족시키는 성격이었다. 따라서 이 같은 중국의 제안대로 한다면 궁극적으로 6자 회담 재개도 가능했다.

북한은 중국의 제안을 암묵적으로 수용했다. 열흘도 지나지 않은 시점, 김정일은 북한을 방문하고 있던 카터에게 친서를 보냈다. 친서에서 김정일은 이명박 대통령과의 정상회담을 수용할 준비가 되어 있다는 사실과 6자 회담도 재개할 준비가 되어 있다는 사실을 밝혔다(Carter 2011).

2011년 6월 남·북한 6자 회담 대표가 회담했다. 이 대표회담은 2008년 12월의 6자 회담 대표들의 회담 이후 최초의 남·북한 회담이었다. 남·북한 대표는 아시아지역의 유일한 안보기구인 아세안지역포럼(ARF)에서 회담했다. 양자회담 이후 남·북한 6자 회담 대표는 6자 회담 과정 재개 희망을 확인했다(Lee and McDowell 2011).

한편 아세안지역포럼에 참석하고 있던 중국 외무장관 양제츠와 힐러리는 남·북 대표들의 입장을 지지했다(Clinton 2011). 남·북한 6자 회담 대표들의 회동 이후 아세안지역포럼에 참석하고 있던 남·북한 외무장관들이 비공식적으로 회동했다(Lee and McDowell 2011). 이들 회동은 북한이 외교적 경로를 재차 탐색하기 시작했음을 보여주는 중요한 증거였다.

그 후 1주일 뒤 6자 회담 북한대표인 김계관과 러시아 외무부 부장관인 세르게이 이바노프가 미국을 방문하여 보스워스를 만났다. 김계관이 뉴욕에 도착하기 하루 전, 조선중앙통신은 비핵화를 논의하기 위해 북한이 6자 회담에 재차 참석할 의향이 있다는 의미의 성명서를 발표했다(KCNA 2011j). 미국에 도착한 김계관은 '6자 회담을 통한 비핵화의 진전'

을 원한다고 말했다(Kwon 2011). 미 행정부는 6자 회담 재개가 비핵화에 대한 북한의 약속이행에 달려있으며, 미국이 6자 회담 재개에 긍정적이라고 답변했다(Office of the Spokesperson 2011). 한편, 김계관은 보스워스와의 회담이 '건설적이고 실질적'이었으며, 북·미 양국이 '협상' 지속에 동의했다고 발표했다(Lu 2011).

2011년 8월과 10월 북한은 6자 회담에 대한 입장 변화가 가능하다는 신호를 보냈다. 2011년 8월 1일 북한 외무성 대변인은 '동시행동원칙에 대한 9.19 공동성명의 포괄적 이행'을 추구하면서, 조속한 시기에 전제조건 없는 회담재개를 주장했다(KCNA 2011k).

2011년 8월 27일 또 다른 익명의 외무성 대변인은 '조속한 시기에 6자 회담을 재개하고자 하는 입장에 변함'이 없으며, '동시행동원칙에 따라 한반도 비핵화를 위한 9.19 공동성명의 이행'을 목표로 하고 있다고 발표했다(Ibid: 2011). 북한은 '행동 대 행동' 규칙의 준수를 희망했다. 왜냐하면, 6자 회담의 이 규칙이 북·미 평화공존을 실현시켜 주었기 때문이었다. 따라서 김정일 사망 시점, 북한은 부시행정부 말경 이후 최초로 6자 회담 재개를 위한 여러 조치들을 취했다.

(2) 제휴로의 복귀인가?

오바마 행정부 출범 이후 북한은 주변 강대국과 협력하여 미국과 균형을 이루는 문제에 관해 모호한 입장을 취했다. 하지만 연평도 포격 이후 북한은 미국의 압력에 대항할 목적으로 중국 및 러시아와 협력할 수 있음을 보여주었다. 북한의 연평도 포격과 관련하여 중국은 북한을 비난하면서도, 연평도 포격으로 인해 북한이 새로운 제재를 받거나 군사적 대응이 초래되는 현상에 반대한다는 입장을 분명히 했다(Synder and Byun 2011: 77).

한편, 중국은 6자 회담 재개를 추구하고 있었다. 이미 논의했듯이 미국, 대한민국, 일본은 6자 회담 재개에 반대했다. 중국은 연평도 포격이라는 북한의 벼랑끝전술에 대한 주변국의 대응을 제한시키기 위해 정치적 자산을 이용했으며, 북한 핵문제를 외교적으로 해결하기 위해 노력했다. 이들 노력이 북한에 도움이 되었다.

러시아의 입장 또한 북한의 대미 협상에 도움이 되었다. 중국과 마찬가지로, 러시아는 북한의 연평도 포격을 비난했지만 연평도 포격으로 한반도에 긴장이 확산되는 것을 더 이상 원치 않았다(Synder and Byun 2011: 79). 2011년 3월 러시아는 북한에 고위급 대표단을 파견하여 이들로 하여금 북한의 고위급 관리와 만나게 했다. 이 회담에서 북한은 6자 회담에 재차 동참하여 모든 핵 프로그램에 관해 논의할 준비가 되어 있다고 선언했다. 북한의 이 선언으로 러시아는 동아시아 지역 외교에서 자국이 행사할 수 있는 역할을 과시할 수 있었다.

러시아 대표단의 방북으로 북한은 자신이 고립되어 있지 않다는 것을 보여 줄 수 있었다. 한편 러시아 대표단의 방북은 김정일 정부가 6자 회담에 참여할 의사가 있음을 국제사회에 알리기 위한 유용한 수단이었다. 2011년 6월 러시아 외무부 부장관은 6자 회담 지속을 공개적으로 언급했다(IISS 2011b: 70).

2011년 5월 김정일은 중국을 방문했다. 이는 지난 13개월 동안 세 번째 방문이었다. 이 방문의 이동 거리는 매우 길었다. 김정일은 경제개혁과 협조를 논의하기 위해 원자바오 총리를 만났으며, 후진타오 주석과

정치 및 안보 협조를 논의했다. 방문 기간 동안 김정일은 6자 회담 재개를 촉구했다(Paik 2011).

중국에 8일 동안 체류하면서 김정일은 중국 최고위급 지도자들과 회동했다. 이는 당시의 중국 방문이 김정은으로의 권력 승계문제에 관해서뿐만 아니라 자신의 추후 조치들에 관해 중국의 정치적 지원을 보장받기 위한 것이었음을 암시해준다. 북한 핵문제와 관련하여 6자 회담이 재개될 경우, 중국이 미국과 함께 북한을 압박하는 것이 아니라 정직한 중재자로서 행동해줄 것을 김정일은 확인받고자 했을 것이다.

2005년~2008년 사이, 중국은 이미 이 같은 역할을 수행한 바 있었다. 그러나 북한의 2차 핵실험과 연평도 포격에 대한 중국의 비난을 놓고 보면, 중국이 향후에도 북한을 지원해줄 것인지가 불분명했다. 결과적으로 보면, 김정일 사망 이후 중국은 김정은을 지원했다. 이는 지도자 변경 문제와 관련하여 김정일이 후진타오 정부의 지원을 성공적으로 확보했음을 보여주는 부분이다.

남·북한 공조를 통해 미국과 연성균형을 이루는 것이 불가능했다는 점에서 북한은 중국 및 러시아와의 제휴에 의존하지 않을 수 없는 입장이었다. 2011년 7월의 남·북 회담에도 불구하고, 여전히 대한민국은 북한과의 접촉을 꺼려했다. 남·북 회담이 있기 불과 7주 전, 김관진 국방부 장관(2011)은 김정일 정부가 비핵화 의지를 천명하고 도발을 중지할 때에나 대한민국이 북한과 대화할 준비가 되어 있다고 말했다. 김관진은 또한 2010년 1월 이후 북한이 대화를 요청해왔지만 천안함 침몰사건과 연평도 포격 사건에 관해 북한이 진지하게 사과하지 않았기 때문에 북한의 대화 제의를 거부했다는 사실을 공개했다(IISS 2011b: 39). 사실, 2011년

7월의 남·북 회담은 이명박 정부가 원해서라기보다는 중국과 미국의 압력에 의한 것이었다.[13]

(3) 벼랑끝전술은 불가능한 것인가?

연평도 포격 사건 이후 몇 달 동안, 중국은 북한을 비난했다. 이 같은 비난이 벼랑끝전술에 관한 북한의 접근 방식에 영향을 미친 듯 보인다. 2006년 중국은 북한의 미사일 시험 발사를 부드럽게 비난했지만, 핵실험과 관련해서는 분노했다. 마찬가지로 2010년 중국은 천안함 침몰 사건에 대해서는 온건한 자세를 취했지만, 연평도 포격 사건에 대해서는 보다 비판적이었다.

2006년과 2010년, 북한의 두 차례에 걸친 벼랑끝전술과 관련하여 중국은 강력히 비판했다. 그러자 북한은 몇 달 동안 벼랑끝전술을 자제했다. 보도에 따르면, 후진타오 정부는 또 다른 도발을 시도하는 경우 중국이 더 이상 북한을 도와줄 수 없다는 사실을 김정일 정부에게 분명히 전달했다(조선일보 2011b). 중국 국방부장관 량광례(梁光烈)는 북한이 새로운 도발을 하지 않도록 중국이 노력하고 있다고 공개적으로 말했다.

이 기간 동안 북한이 벼랑끝전술을 감행한 유일한 사례는 미국인 에디 전(Eddie Jun)을 억류한 경우다. 2010년 11월의 연평도 포격 사건 무렵 북한은 이 미국인을 체포했다. 그러나 북한은 2011년 4월에 가서야 억류 사실을 발표했다(KCNA 2011f). 이 미국인은 정당한 사업 비자로 북한에 입국한 후 불법 종교 활동 혐의로 체포되었다.

---

13) 대한민국 대외정책 관리와의 인터뷰(2011년 8월 3일, 런던)

에디 전은 북한이 억류 사실을 공개한 지 한 달 뒤에 석방되었다. 그의 석방을 위해 로버트 킹이 2011년 5월 북한을 방문했다(Lee and Drew 2011). 이처럼 북한의 벼랑끝(외교)전술은 실제로는 연평도 사건과 거의 동시에 일어났으며, 2011년 한 해 동안 유지되었다. 그러나 에디 전의 구금 문제는 대중에 공표된 직후 해결되었다. 북한이 이 문제로 인해 북·미 관계가 지장 받는 현상을 원치 않았음을 알 수 있다.

한편 연평도 포격사건부터 김정일 사망 시점까지, 북한은 새로운 벼랑끝전술을 감행하지 않았다. 오바마 행정부가 취임한 처음 2년 동안의 행동과 달리, 북한은 제 3자가 도전적이라고 생각할 수 있는 어떠한 행위도 자행하지 않았다. 북한의 수사적인 벼랑끝전술은 일상적으로 목격되는 현상이었다. 북한은 북한 핵문제의 평화적인 해결에 부정적인 영향을 미치고 있다고 생각되던 행위와 관련하여 이명박 정부를 비난했다(KCNA 2011g, 2011h, 2011i).

제 3국의 행동 가운데 적대행위로 생각되었던 부분에 대한 수사적인 비난은 한동안 북한의 특징이었다. 이는 상대적으로 온건한 형태의 벼랑끝전술이었다. 2011년 초반 6개월 동안 미국의 대외정책에 대한 북한의 비난은 일상적이고 일반적인 형태였다. 이 같은 유형의 비난은 수십 년 동안 지속되어 온 북한 언론매체의 일반적인 특성이기 때문에 대외정책 측면에서 별다른 의미가 없다. 2011년 북한은 새로운 대량살상무기를 시험하지 않았으며, 대한민국을 공격하지도 않았다. 이는 2011년 한 해 동안 북한이 벼랑끝전술을 포기했음을 보여주는 좋은 징표였다.

제6장

결론

1. 북·미 협상 : 외교관계 정상화를 위한 학습 과정

1장에서 우리는 강대국과 협상할 당시 약소국이 자신의 목표 달성을 위해 다음과 같은 세 가지 전술 가운데 하나 이상을 사용한다고 설명했다. 세 가지 전술은 제휴(협력), 벼랑끝전술, 국제 레짐 참여이다. 약소국의 경우 또 다른 강대국과 함께 연성균형 또는 경성균형을 이루어 강대국의 세력에 대항하고 균형을 유지하기로 결정하거나, 자신을 위협하는 강대국에 편승하기로 결정할 수도 있을 것이다. 더욱이 약소국들은 다양한 종류의 벼랑끝전술을 구사할 수도 있다. 마지막으로 약소국은 국제 레짐에 참여할 수도, 이들 레짐을 회피할 수도 있다.

협상과정에서 약소국이 이들 전술을 종합하여 활용하는 방식은 협상 과정에 직·간접적으로 영향을 미치는 요인들에 관해 해당 약소국이 학습한 부분에 따라 달라진다. 따라서 자신과 협상하고 있는 강대국의 상대적 파워가 또 다른 강대국과 비교하여 약해지는 경우, 우리는 약소국이 또 다른 강대국의 도움을 받아 협상 도중에 있는 강대국과 세력균형을 취할 것으로 기대할 수 있을 것이다.

또한 강대국-약소국 대립에 내재해 있는 비대칭성이 줄어드는 경우 우리는 약소국이 벼랑끝전술을 구사하거나 이 같은 전술의 강도를 높일 것으로 가정할 수 있다. 마찬가지로 국제 레짐의 규칙 또는 기대가 약소국에 유리한 방향으로 변하는 경우, 약소국이 이들 레짐에 보다 적극적으로 참여할 것으로 예상할 수 있을 것이다.

분명한 것은 약소국과 협상하는 강대국 또한 협상과정에서 학습한다는 것이다. 결과적으로 강대국은 구조적 특성과 구조 내부에서 진행되는 변동의 결과를 바탕으로 자신의 행동을 수정하게 된다. 그러나 통상 약소국이 강대국보다 구조에 관해 보다 정확하고 신속하게 학습하여 자신의 행동을 적절히 수정하게 된다. 약소국이 보다 신속히 행동할 수 있는 이유는 협상 결과에 관한 약소국의 관심이 상대적으로 크기 때문이다. 강대국의 경우 지속적으로 증대되는 국제사회 제반 문제들의 해결에 관여해야 하는 반면, 약소국은 자신의 주요 이익이 걸려 있는 일부 문제에 관심을 집중시킬 수 있다.

또한 약소국은 이들 목표 달성에 보다 많은 열의를 보이게 된다. 강대국 입장에서 보면, 약소국과의 협상과정과 이들 과정을 통해 얻을 수 있는 목표는 부차적인 성격이다. 하지만 강대국과 협상하는 약소국의 입장은 강대국과 전혀 다르다.

한편, 약소국의 인지구조가 약소국의 학습에 영향을 준다. 모든 행위자는 국제체제와 특정 협상과정에 관해 그리고 이들 과정과 체제 내부에서 변화를 조성하고 생성해주는 역학에 관해 일련의 신념을 견지하게 된다. 이 같은 신념이 여타 행위자들에 대한 특정 행위자의 태도에 영향을 주고, 특정 행위자의 행동을 형성한다. 대부분의 행위자들은 인지구조가 안겨다주는 안정성 때문에 인지구조의 유지를 선호한다.

결과적으로 행위자들이 신념을 바꾸지 않으려고 함에 따라 학습이 지장을 받게 된다. 행위자는 협상과정 구조 측면에서의 주요 변화를 인지체계란 렌즈를 통해 수용한다. 결국 행위자가 자신이 선호하는 협상전술을 곧바로 바꾸지 않거나 전혀 바꾸지 않을 수도 있을 것이다.

마찬가지로, 협상과정에서의 상대방에 대한 신념과 상대방의 행동에 관한 신념이 행위자가 선택하게 될 전술에 영향을 미친다. 또한 상대방의 행동 방식에 대한 기대가 행위자의 행동에 영향을 준다. 따라서 협상과정의 결과로 상대방의 행동 또는 접근 방식이 변하는 경우에도 이 같은 변화를 행위자가 즉각 학습하는 것은 아니다. 행위자가 자신의 인지구조를 바꾸고자 하지 않는 경향으로 인해 학습이 지연될 것이다. 결과적으로, 선호하는 협상전술은 점진적으로 변하거나, 전혀 변하지 않을 수도 있다.

약소국의 적절한 학습을 저해하는 두 번째 요인은 '능숙함의 덫 (Competency Trap)'[1]이다. 이전에 성공적이었던 행동 유형들에 익숙해지는 경우, 행위자들은 유사한 상황에서 이들 유형을 선택하고자 하는 경향을 보이게 된다. 심지어 유사하지 않은 상황에서조차 이 같은 경향을 보이게 된다. 보통 행위자들은 자신이 선호하는 협상전술을 바꾸려 하지 않는다. 이는 특정 전술에 익숙해져 있어서 그 전술을 능숙하게 사용

---

1) 역자주 : 하던 일을 잘하면 잘할수록 다른 일은 하지 못하게 되는 함정

할 수 있기 때문이기도 하다. 결국 '능숙함의 덫'으로 인해 적절한 학습이 지연된다. 왜냐하면 '능숙함의 덫'으로 인해 행위자가 보다 좋은 결과를 안겨다줄 수도 있는 새로운 대안을 탐구하지 않을 것이기 때문이다. 결국 행위자는 새로운 대안을 탐구하는 것이 아니고 이전에 적합했으며 자신에게 친숙한 구조에 의존하고자 한다. 선택 가능한 대안들을 인지하지 못할 정도로 '능숙함의 덫'이 행위자의 심리에 각인되어 있는 경우 학습이 어려워질 수도 있다.

이 책에서는 클린턴 행정부 당시부터 김정일 사망 시점까지 미국과의 협상을 위해 북한이 선택한 전술의 진화 과정을 탐구하고 있다. 이 책의 4장과 5장에서 보듯이 북·미 협상을 통해 북한이 달성하고자 한 목표에 일부 변화가 있었다. 1974년 이후, 북·미 외교관계 정상화는 북한이 추구해온 최종 목표였다. 그러나 2006년 10월의 1차 핵실험 이후에는 북·미 외교관계 정상화에 대한 북한의 열의가 줄어들었으며, 2차 핵실험 이후에는 이 같은 열의가 보다 애매해졌다.

앞에서 언급한 세 가지 협상전술과 목표들 가운데, 북한이 특정 조합을 선호한 이유를 설명하는 문제는 쉬운 일이 아니다. 북한의 대외정책 행태를 분석하는 학자들은 북한의 조치를 광범위하고 정확하게 설명하려는 시도에 주의를 당부한다. 따라서 저자는 조직 학습이론이 북·미 협상에 관해 완벽히 설명해줄 수 있다고 주장하지 않는다. 많은 분석가와 학자들이 수십 년 동안 북한의 행태를 연구해 왔다. 따라서 이 책 한권이 북한이 강구한 조치들의 핵심 동인을 이해하기 위한 열쇠를 제공해줄 가능성은 높지 않을 것이다.

[표 6-1] 미국에 대한 북한의 고강도 벼랑끝전술

일시	행동	미국의 반응
1968. 1. 23	푸에블로호 나포	승무원 석방을 위한 북·미 양자회담 시작
1969. 4. 15	미 정찰기에 대한 공격	정찰 비행 횟수 줄임
1976. 8.18	공동경비구역에서 2명의 미군 살해	북한의 사과 수용
1993. 5. 29~30	중거리 노동미사일 발사	북한 핵 프로그램에 관해 예정되어 있던 양자회담 개최
1994. 6.13	IAEA(국제원자력기구)이탈	새로운 양자회담 시작과 북·미제네바합의 체결
1998. 8. 31	대포동미사일 발사	정책검토 이후 북·미 외교관계 정상화 노력 시작
2003. 1. 10~4. 10	NPT(핵확산금지조약) 탈퇴 선언 효력발생	6자 회담 시작
2006. 7. 4~5	대포동미사일, 7발의 단거리 미사일 발사	유엔안전보장이사회 결의안 1695 형태로 다자간 제재 강요
2006. 10. 9	1차 핵실험	북·미 양자회담 시작, 유엔안전보장이사회 결의안 1718 형태로 다자간 제재 연장
2009. 5. 25	2차 핵실험	유엔안전보장이사회 결의안 1874 형태로 다자간 제재 연장
2009. 7. 2~4	유엔안전보장이사회 결의안 1874 위배하며 7발의 중거리 미사일과 스커드미사일 발사	유엔안전보장이사회 결의안의 개선된 적용 촉구

　　그럼에도 불구하고 북한의 실제 행동에 조직 학습이론을 적용함으로써, 북한이 선호한 전술과 목표를 분석할 수 있었다. 북·미 외교관계 정상화를 달성하기 위해 북한이 지속적으로 학습했다는 가정에 근거가 없지 않다. 북·미 외교관계 정상화라는 북한의 목표는 김일성 정부 당시부터 북한 대외정책의 중요한 부분이었다. 따라서 북한의 대외정책 행태를 이해하는 과정에서 조직 학습이론이 유용할 수 있다. 조직 학습이론이 북한의 행동 이유를 보다 분명히 이해하는 과정에서 도움이 될 수 있을 것이다.

1) 북·미 관계를 통해 북한이 학습했는가?

적어도 클린턴 행정부 출범 이후, 북한은 북·미 관계를 통해 학습했으며, 교훈을 터득했다. 이 책을 저술하는 시점 북한은 클린턴 행정부 마지막 몇 개월 또는 부시 행정부 마지막 2년 당시와 달리 북·미 외교관계 정상화에 근접해 있지 않다. 미국이 언제 북한에 외교적 승인이란 선물을 안겨다줄 것인지 예측조차 쉽지 않다. 그렇다고 해서 이것이 미국과의 협상 방법에 관해 북한이 교훈을 터득하지 못했다는 의미는 아니다.

스타인(1996: 110)이 주장하고 있듯이, 학습으로 특정 목표 달성이 보장되는 것은 아니다. 그녀가 표현하고 있듯이, '단순학습'은 동일 목표 달성 가능성을 극대화하기 위해 행위자가 행동을 수정하는 것과 관련이 있다. 따라서 북·미 외교관계 정상화에 북한이 실패했다고 해서 학습 또는 교훈 터득이 없었다고 할 수는 없을 것이다. 북·미 외교관계 정상화를 저해한 많은 요인이 있다.

부시 행정부 마지막 2년 동안과 오바마 행정부 출범 이후 북한의 목표가 변했는데 이는 북한이 '복잡한 학습'을 했음을 암시한다. 레비(1994: 286)의 설명처럼 '복잡한 학습'은 행위자의 목표 수정에 관한 것이다. 이 같은 목표 수정은 많은 경우 이전에 추구했던 목표를 달성할 수 없게 되었다는 사실에 기인한다. 북·미 관계라는 특별한 사례에서 보듯이, 북한은 부시 행정부 마지막 2년 동안 북·미 외교관계 정상화보다 평화공존을 추구했다. 그러다가 오바마 행정부 처음 몇 년 동안 북한은 북·미 외교관계 정상화와 억지력 확보를 추구했는데, 이는 북한이 '복잡한 학습'을 했음을 의미한다. 북한이 경험한 '단순학습'과 '복잡한 학습'을 재차 검토해

보자.

(1) 학습 부재

클린턴 행정부 초기부터 김정일 사망 시점까지의 북한의 학습 방식과 학습 이유를 자세히 설명하기 이전에, 이 기간 전반에 걸쳐 북한의 학습이 실패한 경우가 있었다는 사실을 인정할 필요가 있을 것이다. 가장 분명한 실패 사례는 2001년 1월에서 2003년 3월의 기간에 발생했다. 9.11 테러 이후, 미국이 아프간을 침공하고, 이라크 전쟁을 준비할 당시, 부시 행정부에서는 매파들이 비둘기파와 비교하여 훨씬 막강한 위치에 있었다. 아직도 미국의 대북정책은 2001년 6월에 발표된 정책검토에 의해 좌우되고 있었다.

그런데 정책검토에서는 1994년 북·미 제네바합의로 구축된 레짐의 해체를 주장했으며, 미국의 관심사항들에 관한 대화를 촉구했다. 2002년 1월의 국정연설에서 부시 대통령은 북한을 '악의 축'으로 거론하면서 테러와 관련이 있는 3개 악당국가 명단에 북한을 포함시켰다. 또한 대량살상무기 확산국가라며 북한을 비난했다. 사실 대량살상무기 확산은 부시 행정부의 심기를 대단히 불편하게 만든 사안이었다. 한마디로 말하면 당시는 북한이 벼랑끝전술을 구사하기 어려운 상황이었으며, 미국의 공격을 억제하기 위해 국제 레짐에 참여할 필요가 있었다. 또한 미국과 균형을 유지할 수 있는 유일한 동아시아 강국인 중국과의 제휴가 요구되었다.

[표 6-2] 북한의 국제 레짐 참여 관련 주요 일지

일시	레짐	조치
1985. 12. 12	비확산 레짐	핵확산금지조약 서명
1992. 1. 30	비확산 레짐	핵확산금지조약의 핵안전조치협정(Safeguard Agreement) 서명
1994. 6. 13	비확산 레짐	국제원자력기구 탈퇴
1994. 10. 21	북·미제네바합의 레짐	북·미제네바합의 서명
2002. 10. 3~5	북·미제네바합의 레짐	북한의 위배인정, 미국의 협약종료
2003. 1. 10	NPT(핵비확산) 레짐	핵확산금지조약 탈퇴 선언
2003. 8. 27~29	6자 회담 레짐	6자 회담의 첫 번째 라운드 참석
2005. 9. 19	6자 회담 레짐	9.19 공동성명 수용
2007. 2. 13~10.3	6자 회담 레짐	공동성명 이행조치 수용
2009. 4. 14	6자 회담 레짐	6자 회담 탈퇴선언
2011. 8. 1	6자 회담 레짐	합의 이행 재개 준비 선언

북한은 북·미 제네바합의 레짐의 지속을 요청하는 한편 다자간 대화를 지속적으로 거부했다. 중국과는 마지못해 제휴했으며, 2002년 10월부터 시작된 북한의 저강도 벼랑끝전술은 그 강도가 급격히 높아졌다. 그 과정에서 북한의 '인지구조'와 '능숙함의 덫'으로 인해, '복잡한 학습'은 물론이고 '단순학습'도 있지 않았다. 결국 북한은 최상의 북·미 협상 전술에 관해 합리적으로 추론하지 못했으며, 그 이전에 제대로 작동했지만 2차 북한 핵위기 당시 더 이상 적용하기 어려운 벼랑끝전술에 의존하고 말았다.

김정일 정권의 인지구조로 인해 북한은 자신의 저강도 벼랑끝전술에 대한 미국의 반응 방식에 관해 일련의 예상 답안을 갖고 있었다. 대부분의 북·미 상호작용은 클린턴 행정부 당시 이루어졌다. 따라서 김정일 정부는 북한 고농축 우라늄 프로그램과 관련하여 미국이 비난하고 있지만 결국에는 클린턴 행정부 당시처럼 북·미 양자회담이 열릴 것이며, 이들 회담에서 미국이 양보할 것이라고 가정했다.

사실 동아시아 태평양 담당 차관보인 제임스 켈리의 북한 고농축 우라늄 프로그램에 관한 압박이 북·미 양자회담에서 제기되었다는 점에서 보면, 북한은 색다른 형태의 양자 협상과정을 기대하기 어려웠다. 물론 북한의 벼랑끝전술이 북·미 화해를 가져온 경우도 있었다. 1차 북한 핵위기는 북·미 양자회담을 통한 1994년의 북·미 제네바합의로 귀착되었다. 1998년의 북한 미사일 시험발사로 인해 클린턴 행정부는 페리보고서 형태로 대북정책을 검토하게 되었으며, 북·미 외교관계 정상화를 위한 고위급 회담이 진행되었다. 클린턴 행정부와 협상했던 많은 북한 관리들은 켈리의 방북을 이 같은 과정을 재개하기 위한 첫 단계로 생각했다.[2] 따라서 이들은 자신들이 선택할 수 있었던 여러 협상전술을 제쳐놓은 채 벼랑끝전술을 선택했던 것이다.

또한 북한의 벼랑끝전술은 '능숙함의 덫'에 기인했다. 1차 북한 핵위기가 시작된 1993년 이후 클린턴 행정부 전반에 걸쳐 북한은 북·미 양자회담을 모색하고, 북·미 양자관계를 설정하기 위해 벼랑끝전술을 사용했다. 김정일 정부는 벼랑끝전술을 통해 북·미 양자회담의 근간을 마련한 경험에 익숙해져 있었다. 북한은 북·미 양자회담에서 유리한 위치에 있었다. 왜냐하면 핵 및 대량살상무기 프로그램의 확산이라는 강력한 협상

---

2) 북한 외교부문 관리들은 대체로 교체 없이 오랫동안 같은 직무에 종사한다. 따라서 2차 북한 핵위기 해결에 관여했던 많은 북한 관리들이 1차 핵위기와 관련하여 일했던 사람들이다.

수단을 유지하고 있었기 때문이다.

또한 4자 회담이 진행되고 있던 1997년 12월부터 1999년 8월까지 북·미 외교관계 정상화는 진전이 없었으며, 북한은 북·미 양자협상으로 이어지는 순간까지 불리한 위치에서 협상했다. 따라서 2차 북한 핵위기 의 처음 몇 달 동안, 북한은 자신이 (특히) 효과적으로 이용할 수 있었던 벼랑끝전술에 의존했다. 부시 행정부가 이 같은 벼랑끝전술에 굴복하지 않을 것임은 처음부터 분명했다. 그럼에도 불구하고, 김정일 정부가 또 다른 대안을 고려할 능력이 없었다는 점에서 벼랑끝전술이 보다 격화되 었다.

북한이 학습에 실패한 유사한 사례가 2009년 1월부터 5월 사이, 즉 오바마 대통령의 취임 직후에 발생했다. 오바마 행정부의 대북정책이 외 교와 압박을 병행하는 형태가 될 것임은 오바마 행정부의 행동을 통해 분명히 알 수 있었다. 부시 행정부 후반 2년의 미국 관리들과 마찬가지 로, 신임 힐러리 국무장관은 북한의 '완전하고 검증 가능한 비핵화'를 촉 구했다. 이란 핵 프로그램 해결을 위해 미국이 압박과 대화를 혼합한 전 술을 사용했다는 점에서 보면 이란은 북한과 유사한 입장에 있었다. 오 바마 행정부는 또한 아프간에 병력을 증파하겠다고 선언했는데, 이는 미 국이 대화를 위한 대화는 하지 않을 것이며, 필요한 경우 군사적 방안도 사용할 수 있음을 보여주는 분명한 신호였다.

한편 미·중 관계는 개선되고 있었다. 미·중 관계 측면에서 보면, 부시 행정부에서 오바마 행정부로의 외교정책 인수인계는 그 이전 두 미국 대통령들의 경우와 비교하여 훨씬 수월하게 진행되었다.[3] 벼랑끝전술과 북·중 제휴를 포기하고 6자 회담 합의사항을 지속적으로 이행했더라면, 북한은 적어도 오바마 행정부와 접촉할 수 있었을 것이다.

그러나 북한은 미사일과 핵무기를 이용한 벼랑끝전술에 의존했다. 핵무기를 이용한 벼랑끝전술은 부시 행정부 말기에 북한이 사용했던 수사적인 벼랑끝전술과 비교하여 매우 고조된 형태였다. 북한은 또한 6자 회담을 거부했으며, 2009년 4월의 북한 장거리 로켓 발사를 유엔안전보장이사회가 비난하자 6자 회담 탈퇴를 선언하기조차 했다.

한편 북한은 적어도 자신의 벼랑끝전술에 대한 미국의 반응에 연성균형을 취하기 위해 중국과 협력하지도 않았다. 2001년 1월에서 2003년 4월 사이에도 유사한 일이 있었지만, 북한은 기존 '인지구조'와 '능숙함의 덫'으로 인해 당시 상황을 제대로 이해하지 못했다. 북한의 벼랑끝전술 선택으로 인해, 협상 의향이 있었을 오바마 행정부가 북한에 대해 적대감을 견지하게 되었다.

북한의 인지구조와 관련하여 주목해야 할 부분은 1984년 이후, 북한의 도발이 있은 지 평균 5.4 개월 뒤에 북한이 미국과 대화할 수 있었다는 사실이다(Cha 2011). 이 통계는 미 국제전략문제연구소(CSIS)의 연구결과다. 즉 북한의 벼랑끝전술이 북·미 간의 직접 접촉을 가능하게 한 것이다. 또한 북한의 1차 핵실험 이후 불과 3개월 만에 부시 행정부와 김정일 정부는 양자대화를 가졌다.

1차 핵실험 이후의 결과는 벼랑끝전술에 관한 이전의 경험을 더욱 강

---

3) 중국 외교정책 관리와 인터뷰(2011년 7월 26일, 런던)

화시켜주었다. 더욱이 미 국무장관은 빌 클린턴 대통령의 부인인 힐러리였으며, 미 대북정책의 새로운 특별 대표인 보스워스는 북·미제네바합의의 근간인 한반도에너지개발기구(KEDO) 초대 최고 책임자였다. 따라서 북한은 오바마 행정부가 클린턴 행정부와 유사한 대북 포용정책을 추구할 것으로 기대했을 것이다. 사실 대북 포용정책은 클린턴 행정부 마지막 2년 동안 특히 두드러진 정책이었다. 북한의 벼랑끝전술이 클린턴 행정부의 대북 포용정책을 촉진시켰던 것이다. 북한은 오바마 행정부에서도 동일한 결과가 있을 것으로 기대했을 것이다.

'능숙함의 덫'과 관련해 말하면, 북한은 클린턴 행정부 및 부시 행정부와 협상할 당시 다른 전술과 비교하여 벼랑끝전술에 능숙했다. 북한은 1997년부터 1999년까지 진행된 4자 회담에서 다소 어색한 모습을 보였다. 북한이 4자 회담 레짐과 비교하여 6자 회담 레짐을 보다 잘 활용하긴 했지만, 2008년 12월의 6자 회담에서 논의된 비핵화 검증 문제와 관련하여 불편해했다. 하지만 북한은 벼랑끝전술 사용에는 별다른 어려움을 느끼지 않았다.

북한은 상대방으로부터 양보를 얻어낼 목적으로의 위기 조장에 매우 능숙했다. 핵확산금지조약 탈퇴 위협 형태의 핵무기를 이용한 벼랑끝전술은 클린턴 행정부와의 접촉을 위해 북한이 선호했던 전술이었다. 핵실험이라는 벼랑끝전술은 부시 행정부를 북·미 양자회담에 나오게 하기 위한 유일한 방안이었다. 따라서 오바마 행정부가 등장했을 당시, 미국과 직접 접촉할 목적으로 북한이 사용할 수 있던 유일한 수단 역시 핵무기를 이용한 벼랑끝전술이었다. 결과적으로 '능숙함의 덫'이 조장되었으며, '능숙함의 덫'으로 인해 북한은 미국을 협상테이블에 나오게 할 목적에서 또 다른 전술을 운용할 수 없게 되었다.

2) 북한은 무엇을 학습하였는가?

(1) '단순학습'

클린턴 행정부 당시 북한은 '단순학습'을 경험했다. 소련 붕괴 이후 미국은 논란의 여지가 없는 유일한 초강대국으로 부상했으며, 이 같은 부상을 통해 많은 이득을 얻었다. 또 다른 한편에서 보면, 미국은 국제사회의 많은 문제를 해결해가는 과정에서 선도적인 역할을 수행해야 할 의무가 있었다. 하지만 클린턴 행정부는 국제사회의 모든 문제에 관심을 기울일 수 없었다.

클린턴 행정부 전반에 걸쳐 미국에 도전을 제기할 수 있는 세력도, 미국에 연성균형을 추구할 수 있는 세력도 없었다. 장기적으로 중국이 초강대국이 될 것이지만, 1990년대 초반 중국은 초강대국과 거리가 멀었다. 일본은 미국의 동맹국이었으며 러시아는 소련의 붕괴 이후 심각한 내부 문제를 겪고 있었다. 유럽연합은 일관된 공통의 대외정책조차 마련하지 못하고 있었다.

미국의 패권에 도전할 수 있는 세력이 없었다는 사실과 미국이 다층적 이익을 추구하고 있었다는 점에서 북한은 먼저 미국의 관심을 끌고 나서 나름의 방식으로 미국과 상대하고자 노력해야만 했다. 따라서 벼랑끝전술은 북한이 사용할 수 있는 논리적인 전술이 되었다.

중국은 미국에 대항하여 연성균형을 취할 의사가 없었으며, 러시아는 힘이 약해졌다. 미국과 동맹관계에 있던 대한민국의 김대중 정부도 미국에 대항하여 연성균형을 제기할 동기가 전혀 없었다. 클린턴 행정부 초기, 북·미 제네바합의 레짐은 제대로 정의되어 있지 않았다. 이 레짐의 목표와 규칙은 클린턴의 임기 동안 보다 분명해졌다.

북한은 북·미 외교관계 정상화 달성을 위해 이 레짐을 사용하고자 노력하는 등 적절히 행동했다. 1997년부터 1999년까지 진행된 4자 회담은 그다지 성공적이지 못했다. 따라서 클린턴 행정부 후반기에는 먼저 벼랑끝전술을 사용한 이후 북·미 제네바합의 레짐을 이용하는 것이 북한이 생각할 수 있던 최상의 방안이었다.

북한의 인지구조는 클린턴 행정부 초기 몇 년 동안 신속히 진화해갔다. 이는 미국이 북한의 붕괴를 기다리고 있었음에도 불구하고 북한이 미국과 성공적으로 회담할 수 있었던 주요 원인이었다. 북한은 미국의 관심을 끌 필요가 있음을 인지했다. 핵확산금지조약 탈퇴 위협은 미국의 관심을 끌기 위한 훌륭한 방안이었다. 왜냐하면 클린턴 행정부가 대량살상무기 확산 방지를 강조하고 있었기 때문이다.

더욱이 북한의 벼랑끝전술 덕분에, 1960년대 당시 북한은 미국과 일시적이나마 양자협상을 진행한 바도 있었다. 그러나 북·미 제네바합의에 서명한 이후, 미국은 이 합의의 이행에 미온적이었다. 자신의 '인지구조'로 인해 북한은 일본 영토 상공으로 장거리 로켓을 시험 발사하면 미국이 협상테이블로 나올 것이란 사실을 이해할 수 있었다. 이 장거리 로켓 시험발사는 북·미 제네바합의 이행 지연의 위험성뿐만 아니라 일방적인 재무장을 추구하는 일본의 위험성을 분명히 보여주었다. 그 후 북한의 인지구조는 지속적으로 진화해갔다.

페리보고서가 발간된 이후, 미국은 북·미 외교관계 정상화 과정에 착수할 준비가 되어 있음이 분명했다. 이 같은 방식으로 미국은 북한의 주요 대외정책 목표를 충족시켜주고 있었다. 따라서 북한은 북·미 외교관계 정상화를 주요 목표 가운데 하나로 삼고 있던 북·미 제네바합의 레짐을 통한 외교에 의존했다. 그런데 이 같은 목표가 달성되기도 전에 클린턴 대통령의 임기가 만료되었다. 조지 W. 부시 행정부가 북·미 제네바합의를 계승했더라면, 북한은 북·미 외교관계 정상화란 자신의 목표를 달성할 수도 있었을 것이다.

한편, 북한의 '단순학습'은 미국을 상대하기 위한 전술에 대한 북한의 이해도를 약화시켰던 '능숙함의 덫'이 있지 않은 상황에서 더욱 촉진되었다. 냉전 이후의 국제체제는 이전 체제와 근본적으로 달랐다. 더욱이 북한은 1968년과 1969년의 북·미 협상을 제외하면 미국과 협상한 경험이 거의 없었다. 이들 두 경우는 북한의 벼랑끝전술로 인해 미국이 협상 테이블에 나왔다. 따라서 1993년 북한은 이전과 동일한 전술을 사용했다.

그런데 1960년대의 사건은 너무 오래 전에 있었던 일이라 북한은 '능숙함의 덫'에 빠지지는 않았다. 따라서 1998년 북한은 벼랑끝전술을 사용하기 이전에 북·미 제네바합의에 의존하고자 했다.

페리보고서가 발간된 이후에도 북한은 북·미 제네바합의 레짐을 운용하고자 노력했다. 이는 자신이 가장 잘 사용할 수 있는 수단이란 이유로 북한이 벼랑끝전술에 단순히 의존하는 것이 아니라, 여러 협상전술을 놓고 실험해볼 능력이 있음을 보여주는 부분이다. 이미 설명했듯이 '능숙함의 덫'으로 인해 부시 행정부와 오바마 행정부 당시 북한의 학습이 지장을 받았다. 하지만 '능숙함의 덫'이 클린턴 행정부 당시에는 북한의 학습에 지장을 주지 않았다.

'단순학습'의 또 다른 사례는 2003년 8월에서 2005년 8월 사이에 있었다. 이라크 전쟁에서 다국적군의 승리 이후, 이라크는 내전에 휩싸였다. 한편 아프간 전쟁은 전혀 진전이 없었다. 여기에 더불어 또 다른 핵위기가 부상했다. 이전까지 알려지지 않았던 이란 핵 활동이 외부에 폭로된 것이다.

한편 2003년 12월 리비아, 미국, 영국이 협약을 체결했는데, 이 협약에 따라 리비아가 자국의 핵 프로그램을 포기했다. 그 대가로 리비아는 미국과의 관계 정상화 약속을 포함한 많은 것을 얻었다. 북한과 관련하여 말하면, 미국은 자국의 관심 사항을 논의하기 위한 다자간 틀의 구성을 주장했다. 그럼에도 불구하고 부시행정부에서 비둘기파와 매파는 6자 회담이 시작될 당시 두 가지 사안에 이견을 보였다.

첫째, 김정일 정부를 다자적으로 압박할 목적으로 6자 회담을 사용해야 하는지 아니면 선제적인 협상에 참여해야 하는지에 대해 의견이 일치되지 않았다. 둘째, 북한과의 모든 양자접촉을 거부해야 할 것인지 아니면 6자 회담 틀 안에서 북·미 양자회담을 개최해야 할 것인지에 의견이 일치되지 못했다. 이들 상황 진전으로 인해 북한은 중국과 제휴하여 미국과 세력균형을 유지하고, 6자 회담 레짐에 참여하는 한편 벼랑끝전술의 강도를 낮추었다.

2차 북한 핵위기의 첫 번째 단계에서 북한이 보여준 벼랑끝전술은 그 후 자취를 감추었다. 북한은 중국과 제휴하여 미국과 연성균형을 이루고자 했다. 이와 함께 북한은 6자 회담 레짐을 적극 활용했다.

처음에 북한은 6자 회담 참여를 주저했다. 왜냐하면 김정일 정부는

6자 회담이 바람직하지 않은 압박의 원천이 될 수 있다고 생각했기 때문이었다. 처음에 북한은 또 다른 대안이 없었기 때문에 6자 회담에 동의했던 것이다. 그러나 시간이 지나면서 6자 회담에 관한 북한의 최초 우려는 서서히 사라졌으며, 2차 북한 핵위기의 두 번째 단계가 종료될 무렵에는 6자 회담을 점차 선호하게 되었다.

결국 2차 북한 핵위기 기간 동안 북한은 '단순학습'을 경험했다. 북한은 협상과정을 통해 달성하고자 했던 목표를 수정하지 않았다. 하지만, 2차 북한 핵위기를 둘러싸고 있던 내외 구조의 변화를 보며 목표달성을 위한 전술을 바꾸었던 것이다. 북한의 인지구조는 국제체제의 강력하고 상징적인 변화에 영향을 받았다. 국제체제의 변화를 보며 김정일 정부는 부시 행정부가 클린턴 행정부와 근본적으로 다르다는 점을 인지하게 되었다. 결과적으로 북한이 협상전술의 변화가 요구된다는 점을 인식한 것이다.

이라크에서의 사담 후세인의 신속한 제거와 자국의 핵 프로그램을 포기할 것이란 카다피의 결심은 미국이 테러지원 의혹을 받는 고립된 정권을 전복시킬 수 있을 뿐만 아니라 이 같은 정권의 변화를 초래할 수 있음을 보여주었다. 따라서 북한 관리들은 적대적인 국제환경과 자신의 주요 적국인 미국을 상대하기 위한 수단에 관한 자신의 생각을 바꾸었다. 이들 북한 관리는 미국의 매파를 억지할 수 있을 정도로 막강한 힘이 있는 유일한 국가인 중국의 도움을 받아 미국과 세력균형을 유지하지 않고서는 자신(북한)의 목표를 달성할 수 없다는 결론에 도달했다.

중국과 북한의 제휴를 통한 미국과의 세력균형은 대체로 북한의 인지구조 진화의 결과였다. 한편 미성숙한 상태의 6자 회담 레짐을 북한이 이용하기로 결심했던 것은 북한이 자신의 인지적 한계와 '능숙함의 덫'을 극복했다는 사실과 관련이 있었다. 북한은 중국뿐만 아니라 러시아와 대한민국이 북한이 추구하는 목표에 동정적이란 사실을 잘 알고 있었다. 따라서 6자 회담이 북한의 목표 달성에 기여할 수 있었다. 북한은 또한 이미 언급한 부시 행정부와 클린턴 행정부의 차이로 인해 북·미 제네바 합의의 양자 레짐이 더 이상 불가능하다는 사실도 인지했다. 따라서 처음으로 김정일 정부는 미국과 협상할 목적으로 다자간 외교과정에 착수했다. 1990년대 말에 있었던 4자 회담과 달리 6자 회담은 진정한 의미에서 다자 회담이었다.[4] 이 같은 점에서 북한은 진정한 의미에서의 다자간 레짐을 이용할 목적에서 인지적 한계뿐만 아니라 '능숙함의 덫'을 극복했던 것이다.

북한의 '단순학습'은 2007년 3월에서 2009년 1월 사이에도 있었다. 2006년 11월의 미 의회 선거 결과와 그 후 있었던 럼스펠드 국방장관, 존 볼튼, 로버트 조셉과 같은 대표적인 매파 관리들의 퇴장으로 부시 행정부에서 매파들의 위상이 약화되었다. 중동지역 상황이 매파 퇴장의 주요 요인이었다. 그 후 몇 달 뒤에는 또 다른 주요 요인이 등장했는데 바로 부시 행정부의 유산(legacy)이란 부분이었다.

임기가 2년도 채 남지 않게 되자, 부시 행정부가 시간적인 제약으로 인해 긍정적인 유산을 남기기가 쉽지 않다고 인식하게 된 것이다. 성공적으로 해결할 수 있는 국제문제가 줄어들고 있는 상황에서, 북한 비핵

---

4) 4자 회담에서, 중국과 대한민국은 적극적인 협상 참여자라기보다는 대체로 방관자 역할을 함으로써, 북·미 간의 양자대화가 실질적으로 이루어졌다.

화는 2005년 9.19 공동성명과 9.19 공동성명 실천을 위한 외교적 과정이 진행 중이란 점에서 매우 매력적인 것이었다.

또한 북한 핵문제의 성공적인 해결이 이란 핵문제 해결을 위한 좋은 전례가 될 수 있었다. 북한 핵실험으로 대북 봉쇄정책이 성공적이지 못했다는 사실이 확인되면서 매파들의 위상이 약화되었다. 이로 인해 비둘기파들이 대북협상 과정을 주도할 수 있게 되었다.

결과적으로 북한 2차 핵위기의 네 번째 단계에서 국내외 구조가 북한의 이익에 유리하게 작용했다. 북한이 고강도 벼랑끝전술을 전개하면 미국의 비둘기파들의 위상이 약화되는 반면에, 다자간 레짐에 참여하면 비둘기파들의 입지가 강화될 수 있는 상황이었다. 미국이 북한 핵문제 해결을 중요시 여기고 있었으며, 부시 행정부의 임기가 얼마 남지 않은 상황에서 북한이 중국과의 제휴를 통해 미국에 균형을 유지하는 행위가 반드시 필요한 것은 아니었다. 그러나 이처럼 했더라면 북한의 다자간 레짐 이용을 강화시켜주었을 것이다.

부시 행정부 마지막 2년 동안 김정일 정부가 선호한 협상전술은 6자 회담 레짐 참여였다. 2007년 초반 몇 달 동안에는 6자 회담 레짐이 완성되었다. 특히 6자 회담이란 다자회동 밖의 북·미 양자회담과 2.13 합의를 통해 완성되었다. 따라서 북한은 자신의 목표를 달성하기 위해 6자 회담 레짐을 적극 활용했다.

북한은 또한 중국과의 제휴를 통해 미국과 세력균형을 이루고자 했다. 그러나 이 같은 제휴는 6자 회담을 보완해주는 성격이었으며 북한의 계산에서 부차적인 것이었다. 그럼에도 불구하고 김정일 정부는 저강도의 수사적인 벼랑끝전술 또한 운용했다. 2차 북한 핵위기 네 번째 단계가 진전되면서, 북한은 벼랑끝전술을 보다 빈번히 사용했다. 그런데 이것이 북한의 목표 달성을 어느 정도 어렵게 했다.

이유야 어떠하던 미국이 테러지원국 명단에서 북한을 삭제함으로써, 북한은 평화공존이란 자신의 목표를 달성했다. 북·미 외교관계 정상화는 시기상조일 수 있었다. 그럼에도 불구하고 2차 북한 핵위기의 네 번째 단계에서 북한은 '단순학습'을 경험했다.

2차 북한 핵위기의 네 번째 단계에서, 북한이 선택한 협상전술은 주로 북한의 인지구조에 의해 결정되었다. 6자 회담 레짐은 2차 북한 핵위기의 세 번째 단계 초기에 기능을 발휘하여 2005년에 9.19 공동성명을 가능하게 했다. 미국의 비둘기파 관료들의 위상이 강화되면서 북한은 6자 회담 레짐 동참을 통해 9.19 공동성명 발표와 같은 유사한 이익을 기대할 수 있었다. 2007년의 2.13 합의와 10.3 합의, 테러지원국 명단에서의 북한의 삭제에서 입증되었듯이 북한의 기대는 타당성이 있었다. 이 사례에서 보면 인지적 한계가 북한의 학습에 장애가 되지는 않았다. 왜냐하면 당시 위기의 구조를 정확히 반영하고 있던 북한의 인지구조를 수정할 필요가 없었기 때문이었다.

마찬가지로 2차 북한 핵위기의 네 번째 단계에서는 북한의 협상 입지를 저해하는 '능숙함의 덫'도 존재하지 않았다. 북한은 6자 회담 레짐을 이용했으며 그 정도는 작지만 미국과 협상하기 위해 중국과 제휴하여 미국과 세력균형을 유지했다. '능숙함의 덫'이 자국의 협상 입지에 영향을 미쳤다면 북한은 고강도 벼랑끝전술에 착수했을 것이다. 2차 북한 핵위기 첫 번째 단계에서, 북한의 벼랑끝전술은 처음에는 강도가 낮았다. 그러나 그 후 핵확산금지조약에서 탈퇴할 정도로 강도가 높아졌다. 하지만 북한 벼랑끝전술의 강도가 이처럼 높아지지 않았던 부시행정부 후반기 2년 동안에는 이 같은 일은 없었다. 따라서 '능숙함의 덫'이 북한의 행동에 영향을 미친 것으로 보기 어렵다.

'단순학습'에 관한 북한의 가장 최근 사례는 연평도 포격 직후인 2010년 12월에 발생하여, 김정일이 사망한 2011년 12월까지 지속되었다. 이 기간은 오바마 행정부가 외교에 보다 많은 비중을 두는 쪽으로 방향을 전환하던 시절이었다. 이 같은 전환은 미국이 아프간에서 3만 병력의 철수와 이라크에서의 점진적인 철수를 선언한 2010년에 이미 시작되었다. 이러한 경향은 2011년에 가속화되었다.

2010년 미·중 관계는 정체 상태에 있었다. 그러나 2011년 1월 후진타오의 미국 방문으로 미·중 초강대국들 간의 상호협조가 증진되었다. 아프간 전쟁에서 협상을 통한 해결을 추구하면서 미국과 텔레반의 대화가 시작되었다. 이 대화는 2010년 5월 오사마 빈 라덴이 제거된 이후 본격화되었다. 대한민국의 이명박 정부는 북한 접촉에 관한 정책을 변경하여 양자회담에 보다 적극적이 되었다. 마찬가지로 중요한 부분이지만, 2010년 후반에는 북한이 벼랑끝전술을 통해 미국을 협상 테이블로 나오도록 할 수 없다는 것이 분명해졌다.

국제환경 변화와 이전에 운용했던 전술의 실패를 보며 북한은 더 이상 벼랑끝전술을 사용하지 않았다. 한편 북한은 2009년 5월의 2차 북한 핵실험에 대한 유엔안전보장이사회의 제재 결의안이 통과된 이후에도 중국 및 러시아와 제휴 관계를 유지했다. 2010년의 벼랑끝전술 이후 추가 제재를 회피하는 과정에서 중국 및 러시아와의 제휴가 도움이 되었다. 결과적으로 북한은 중국 및 러시아와의 제휴 전술을 지속적으로 사용했다. 보다 중요한 부분이지만, 2010년 말 이후 북한은 6자 회담 재개를 수용했다. 6자 회담 참여 거부를 공식적으로 선언한 2009년 이후부터 2010년까지 북한은 6자 회담 재개에 관해 애매한 입장이었다. 북한의 벼랑끝전술로 인해 6자 회담 레짐으로의 복귀 가능성이 차단되었다.

그러나 2011년 북한은 6자 회담 재개 의사를 표명하기 위한 결정적인 조치를 취했다. 먼저 북한은 다자간 회담에 재차 참여를 원한다는 것을 분명히 선언했다. 그 후 북한은 미국과의 회담 이전에 대한민국과 양자 회담을 할 용의가 있다고 밝혔다. 마지막으로 북한은 1953년에 형성된 정전체계를 대체하기 위한 평화협정을 다시 촉구하는 한편, 다자간 회담을 재개하고 북한 핵 프로그램을 종료시키는 문제와 관련하여 미국과 두 차례 회담했다.

인지구조의 변화로, 북한은 벼랑끝전술이 비생산적이었으며 자신의 목표를 달성하는 과정에서 또 다른 전술이 보다 유용할 수 있다는 점을 이해하게 되었다. 2011년경 북한은 2001년의 아프간, 2003년의 이라크, 2010년의 리비아에서처럼 제 3자의 간섭에 의해 정권이 교체되는 것을 막을 목적으로 강력한 핵 억지력을 확보했다.

하지만 미국과의 접촉 측면에서 보면, 벼랑끝전술이 과도한 수준으로 진행되었으며 결과적으로 성공적이지 못했다. 북한은 핵 억지력뿐만 아니라 궁극적으로 북·미 외교관계 정상화를 추구하고 있었다. 이 같은 점에서 전술을 바꿀 필요가 있었다. 북한의 핵 억지력은 정권교체를 방지하는 효과가 있었지만, 미국과의 접촉 측면에서는 효과적이지 않았다.

그러나 2007년 1월 이후 형성된 6자 회담 레짐은 미국과의 평화공존 달성 측면에서 효과가 있었다. 따라서 이 6자 회담 레짐이 궁극적으로 북·

미 외교관계 정상화를 달성하는 과정에서 유용할 수도 있었다. 1953년에 체결된 정전협정을 대체해 주는 평화협정이 이 같은 방향에서 중요한 단계일 수 있었다. 따라서 1970년대부터 북한의 최우선적인 대외정책 목표였던 북·미 외교관계 정상화 달성 측면에서 보면, 북한의 6자 회담 재개 희망은 합리적인 것이었다.

2011년 북한은 '능숙함의 덫'을 극복했다. 앞에서 논의했듯이 핵무기를 이용한 벼랑끝전술이 클린턴 행정부와 부시 행정부를 협상 테이블로 나오게 하는 과정에서 효과가 있었다. 그러나 오바마 행정부의 경우 그렇지 않았다. 북한은 대한민국을 겨냥한 벼랑끝전술을 실행하고자 노력했는데, 이것 역시 미국을 염두에 둔 것이었다.

오바마 행정부는 북한이 이명박 정부와 회담하기 이전에는 김정일 정권과 양자회담을 갖지 않을 것임을 분명히 했다. 이는 6자 회담 재개를 겨냥한 첫 번째 단계로 중국이 제안한 부분이기도 했다. 따라서 남·북 대화를 북·미 양자회담을 염두에 둔 국제 레짐의 일부로 간주할 수도 있었다. '능숙함의 덫'으로 인해 북한은 북·미 접촉에 응하도록 미국을 압박하기 위해 벼랑끝전술을 사용할 수도 있었다.

하지만 북한은 이 '능숙함의 덫'을 극복했고, 6자 회담 재개 측면에서 필요한 단계들을 밟아 나갔다. 6자 회담을 재개하기 위해 김계관을 6월에 미국으로, 10월에 제네바로 파견했다는 것은 북한이 '능숙함의 덫'을 극복했음을 보여주는 부분이다. 김계관은 6자 회담 당시 북한의 대표 협상가였다. 김계관은 1990년대 당시 클린턴 행정부와 협상했던 북한 협상 팀에서 주요 역할을 맡았던 인물이다. 따라서 김계관의 등장은 북한이 미국과 진지하게 협상할 의사가 있음을 보여주는 것이었다. 김계관은

6자 회담 레짐의 내부 작동 방식에 관해 잘 알고 있는 인물이기도 했다.

(2) '복잡한 학습'

2005년 10월부터 2007년 1월까지 북한은 클린턴 행정부가 출범한 1993년 이후 처음으로 북·미 관계와 관련하여 '복잡한 학습'을 경험했다. 북한은 자국의 목표를 합리적으로 재 정의하고 이들 목표를 성공적으로 달성하기 위해 어떠한 협상전술을 사용해야 할 것인지를 논리적으로 결정하기 위해 북·미 협상 과정을 재평가했다.

간단히 말해서, '복잡한 학습'은 목표 달성을 위한 수단인 전술을 바꾸는 문제일 뿐 아니라 수용 가능한 해결안을 보다 잘 반영할 수 있도록 목표를 조정하는 과정이다. 2005년 10월부터 2007년 1월 사이 북한은 부시 행정부와 협상과정을 통해 달성해야 할 목표를 북·미 외교관계 정상화에서 평화공존으로 바꾸었다. 당시 북한은 정확히 '복잡한 학습'을 했다.

2005년의 9.19 공동성명에 북한이 동의했을 당시 북한이 '복잡한 학습'을 진행하고 있었다고 추정해볼 수 있을 것이다. 공동성명으로 인해 북한이 추구하는 목표를 재 정의할 필요가 있었다. 북·미 외교관계 정상화가 김정일 정부의 궁극적인 목표라는 데에는 변함이 없었다. 그러나 북한은 평화공존 달성 이전에 북·미 외교관계 정상화 실현이 원래의 목표였다. 당시까지만 해도 김정일 정부는 북·미 외교관계 정상화를 자국의 유일한 목표로 간주했다.

그런데 2005년 9.19 공동선언에는 북·미 외교관계 정상화와 평화공존이 상호 보완적인 목표란 점이 명시되어 있었다. 또한 이들 목표가 북한 정권의 생존을 보장해주는 것이란 사실이 암시되어 있었다. 북한은 이들 가운데 어느 부분이 보다 중요하다고 명시하지 않았다. 그러나 부시행정부 당시 북한은 북·미 외교관계 정상화를 달성하기 이전에 미국과 평화공존을 실현하고자 노력했다.

따라서 북한이 평화공존을 추구하고 있음이 분명해진 2007년 1월에 '복잡한 학습'이 갑자기 나타난 것은 아니었다. 2004년 6월 북한은 이미 테러지원국 명단에서 자국을 삭제하는 문제를 제기한 바 있었다. 그러나 2006년 10월의 1차 핵실험 이후 몇 주가 북한의 학습에서 분수령에 해당하는 시기였다. 처음에 북한은 2006년 11월 26일부터 28일까지 진행된 북한, 미국, 중국의 3자 회담에서 미국이 평화공존을 추구할 의사가 있음을 확인했다. 동시에 북한은 부시 행정부에서 비둘기파들이 매파들과 비교해서 보다 막강해졌다는 것을 확인했다.

그 후 2007년 1월 북한은 양자회담에서 미국이 추구했던 비핵화를 미국에 약속했다. 그 대가로 북한은 테러지원국 명단에서 자국을 삭제하고 적성국교역법 적용 대상에서 자국을 제외시켜 달라는 형태로 평화공존을 구체적으로 요구했다. 더욱이 김정일 정부는 북·미 외교관계 정상화란 목표를 평화공존이란 목표 달성 이후로 연기했다. 따라서 김정일 정부가 부차적인 성격으로 생각했던 목표인 평화공존을 가장 중요한 목표로 인지한 순간, 북한의 인지구조가 바뀌었다.

더욱이 협상 당시 북한은 부시 행정부에 자신들이 공조할 수 있는 집단이 있음을 확신했다. 상호 연계되어 있는 두 가지 목표 달성을 추구했지만 이들 가운데 평화공존을 먼저 추구했으며, 이 목표가 북한 핵위기 해결에 기여할 것이라고 인정했을 당시, 북한의 '복잡한 학습'이 분명히 목격되었다.

'복잡한 학습' 때문에 목표 달성을 위한 북한의 전술에도 변화가 있었다. 북한은 목표뿐만 아니라 목표를 달성하기 위한 수단도 바꾸었다. 따라서 처음에 김정일 정부는 중국과 제휴하여 미국과 세력균형을 유지하는 전술을 지지했다. 동시에 북한은 2005년 8월과 9월의 일련의 회담에 적극 참여하고, 미국을 포함한 여러 당사국들의 요구를 충족시켜주는 부분과 관련하여 합의할 의사가 있음을 과시하는 방식으로 아직 미성숙 단계에 있던 6자 회담 레짐에 관한 자신의 입장을 바꾸었다.

이후 북한은 이러한 협상전술을 포기했으며, 2006년 7월의 장거리 로켓발사와 10월의 핵실험이라는 고강도 벼랑끝전술를 구사했다. 북한이 이 같은 벼랑끝전술을 구사한 이유는 크게 두 가지다.

첫째, 북한이 협상을 반대하는 부시 행정부 매파들이 방코델타아시아를 통해 금융 압박을 가하고 있다는 것을 정확히 인식했기 때문이다. 이런 상황에서 중국과 제휴하여 세력균형을 이루거나, 국제 레짐에 참여하는 것은 그다지 효과적인 방안이 아니었다. 왜냐하면 매파들이 이들을 쉽게 우회할 수 있을 것이기 때문이다. 둘째, 매파들의 대결정책이 별로 쓸모가 없다는 사실과 대북 포용정책의 필요성을 부시행정부에게 분명히 입증해보이기 위한 유일한 방안이 고강도 벼랑끝전술이었기 때문이었다. 북한이 저강도 벼랑끝전술을 구사하면 미 행정부에서 매파와 비둘기파들의 타협할 수 없는 차이만 확인하는 새로운 라운드의 회담만이 개최될 것이기 때문이었다. 더욱이 이라크에서의 적대행위가 극에 달했으며, 아프간 전쟁이 악화되고 있었을 뿐만 아니라, 이란과의 핵 대결이 정체상태에 빠진 시점에서 고강도 벼랑끝전술은 보다 효과적일 수 있었다.

북한의 고강도 벼랑끝전술로 매파들의 입지가 상당히 약화되자 북한은 재차 협상전술을 수정했다. 이는 부시 행정부 비둘기파들과 공조할 수 있도록 하기 위해서였다. 따라서 핵실험 이후, 북한은 6자 회담 레짐을 적절히 정의하기 위해 미국과 공조했다. 또 다른 고강도 벼랑끝전술을 구사했더라면 비둘기파들의 입지가 약화되고 북한이 평화공존이란 목표를 달성하지 못했을 가능성이 높았을 것이다.

평화공존이라는 목표와 6자 회담 레짐을 연계시키고 이 레짐을 보다 잘 활용함으로써, 북한은 북한 핵위기 네 번째 단계에서 미국과 협력할 수 있었다. 결과적으로 북한은 평화공존이란 목표를 달성할 수 있었다.

2차 북한 핵위기의 세 번째 단계에서, 북·미 협상과정에 영향을 주는 국제체제 변화를 북한은 보다 잘 알 수 있는 입장이 되었다. 결과적으로 북한의 '복잡한 학습'과 '단순학습'이 용이해졌다. 가장 중요한 부분은 6자 회담 레짐 참여로 미 행정부 내부의 이견을 북한이 보다 분명히 인식할 수 있었다는 사실이다. 북한은 부시 행정부 내부에 타협과 접촉 의사가 있는 집단이 있는 반면에, 이들과 대립하면서 북·미 외교관계 정상화를 지지하지 않는 집단이 있다는 것을 인식했다.

결과적으로 북한은 또 다른 목표를 병행적으로 추구해야 한다는 것을 알게 되었다. 대량살상무기가 테러분자들의 수중으로 넘어갈 가능성을 미국이 우려하고 있음을 고려해볼 때, 미국의 매파와 비둘기파 간의 상대적 파워가 중동지역 상황과 직접 관련이 있음을 북한은 인지했다.

이 같은 상황에서 자신이 추구하는 목표를 달성하기 위한 유일한 방안이 미국 내부의 비둘기파들의 입지 강화에 도움을 주는 한편, 미국과의 상호 협조 태세를 과시하는 것임을 북한은 인지했다. 매파들은 다자간 협상과 중국을 불신했으며, 군사 및 금융 압박을 선호했다. 따라서 북한이 고강도 벼랑끝전술을 사용해야 비둘기파들의 입지가 가장 잘 강화될 수 있었다. 북한의 고강도 벼랑끝전술 사용이 매파들의 접근 방안이 실패했음을 의미하기 때문이었다.

북한의 인지구조는 고강도 벼랑끝전술을 사용하는 경우 미국의 행동에 변화가 있을 것이라고 예상했는데, 사실 그러하였다. 더욱이 북한은 중동지역 상황으로 인해 미국이 북한의 고강도 벼랑끝전술에 대항해 강압적인 수단을 사용할 여건이 되지 못할 것이라고 정확히 평가했다. 이러한 김정일 정부의 인지구조 측면에서의 변화 덕분에 북한의 추가 학습이 용이해졌다.

북한의 벼랑끝전술이 '능숙함의 덫'을 극복하지 못한 결과라고 주장할 수도 있을 것이다. 이는 1994년의 북·미 제네바합의가 북한의 벼랑끝전술과 그에 따른 북·미 양자회담의 결과란 점에서, 북한 관리들이 이전에 제대로 작동했던 전술을 단순히 따랐다는 관점이다.

그러나 사실은 그렇지 않았다. 김정일 정부는 부시 행정부 내부에서의 매파들의 확고한 입지로 인해 또 다른 협상 전술이 별로 효과가 없다는 것이 분명해진 경우에만 고강도 벼랑끝전술을 이용했다. 더욱이 북한 핵실험 이후 6자 회담을 적극 이용하기 이전, 중국과 제휴하여 미국과 세력 균형을 유지하고자 노력한 바도 있었다.

미국과의 협상절차에 대한 북한의 깊은 관심 덕분에 북한은 '능숙함의 덫'을 극복할 수 있었고, 북·미 협상 절차에 영향을 미치는 구조의 변화를 고려하여 선택해야 할 협상전술에 관해 학습할 수 있었다. 따라서 2차 북한 핵위기의 세 번째 단계에서 북한이 보여준 고강도 벼랑끝전술은 또 다른 수단을 통해 자신의 목표를 진전시킬 수 없는 북한이란 약소국 입장에서 합리적인 선택이었다.

북한의 '복잡한 학습'에 관한 두 번째 사례는 2009년 5월에서 2010년 11월 사이에 발생했다. 이 시기 북한은 자신의 목표를 재차 변경했다. 먼저 북한은 적어도 북·미 외교관계 정상화가 달성되기 이전에 철회될 수 없는 핵 억제력을 개발하기로 결정했다.

2차 핵실험 후 몇 달 뒤에는 행동 대 행동과정을 통해 북한이 핵 억제력을 폐기할 의사가 없음이 분명해졌다. 이는 2006년의 1차 핵실험 이후와 달라진 부분이다. 북한은 신뢰할만한 핵 억지력 보유가 북한정권의 생존을 보장하기 위한 최상의 방안임을 인식했다.[5] 북·미 관계가 정상화되지 않은 상태에서, 김정일 정부가 자국의 핵 능력을 포기할 이유는 없었다.

2009년 북한은 재차 평화협정 체결을 요구하기 시작했다. 북한은 그 이전에도 수십 년 동안 수차례에 걸쳐 평화협정체결을 요구한 바 있었다. 이들 요구 간의 주요 차이는 보스워스를 만나기 위해 김계관이 뉴욕을 방문한 2011년 7월, 평화협정 촉구 성명서를 조선중앙통신이 발표할 정도로 북한이 이것을 지속적으로 요구했다는 점이다.

이는 북·미 외교관계 정상화를 위한 단계로 북한이 평화협정을 추구

---

5) 미어샤이머(Mearsheimer 1993)와 왈츠(Waltz 2002)는 소규모 핵무기를 개발하는 경우 강대국의 공격 위협으로부터 약소국이 자신을 지킬 수 있을 것이란 점에 공감했다. 왜냐하면 이것으로 인해 강대국의 민간인을 겨냥해 보복할 능력을 약소국이 구비하게 되기 때문이다. 크레이그(Craig 2009)는 소량의 핵무기를 개발하거나, 핵무기 개발 능력을 갖추는 것이 다른 강대국들과 협력하는 것보다 약소국이 자국의 안보를 보다 잘 지키는 방안이라고 주장한다.

했음을 보여주는 부분이다. 북한이 북·미 외교관계 정상화 이전에 핵무기 포기를 원하지 않는다면, 북한의 궁극적인 목표인 북·미 외교관계 정상화와 이미 획득한 평화공존의 중간 단계로서 평화협정을 추구하는 것이 합리적일 것이다. 더욱이 평화협정 체결과 핵 억지력을 교환할 필요도 없었다.

북·미 외교관계 정상화 이후 자국의 핵 프로그램을 해체하는 형태의 그랜드바겐을 타결하기 이전에 북한은 또 다른 양보를 할 수 있었다. 따라서 평화협정 체결 요구는 북한이 북·미 외교관계 정상화가 아니고 평화공존을 요구했을 당시 보여주었던 '복잡한 학습' 사례와 유사했다.

2009년 5월부터 2010년 11월 사이에 북한이 보여준 '복잡한 학습'으로 인해 목표 달성을 위한 북한의 전술이 재차 변했다. 이 기간 동안, 북한은 지속적으로 '능숙함의 덫'에 의해 지장을 받았으며 고강도 벼랑끝전술을 포기하지 않았다. 이 같은 고강도 벼랑끝전술을 북한은 2010년 11월 연평도 포격 이후에 포기했다.

그러나 2009년 5월부터 2010년 11월 사이에 북한은 미국을 겨냥한 중국 및 러시아와의 연성균형을 통해 자신의 벼랑끝전술로 인해 있을 수 있던 모든 보복을 억제할 수 있었다. 중국과 러시아는 북한에 대한 모든 새로운 제재를 차단시켰으나, 2009년 5월의 핵실험 이후 북한에 추가 제재를 부과하는 유엔안전보장이사회 결의안 1874호가 통과되도록 했다.

당시 북한은 2007년 2월의 6자 회담 성명서 발표 이후 그러했던 것처럼, 중국, 러시아와의 제휴를 거부하고 있었다. 2006년 10월의 핵실험 이후 제휴 없이도 평화공존 협약에 서명할 수 있었다는 점에서 이는 일종의 '능숙함의 덫'이었다. 북한의 2차 핵실험으로 인해 제재가 있은 이후에나 북한은 이 같은 '능숙함의 덫'을 극복할 수 있었다.

2. 김정은 시대의 북한
: 북·미 외교관계 정상화를 추구할까?

소련 붕괴와 냉전 해체 이후의 20년 이상의 기간 동안 북한은 미국과 외교관계를 정상화하지 않은 국가로 남아있다. 거의 40년 동안 북·미 외교관계 정상화는 북한의 가장 중요한 대외정책 목표였다. 특히 김정일 정부 전반에 걸쳐 그러했다. 냉전 당시 북·미 외교관계 정상화는 현실적이지 않았다. 그러나 국제체제가 더 이상 양극체제가 아니며 지구상 대부분 국가들이 상호 외교관계를 수립하기 시작했다는 점에서 보면, 북·미 외교관계 정상화는 달성될 수도 있었을 것이다. 이전의 공산국가 가운데 미국과 외교관계를 정상화하지 못한 얼마 안 되는 국가 가운데 하나란 점에서 보면, 북한의 대외정책은 실패했다고 볼 수도 있다.

하지만 북한과 미국은 2005년의 공동성명과 그 후의 이행협약뿐만 아니라 1994년의 북·미 제네바합의 형태로 두 차례 관계 정상화에 합의했다. 이는 적어도 북·미 외교관계 정상화에 대한 열망이 저변에 형성되어 있음을 보여주는 것이다. 북한의 이 같은 열망은 1970년대로 거슬러 올라간다. 미국의 이 같은 희망은 민주당 정부와 공화당 정부가 모두 공유해왔다. 이는 이것이 정당과 무관한 사안임을 암시해주는 부분이다. 북한 입장에서 보면, 북·미 외교관계 정상화는 외교적으로 상당한 업적일 것이다. 미국의 경우, 북·미 외교관계 정상화에 합의하면 미국 내부에서 상당한 후폭풍을 초래하지 않으면서도 그동안 반복되어 온 대외정책 문제를 해결할 수 있을 것이다.

김정은 체제의 북한이 북·미 관계 정상화를 여전히 원하고 있는가? 분명히 원하고 있을 것이다. 그렇다면 북·미 외교관계 정상화란 목표를 달성하기 위한 방법을 북한이 이해하고 있을까? 다시 말하지만 분명히 이해하고 있을 것이다. 이 책에서 설명했듯이, 북·미 외교관계 정상화는 북한의 오랜 목표다. 1948년 건국 이후 북한을 통치해온 김씨 왕조 입장에서 보면, 북·미 외교관계 정상화는 외교적인 승리일 것이다. 김정일 시절 북한을 통치하는 과정에서 도움이 되었던 관리들 가운데 많은 관리들이 김정은 시절에도 자리를 지키고 있다.

더욱이 북한은 미국과 해결하지 못할 문제가 없다. 분명히 말하지만, 1950년부터 1953년까지 미국과 북한은 적대국으로서 전쟁을 치른 바 있다. 역사적으로 보면 일본과 중국이 한반도에 보다 위협적이었다. 장기적으로 보면 미국보다는 중국과 일본이 북한에 보다 우려스런 존재일 것이다. 왜냐하면 이들이 한반도 문제에 영향력을 행사하고자 할 가능성이 있기 때문이다.

1990년에 서독이 동독을 흡수 통일한 것과 유사한 방식으로 북한을 흡수 통일하게 될 것이라고 많은 전문가들이 믿고 있는 대한민국이란 성공한 국가 입장에서도 미국보다는 중국과 일본이 보다 우려스런 존재일 것이다. 반면에 미국은 북·미 관계가 정상화되면 북한에 그다지 위협적이지 않을 것이다.

북·미 외교관계 정상화라는 목표를 달성하려면, 북한은 자국의 핵 프로그램을 포기해야 한다는 점을 이해하고 있을 것이다. 이 같은 목표를 달성하기 위한 최상의 방안이 외교란 점도 이해하고 있는 듯 보인다. 그러나 북한은 자국의 핵무기 프로그램 포기를 꺼려하고 있다. 미국의 아프간 침공과 이라크 침공, 그 후 이들 국가 지도자들이 제거되는 모습을 보면서, 권위주의 국가 지도자들의 등골이 오싹해진 바 있다. 리비아의 독재자 카다피 조차 부시 행정부에 편승하면서 화해의 제스처로 자국의 대량살상무기 프로그램을 포기한 바 있다.

북한이 단기간에 핵무기를 포기하고자 하지 않는 보다 강력한 이유는 여기에 있다. 카다피는 대량살상무기를 포기한지 불과 8년 만에 미국의 지원을 받는 반군들과 전투를 수행해야만 했다. 결국 리비아의 지도자 카다피는 미국에 편승하기로 한 자신의 결정으로 전혀 이득을 보지 못했다. 이러한 역사적 사실이 미국에서 인기가 없다는 것을 잘 알고 있는 북한 지도부와의 협상을 더욱 복잡하게 만들었다.

따라서 북한의 비핵화는 북·미 외교관계가 정상화된 이후 또는 북·미 외교관계 정상화와 동시에 실현될 가능성이 아주 높다. 북한 핵문제를 완벽히 종료시키고자 하는 경우, 미국은 먼저 북·미 외교관계 정상화에 동의해야 할 것이다. 그렇지 않은 경우 김정은 정부는 김정일 정부가 그러했던 것처럼 자국의 생존 보장 차원에서 대량살상무기를 지속적으로 개발할 것이다. 북한 핵이란 어려운 문제를 해결하지 않고 방치하는 기간이 길어질수록, 북·미 외교관계 정상화에 더불어 북한이 요구하는 것들이 보다 많아질 것이다. 그러나 부시 행정부 임기 마지막 2년 동안 그러했던 것처럼, 미국은 북·미 외교관계 정상화를 달성하기 이전에도 북한의 핵무기 프로그램을 지연시킬 수 있을 것이다.

북·미 외교관계 정상화는 외교를 통해 특히, 북·미 간의 직접적인 접촉을 통해서만 가능할 것이다. 다자협상 틀은 북·미 외교관계 정상화 이전에 취해야 할 조치들의 지원 차원에서 유용할 것이다. 그러나 이 과정에서 북한과 미국이 주도적인 역할을 해야 할 것이다. 북한과 미국은 상호신뢰와 협력을 증대시키기 위한 과정을 시작할 때만이 북·미 외교관계 정상화의 문제를 놓고 협상하여 동의할 수 있는 입장이 될 것이다. 이 같은 과정이 클린턴 행정부 말기에 시작되었다. 이것과 유사한 과정이 부시 행정부 마지막 2년 동안 발전된 적이 있다. 이 같은 세 번째 과정의 가능성을 의심할 이유는 전혀 없을 것이다.

Bibliography

American Broadcasting Company (ABC) (2009) 'Transcript: Secretary of State Hillary Clinton on "This Week"', American Broadcasting Company, 7 June.

Abe Shinzo (2006) Press Conference by Prime Minister Shinzo Abe Following His Visit to China, Office of the Prime Minister of Japan and His Cabinet, 8 October.

Agence France-Presse (AFP) (2009) 'Hillary Clinton Leaves Quick Stamp onUS State Department', Agence France-Presse, 28 January.

Ahn, Yinhay (2003) 'North Korea in 2002: A Survival Game,' Asian Survey 43(1): 49-63.

Akaha, Tsuneo (2006) 'Japan and the Restaurant Nuclear Crisis', in Linus Hagstrom and Marie Soderberg (eds) North Korea Policy: Japan and the Great Powers, Abingdon: Routledge: 19-37.

Albright, Madeleine (2003) Madam Secretary: A Memoir, London: Macmillan.

Alden, Chris (2007) China in Africa, London: Zed Books.

Asami, Tadahiro (2005) Chinag Mai Initiative as the Foundation of Financial Stability in East Asia, Tokyo: Institute for Internaional Monetary Affairs.

Association of Southeast Asian Nations (ASEAN) (2010) 'ADMM Plus Chamioning Peace, Stability and Understanding', ASEAN, 11 October.

Asher, David (2006) Hearing Before the Federal Financial Managment, government Information, and International Security Subcommittee of the Committee on Homeland Security and Governmental Afairs of the United

States Senate, 25 April.

Baechler, Günther (1998) 'Conclusions: Future Relevance and Priorities of Small States', in Laurent Goetschel (ed.) Small State Inside and Outside the European Union: Interests and Policies, Dordrecht: Kluwer Academic Publishers: 267-284

Baker, James A. (1995) The Politics of Diplomacy: Revolution, War and Peace, 1989-92, New York: G. P. Putnam's Sons.

Barston, R. P. (1973) 'Introduction', in R. P. Barston (ed.) The Other Powers: Studies in the Foreign Policies of Small States, London: George Allen & Unwin: 13-28.

Bechtol, Bruce E. (2007) Red Rogue: The Persistent Challenge of North Korea, Washington, DC: Potomac Books.

Behar, Richard (2003) 'Rummy's North Korea Connection. What Did Ronald Rumsfeld Know about ABB's Deal to Build Nuclear Reactors There? And Why Won't He Talk about It?', Fortune, 12 May.

Biden, Joe (2008) 'Opening Remarks as Prepared for Delivery', Senate Committee on Foreign Relations Hearing, 2 December.

_____(2009) 'Remarks by Vice President Biden at the 45th Munich Security Conference', White House, 7 February.

Bjol, Erling (1968) 'The Power of the Week', Cooperation and Conflict: Nordic Journal of International Politics 3(2): 29-38.

_____(1971) 'The Small state in International Politics', in August Schou and Arne Olav Brundtland (eds) Small State in International Relations, Stockholm: Almqvist & Wiksell: 29-39.

Blair, Dennis C. and David B. Bonfili (2006) 'The April 2001 EP-3 Incident: The U.S. Point of View', in Michaek D. Swaine and Zhang Tuosheng with Danielle F. S. Cohen (eds) Managing Sin0- American Crises: Case Studies and Analysis, Washington, DC: Carnegie Endownment for International Peace 377-390.

Bolton, John R. (2002) 'North Korea: A Shared Challenge to the US and the ROK', Department of State, 29 August.

_____(2004) 'Bolton Urges North Korea to Follow Libyan Model on WMD', Department of State, 21 July.

_____(2007) Surrender is not an option: Defending America at United Nation and Abroad, New York: Threshold Editions.

Bosworth, Stephen W. (2009c) 'U.S. Policy Regarding North Korea', Department if State, 3 April.

_____(2009b) 'Morning Walkthrough in Beijing, China', Department of State, 4 September.

_____(2009a) 'Briefing on Recent Travel North Korea', Department of State, 16 December.

_____(2011) 'Statement on tAlkd With the DPRK Delegation', Department of State, 25 October.

Bradsher Keith (2010) 'U.S. Deal With Taiwan Has China Retailing', New York Times, 30 January.

Brinkley, Joel and David E. Sanger (2005) 'North Koreans Agree to Resume Nuclear Talks', New york Times, 10 July

Bronner, Ethan (2010) 'As Biden Visits, Israel Unveils Plans for New Settlement', New York, 9 March.

Brown, David G. (1999) 'North Korea in 1998: A Year of Foreboding Developments', Asian Survey 39(1): 125-32.

Burns, Nicholas (2006) 'U.S. Policy Toward North Korea', Department of State, 16 November.

Bush, George W. (2001) 'Statement on Completion of the North Korea Policy Review', White House, 6 June.

_____(2002a) 'State of the Union Address', Whiter house, 22 January.

_____(2002b) 'President Salutes Troops of the 10th Mountain Division', White House, 19 July.

_____(2002c) 'President's Remarks at the United Nation General Assembly', White House, 12 September.

_____(2003a) 'President Bush: "This is a Defining Moment for the U.N. Security Council"', White House, 7 February.

_____(2003b) 'President Bush Discuss Iraq in National Press Conference', White House, 6 March.

_____(2003c) 'Roundtable Interview of the President by the Press Pool', White House, 22 October.

_____(2005) 'State of the Union Address', White House, 2 February.

_____(2006) 'Press Conference by the President', White House, 11 October.

_____(2007a) 'President's Address to the Nation', White House, 10

January.

_____(2007b) 'Statement by the President on Agreement Announced at Six-Party Talks', White House, 3 October.

_____(2007c) 'President Bush and Prime Minister Yasuo Fakuda of Japan in Joint Statement', White House, 16 November.

_____(2008) 'Termination of the Exercise of Authorities Under the Trading with the Enemy Act with Respect to North Korea', White House, 26 June.

Byman, Daniel and Jennifer Lind (2010) 'Pyongyang's Survival Strategy: Tools of Authoritarian Control in North Korea', International Security 35(1): 44-47.

Campbell, Kurt M. (2011) 'U.S. Policy Toward North Korea', Department of State, 1 March.

Carlin, Robert L. and Joel S. Wit (2006) North Korean Reform: Politics, Economics and Security, London: Routledge.

Carter Jimmy (2011) 'Trip Report by Former U.S. President Jimmy Carter to the Korean Peninsula, April 22-29, 2011', Carter Center, 2 May.

Central intelligence Agency (CIA) (2011) the World Factbook, Washington, DC: Central Intelligence Agency.

Cha, Victor D. (2002) 'Korean's Place in the Axis', Foreign Affairs 81(3) : 79-92.

_____(2011) 'Returning to the Dance Floor North Korea: Why Now?', Center for Strategic and International Studies, 25 July.

Cha, Victor D. and David C. Kang (2003) Nuclear North Korea: A Debate on Engagement Strategic, New York: Columbia University Press.

Cha, Victor D. and James A. Kelly (2008) 'Pyongyang Blues', Foreign Affairs 87(2): 177-8.

Chang, Seemon (2007) 'A Chronology of U.S. Sanctions against North Korea', in Suk Hi Kim and Semoon Chang (eds) Economic Sanctions against a Nuclear North Korea, Jefferson, NC: McFarland: 34-55.

Charbonneau, Louis (2009) 'U.N. Council Condemns North Korea Nuclear Test', Reuters, 25 May.

Checkel, Jeffery T. (2001) 'Why Comply? Social Learning and European Identity Change', International Organization 55(3): 553-88.

Cheng, Joseph Y. S. and King-Lun Ngok (2004) 'The 2001 "Spy" Plane Incident Revisited: The Chinese Perspective', Journal of Chinese political Science

9(1): 63-83.

China Daily (2006a) 'China Urges N. Korea not to Test Missile', China Daily, 29 June.

_____(2006b) 'Mending Damaged Ties', China Daily, 9 October.

(2006c) 'Beijing "Resolutely Opposed" to DPRK Nuclear Test', China Daily, 10 October.

_____(2009) 'UN Divided on DPRK, Security Threat Assessed', China Daily, 7 April.

_____(2010) 'China Takes "Prudent" Line on Korea Tension', China Daily, 28 May.

Choe, Sang-hun (2010) 'South korea Publicly Blames the North for Ship's Sinking', New York Times, 20 May.

Choe, Sang-hun and David E. Sanger (2009) 'North Koreans Launch Rocket Over the Pacific', New York Times, 9 April.

Choi, Kang (2010) 'Chairman Kim Jong Il's Visit to China and Its Implications', 38 North, 21 May.

Chosun Ilbo(2006) 'What "New Ideas" Did Washington Offer Pyongyang?', Chosun Ilbo, 4 December.

_____(2011a) 'Chinese Nuclear Envoy Visits Seoul', Chosun Ilbo, 27 April

_____(2011b) 'Cracks Open in N. Korea-China Ties', Chosun Ilbo, 7 June.

Chung, Jae Ho (2007) Between Ally and Partner: Korea-China Relations and the United States, New York: Columbia University Press.

Chung Young Chul (2004) 'North Korean Reform and Opening: Dual Strategy and "Silli (Practical) Socialism"', Pacific Affairs 77(2): 283-304.

Clapham, Christopher (1996) Africa in the International System: The Politics of State Survival, Cambridge: Cambridge University Press.

Clinton, Bill (2004) My Life. London: Hutchinson.

Clinton, Hillary (2009a) 'Senate Confirmation Hearing', Department of State, 13 January.

_____(2009b) 'U.S.-Asia Relations: Indispensable to Our Future', Department of State, 13 February.

_____(2009c) 'Interview With Yoichi Funabashi and Yoichi Kato of Asahi Shimbun', Department of State, 17 February.

_____(2009d) 'Putting the Elements of Smart Power Into Practice', Department of State, 19 February.

_____(2009e) 'Remarks at the ASEAN Regional Forum', Department of State, 23 July.

_____(2009f) 'Remarks with Palestinian President Mahmoud Abbas', Department of State, 16 September.

_____(2009g) 'Remarks at th eUnited States Insitute of Peace', Department of State, 21 October.

_____(2010a) 'Press Availability With Korean Foreign Minister Yu Mtung-Hwan after Their Meeting', Department of State, 26 May.

_____(2010b) 'Remarks with Japanese Foreign Minister Seiji Maebara and South Korean Foreign Minister Kim Sung-hwan', Department of State, 6 December.

_____(2011) 'Remarks With Chinese Foreign Minister Yang Jiechi Before their Meeting', Department of State, 22 July.

Cooper, Helene (2008) 'U.S. declares North Korea Off Terror List', New York Times, 12 October.

Craig, Campbell (2009) 'American Power Preponderance and the Nuclear Revolution', Review of International Studies 35(1): 27-44

Creekmore, Marion V. (2006) A Moment if Crisis: Jimmy Carter, the Power of a Peacemaker, and North Korea's Nuclear Ambitions, New York: PublicAffair.

Cyert, Richard N. and James G. March (1963) A behavior Theory of the Firm, Englewood Cliffs, NJ: Prentice Hall.

Da, Wei (2011) 'After a Successful Summit, Both the United States and China Need Domestic Consensus on Bilateral relations', in Jacques DeLisle (ed.) Beyond the Summit: Issue in U.S.-China Relations At, and After, Hu jin..' s State visit to Washington, Philadelphia, PA: Foreign Policy Research Institute: 3-5.

Dahl, Ann-Sofie (1997) 'To Be or Not to Be Neutral: Swedish Security in the Post Cold War Era', in Efraim Inbar and Gabriel Sheffer (eds) The National Security of Small States in a Changing World, London: Frank Class: 176-196.

Davies, Glyn (2003) 'Remarks by Special Representative Davies in Beijing, China', Department of State, 15 December.

Davies, Sue (2003) The Russian Far East: The Last Frontier? London: Routledge.

Department of State (2011) 'U.S.-China Strategic and Economic Dialogue 2011 Outcomes of the Strategic Track', Department of State, 10 May.

Department of Treasury (2010) 'REcent OFAC Actions - August 20, 2010', Department of Treasury, 30 August.

Dodgson, Mark (1993) 'Organization Learning: A Review of Some Literatures', Organization Studies 14(3): 375-94.

Dong-A Ilbo (2009) 'US Gen. Reiterates Defensive readiness vs. NK Attack', Dong-A Ilbo, 3 June.

Doyle, Leonard (2008) 'Condi's Coup: How the New-Cons Lost the Argument over Iran'. The Independent, 18 July.

East, Maurice E. (1973) 'Size and Foreign Policy Behavior: A Test of Two Models', World Politics 25(4): 556-77.

Eberstadt, Nicholas (1999) The End of North Korea, Washington, DC: AEI Press.

Eckert, Paul (2011) 'US Says Will Talk With, Aid N. Korea on Right Terms', Reuters, 1 March.

Espindola, Roberto (1987) 'Security Dilemmas', in Colin Clarke and Tony Payne (eds) Politics, Security and Development in Small States, London: Allen & Unwin: 63-79.

Fathi, Nazila (2003) 'Iran Says It Has Developed Ability to Fuel Nuclear Plants but Won't Seek Weapon', New York Times, 10 February.

Fathi, Nazila and Alan Cowell (2005) 'Iran Threatens to Resume Uranium Enrichment', New York Times, 1 August.

Feith, Douglas J. (2008) War and Decision: Inside the Pentagon at the Dawn of the War of Terrorism, New York: HarperCollins.

Ferdinand, Peter (2007) 'Russia and China: Converging Responses to Globalization', International Affairs 83(4): 655-80.

Fifield, Anna and Stephanie Kirchgaessner (2006) 'China Follows US in Freezing N. Korean Accounts', financial Times, 26 July.

Finnemore, Martha and Kathryn Sikkink (2001) 'Taking Stock: The Constructivist Research Program in International Relations and Comparative Politics', Annual Review of Political Science 3: 391-416.

Foster-Carter, Aidan (1998) 'North Korea: All Roads Lead to Collapse - All the More Reason to Engage Pyongyang', in Marcus Noland (ed.) Economic

Integration of the Korean Peninsula, Washington, DC: Institute for International Economics: 27-38.

Fox, Annette Baker (1959) The Power of Small States: Diplomacy in World War 2, Chicago, IL: Chicago University Press.

Frank, Rudiger (2005) 'Economic Reforms in North Korea (1998-2004): Systematic Restriction, Quantitative Analysis, Ideological Badck Ground', journal of the Asia Pacific Economy 10(3): 278-311.

Funabashi, Yoichi (2007) The Peninsula Question: A Chronicle of the Second Korean Nuclear Crisis, Washington, DC: Brookings Institution Press.

Fuqua, Jacques L., Jr (2007) Nuclear Endgame: The Need for Engagement with North Korea, Westport, CT: Praeger Security International.

Garrett, Banning N. (1991) 'The Strategic Basis of Learning in U.S. Policy toward China, 1949-88', in George W. Breslauer and Phillip E. Tetlock (eds) Learning in U.S. and Soviet Foreign Policy, Boulder, CO: Westview Press 208-263.

Gartner, Scott Sigmund and Gary M. Segura (2008) 'All Politics Are Still Local: The Irag War and the 2006 Midterm Elections', Political Science & Politics 41(1): 95-100.

Gates, Robert (2006) 'Senate Confirmation Hearing', Department of Defense, 5 December.

_____(2009) 'Speech at International Institute for Strategic Studies', Department of Defense, 30 May.

Godement, François (2011) 'The United States and Asia in 2010: Uncertain Relations', Asian Survey 51(1): 5-17.

Goldberg, Philip S. (2009) 'Return to the Process of Denuclearization of North Korea', 24 August.

Graham, Bradley and Glenn Kessler (2003) 'N. Korea tails U.S. Spy Plane: Officials Call Action by Four Fighter Jets a Serious Provocation', Washington Post, 4 March.

Green, Michael and Nicholas Szechenyi (2007) 'Shinzo Abe and the New York Look of Japanese Leadrship', Harvard Asia Pacific Review 9(1): 29-31.

Greenlees, Donald (2007) 'North Korean funds Transferred', New York Times, 15 June.

Guo, Sujian and Jean-Mare F. Blanchard (eds) (2008) 'Harmonious World' and China's New Foreign Policy, Lanham, MD: Lexington Books.

Ha, Michael (2008) 'Cheney Opposed Bush's North Korea Dea;', Korea Times, 30 June.

Ha, Yong Chool and Chaesung Chun (2010) 'North Korea's Brinkmanship and the Task to Solve the "Nuclear Dilemma"', Asian Perspective 34(1): 87-109.

Haas, Ernst B. (1980) 'Why Collaborate? Issue-Linkage and International Regimes', World Politics 32(3): 357-405.

_____(1990) When Knowledge Is Power: Three Models of Change in International Organization, Berkeley, CA: University of California Press.

_____(1991) 'Collective Learning: Some Theoretical Speculation', in George W Breslauer and Philip E. Tetlock (eds) Learning in U.S. and Soviet Foreign Policy, Boulder, CO: Westview Press: 62-99.

Habeeb, William Mark (1988) Power and Tactics in International Negotiation: How Weak Nations Bargain with Strong Nations, Baltimore, MD: John Hopkins University Press.

Haggard, Stephen and Marcus Noland (2007) Famine in North Korea: Markets, Aid, and Reform, New York: Columbia University Press.

Handel, Michael (1990) Weak States in the international System, Second edn, London: Frank Cass.

Harrison, Selig S. (2005) 'Did North Korea Cheat?', Foreign Affairs 84(1): 99-110.

_____(2009) 'Statement of Mr. Selig S. Harrison, Asia Director, The Center for International Policy', Hearing Before the Subcommittee on Asia the Pacific and the Global Environment of the Committee on Foreign affairs House of representatives, 12 February.

Hedberg, bo (1981) 'How Organizations Learn and Unlearn', in Paul C. Nystrom and William H. Starbuck (eds) Handbook of International Organization, Oxford: Oxford University Press 3-27.

Henry, Ed (2009) 'Obama's Top Priority: The Economy', CNN, 16 January.

Hey, Jeanne A. K. (2003) 'Refining our Understanding of Small State Foreign Policy', in Jeanne A. K. Hey (ed.) Small States in World Politics: Explaining Foreign Policy Behavior, Boulder, CO: Lynne Rienner: 185-196.

Hill, Christopher (2005) 'The Six-Party Talks', Department of State, 10 August.

_____(2006a) 'Recent Developments in U.S.-Democratic People's Republic of Korea (D.P.R.K.) Relations'. statement before the House International Affairs Committee. Subcommittee on Asia and the Pacific,

Department of State, 29 June.

_____(2006b) 'Remarks on Arrival at St Regis Hotel, Beijing', Department of State, 17 December.

_____(2006c) 'Evening Walkthorugh on Six-Party Talks', Department of State, 20 December.

_____(2007a) 'Update on the Six-Party Talks', Department of State, 22 February.

_____(2007b) 'On-the-Record Briefing by Assistant Secretary of State for East Asian and Pacific Affairs and Head of the U.S. Delegation to the Six-Party Talks Christopher R. Hill On His Upcoming trip and the Six-Party Talks', Department of State, 29 August.

_____(2007c) 'The Six Party Process: Progress and Perils in North Korea's Denuclearization', Department of State, 25 October.

Hoare, James and Susan Pares (1999) Conflict in Korea: An Encyclopedia, Santa Barbara, CA: ABC-CLIO.

Hu, Qihua (2001) 'Friendly Ties with DPRK to Intensity', China Daily, 4 September.

Hufbauer, Gary Clyde and Jared C. Woollacott (2010) 'Trade Disputes Between China and the United States: Growing Pains so Far, Worse Ahead?', Peterson Institute for International Economics Working Paper 10(17).

Huntley, Wade L. (2009) 'Bucks for the Bang: North Korea's Nuclear Program and Northeast Asian Military Spending', Asian Perspective 33(4): 147-93.International Atomic Energy Agency (IAEA) (1992) 'Agreement of 30 January 1992 between the Government of the Democratic People's Republic of Korea and the International Atomic Energy Agency for the Application of Safeguards in Connections with the Treaty on the Non-Proliferation of Nuclear Weapons', IAEA, 30 January.

_____(2007) 'Understanding of the Islamic Republic of Iran and the IAEA on the Modalities of Resolution of the Outstanding Issues', IAEA, 21 August.

_____(2008) 'IAEA Removes Seats from Plant in Yougbyon', IAEA, 24 September.

_____(2009) 'IAEA Inspectors Asked to Leave Democratic People's Republic of Korea (DPRK)', IAEA, 14 April.

International Civil Aviation Organizations (ICAO) (2009) 'ICAO Officially

Advised of DPRK Plans for Rocket Launch', 12 March.

International Institute for Strategic Studies (IISS) (1996) Strategic Survey, 1995/96, London: International Institute for Strategic Studies.

_____(2004) North Korea's Weapons Programmes: A Net Assessment, London: International Institute for Strategic Studies.

_____(2011a) The Military Balance 2011, London: Routledge.

_____(2011b) The Shangri-La Dialogue, London: International Institute for Strategic Studies.

_____(2013) The Military Balance 2013, London: Routledge.

Jensen, Lloyd (1982) Explaining Foreign Policy, Englewood Cliffs, NJ: Presntice-Hall.

Jervis, Robert (1976) Perception and Misperception in International Politics, Princeton, NJ: Princeton University Press.

Johnson, Darin E.W. (2008a) '2007 in Iraq: The Surge and Benchmark - A New Way Forward?', American University International Law Review 24(1): 249-73.

Johnson, Toni (2008b) 'Presidential Transition and Foreign policy', Council on Foreign Relations, 4 November.

Jones, Jeffery M. (2008) 'Opposition to Iraq War Reaches New High', Gallup, 24 April.

Joo, Seung-Ho and Tae-Hwan Kwak (eds) (2007) North Korea's Second Nuclea.r Crisis and Northeast Asian Security', Burlington, VT: Ashgate.

Kahn, Joseph (2003) 'Chinese Aide Says U.S. Is obstacle in Korean Talks', New York Times, 2 September.

_____(2005) 'North Korea Tals Extended to Discuss Chinese Proposal', New York Times, 18 September.

Kahn, Joseph and Susan Chira (2004) 'Chinese Official Challenges U.S. Stance on North Korea', New York Times, 9 June.

Kang, Hyun-kyung (2010) 'North Korea Pursues Indian Nuclear Model', Korea Times, 9 February.

Kauffman, Stephen (2006) 'North Korean Test Would Be 'a very Provocative Act', Department of States, 3 October.

Korean Central News Agency (KCNA) (2000a) 'Kim Jong Il Pays Unofficial Visit to China', KCNA, 1 June.

(2000b) 'DPRK-Russia Joint Declaration Released', KCNA, 19 July.

_____(2000c) 'DPRK's Invariable Stand on its Relations with Other Countries', KCNA, 5 November.

_____(2000d) 'DPRK's Principled Stand on DPRK-U.S. Relations', KCNA, 7 November.

_____(2001a) 'Kim Jung Il Inspects Light Industrial Factories in Sinuiju', KCNA, 24 January.

_____(2001b) 'Spokesman for DPRK Foreign Ministry n News U.S. Administration's Policy towards DPRK', KCNA, 22 February.

_____(2001c) 'Rodong Sinmun on World Trend to Establish Diplomatic Relations with DPRK', KCNA, 24 February.

_____(2001d) 'Spokesman of DPRK Foreign Ministry on Bush's Statement on Resuming Negotiations with DPRK', KCNA, 18 June.

_____(2001e) 'Answer Given by Spokesman for DPRK Foreign Ministry', KCNA, 8 August.

_____(2001f) 'Detailed Report on president Jiang Zemin's official Goodwill Visit to DPRK', KCNA, 5 September.

_____(2001g) 'DPRK Stance toward Terrorist Attacks on U.S.', KCNA, 12 September.

_____(2001h) 'Spokesman for DPRK Foreign Ministry Slams Bush's Remark', KCNA, 23 October.

_____(2002a) 'Spokesman for DPRK Foreign Ministry Slams Bush's Accusations', KCNA, 31 January.

_____(2002b) 'KCNA on Bush's Belligerent Remarks', KCNA, 2 February.

_____(2002c) 'Foreign Ministry Spokesman on DPRK-U.S. Dialogue', KCNA, 26 July.

_____(2002d) 'Conclusion of Non-Aggression Treaty Between DPRK and U.S. Called For', KCNA, 25 October.

_____(2002e) 'DPRK FM Spokesman on Talks for Normalization of DPRK-Japan Relations', KCNA, 25 October.

_____(2002f) 'Japan's Insincere Approach Toward DPRK-Japan Talks under Fire', KCNA, 11 November.

_____(2002g) 'KCNA Urges Japan to Keep Promise', KCNA, 18 November.

_____(2002h) 'DPRK Gov't to Immediately Resume Operation and

Constr. of Its Nuclear Facilities', KCNA, 12 December.

_____(2002i) 'KCNA on U.S. anti-DPRK Nuclear Campaign', KCNA, 13 December.

_____(2002j) 'IAEA Urged to Remove Monitoring Cameras', KCNA, 14 December.

_____(2002k) 'DPRK Government Decides to Order IAEA Inspectors out of DPRK', KCNA, 27 December.

_____(2003a) 'Nuclear Issue on Korean Peninsula Should Be Settled between DPRK and U.S', KCNA, 1 January.

_____(2003b) 'KCNA Detailed Report on Circumstances of DPRK's Withdrawal from NPT', KCNA, 22 January.

_____(2003c) 'Statement of DPRK Government on its Withdrawal from NPT', KCNA, 22 January.

_____(2003d) 'U.S. Talk about "Dialogue" Dismissed as Hypocritical"', KCNA, 4 February.

_____(2003e) 'KCNA on U.S. Contradictory Assertion about "Direct Dialogue"', KCNA, 11 February.

_____(2003f) 'U.S. Accused of Turning Away from Proposal for Non-Aggression Treaty', KCNA, 19 February.

_____(2003g) 'U.S. Commits Aerial Espionage on DPRK', KCNA, 25 February.

_____(2003h) 'More U.S. Aerial Espionage Committed against DPRK', KCNA, 27 February.

_____(2003i) 'U.S. Espionage Flights on Steady Increase', KCNA, 1 March.

_____(2003j) 'KCNA Refutes U.S. Absurd Call for "Multilateral Talks"', to Show Will to Make Policy Switchover', KCNA, 10 March.

_____(2003k) 'DPRK Foreign Ministry Spokesman on U.S. Attitude toward DPRK-U.S. Talks', KCNA, 25 April.

_____(2003l) 'KCNA Urges U.S. to Show Will to Make Policy Switchover', KCNA, 19 August.

_____(2003m) 'KCNA on Six-way Talks and DPRK's Principled Stand', KCNA, 2 September.

_____(2003n) 'Spokesman for DPRK FM on U.S.-Proposed Written Assurances of Non-Aggression', KCNA, 25 October.

_____(2004a) 'DPRK and China to Take Joint Action in Upcoming Six-way Talks', KCNA, 10 February.

_____(2004b) 'DPRK Foreign Ministry Spokesman on Six-way Talks', KCNA, 29 February..

_____(2004c) 'DPRK Foreign Ministry Spokesman on Six-Party Talks', KCNA, 1 March.

_____(2004d) 'Kim Jong Il Pays Unofficial Visit to China', KCNA, 24 April

_____(2004e) 'U.S. Urged to Build Groundwork of Six-party Talks', KCNA, 23 November.

_____(2004f) 'DPRK Remains Unchanged in Its Stand to Seek Negotiated Solution to Nuclear Issue', KCNA, 4 December.

_____(2005a) 'Spokesman for DPRK Foreign Ministry on Issue of Six-party Talks', KCNA, 10 January.

_____(2005b) 'DPRK FM on Its Stand to Suspend Its Participation in Six-Party Talks for Indefinite Period', KCNA, 10 February.

_____(2005c) 'Memorandum of DPRK Foreign Ministry', KCNA, 3 March.

_____(2005d) 'Russian Ambassador to DPRK Interviewed', KCNA, 8 May.

_____(2005e) 'U.S. Urged to Giver Up Wild Ambition to "Bring Down System" of DPRK', KCNA, 27 June.

_____(2005f) 'DPRK FM on Government's Stand for Peace and Stability on Korean Peninsula', KCNA, 31 July.

_____(2005g) 'Spokesman for DPRK Foreign Ministry on Six-Party Talks'. KCNA, 20 September.

_____(2005h) 'DPRK's Stand on Solution to Nuclear Issue Reiterated', KCNA, 27 September.

_____(2005i) 'U.S. Urged to Build Confidence in DPRK', KCNA, 4 October.

_____(2005j) 'Hundreds of Thousands of Pyongyangites Welcome Hu Jintao', KCNA, 28 October.

_____(2005k) 'President Hu Jintao Leaves;, KCNA, 30 October.

_____(2005l) 'U.S. Sanctions and Blockade Policy towards DPRK under Fire', KCNA, 19 November.

_____(2005m) 'DPRK FM Spokesman Urges U.S. to Lift Financial Sanctions against It', KCNA, 2 December.

_____(2006a) 'U.S. Urged to Fulfill Its Commitments before Calling for Resumption of Six-Party Talks', KCNA, 3 January.

_____(2006b) 'DPRK Foreign Ministry's Spokesman Urges U.S. to Lift Financial Sanctions against DPRK', KCNA, 9 January.

_____(2006c) 'Kim Jong Il Pays Unofficial Visit to China', KCNA, 18 January.

_____(2006d) 'DPRK Foreign Ministry Spokesman Urges U.S. to Lift Financial Sanctions', KCNA, 28 February.

_____(2006e) 'KCNA Urges U.S. to Lift Financial Sanctions', KCNA, 25 March.

_____(2000f) 'KCNA Blasts U.S. Economic Aggression', KCNA, 6 April.

_____(2006g) 'KCNA terms U.S. Assertion about Financial Sanctions Self-Contradictory', KCNA, 24 April.

_____(2006h) 'DPRK Foreign Ministry Spokesman on Its Missile Launches', KCNA, 6 July.

_____(2006i) 'DPRK Foreign Ministry Spokesman on U.S. Moves Concerning Its Nuclear Test', KCNA, 6 July.

_____(2006j) 'DPRK Foreign Ministry Spokesman Demands U.S. Lift of financial Sanctions', KCNA, 3 October.

_____(2006k) 'DPRK Foreign Clarifies Stand on New Measure to Bolster War Deterrent', KCNA, 3 October.

_____(2006l) 'DPRK Successfully Conducts Underground Nuclear Test', KCNA, 11 October.

_____(2006m) 'Kim Jong Il Receives Special Envoy of Chinese President', KCNA, 19 October.

_____(2006n) 'Spokesman for DPRK Foreign Ministry on Resumption of Six-Party Talks', KCNA, 1 November.

_____(2007a) 'KCNA Blasts Some Congressmen for Standing in Way of Six-Party Talks', KCNA, 12 October.

_____(2007b) 'DPRK's Consistent Principled Stand to Fight against All Forms of Terrorism Reiterated', KCNA, 8 November.

_____(2007c) 'KCNA Ridicules U.S. Senator's Foolish Behaviour',

KCNA, 19 December.

_____(2008a) 'Bolton's Anti-DPRK Remarks under Fire', KCNA, 23 January.

_____(2008b) 'KCNA Ridicules US Mandarin's Reckless Remarks', KCNA 28 January.

_____(2008c) "US Hard-line Policy toward Dp가 Slammed', KCNA, 5 March.

_____(2008d) 'DPRK Foreign Ministry's Spokesman Blasts U.S. Delaying Tactics in Solution of Nuclear Issue', KCNA, 28 March.

_____(2008e) ['KCNA Denounces US Conservative Hard Liners for Their Reckless remarks', KCNA, 7 June.

_____(2008f) 'DPRK Foreign Ministry's Spokesman on U.S. Lifting of Major Economic Sanctions against DPRK', KCNA, 27 June.

_____(2008g) 'KCNA Slams U.S. Provocative Act to Scuttle Denuclearization Process of Korean Peninsula', KCNA 18 August.

_____(2008h) 'Foreign Ministry's Spokesman on DPRK's Decision to Suspend Activities to Disable Nuclear Facilities', KCNA, 26 August.

_____(2008i) 'Foreign Ministry Spokesman on DPRK's Will to Cooperate in Verification of Objects of Nuclear Disarmament', KCNA, 12 October.

_____(2009a) 'DPRK Foreign Ministry's Spokesman Dismisses U.S. Wrong Assertion', KCNA, 17 January.

_____(2009b) 'U.S. nuclear Policy Termed Anachronistic and Criminal', KCNA,10 February.

_____(2009c) 'Preparations for Launch of Experimental Communications Satellite in Full Gear', KCNA, 24 February.

_____(2009d) 'DPRK to Take Every Necessary Measure to Protect Its Sovereignty', KCNA, 11 March.

_____(2009e) 'KCNA Report on DPRK's Accession to International Space Treaty and Convention', KCNA, 12 March.

_____(2009f) 'Two Americans Detained for Illegally Intruding', KCNA, 21 March.

_____(2009g) 'Spokesman for DPRK Foreign Ministry Slams Anti-DPRK Campaign over Its Projected Satellite Launch', KCNA, 24 March.

_____(2009h) 'U.S. Reporters To Be Indicted for Illegal Entry', KCNA,

31 March.

_____(2009i) 'DPRK Foreign Ministry Verdantly Refutes UNSC's "Presidential Statement"', KCNA, 14 April.

_____(2009j) 'Foreign Ministry Spokesman on Reprocessing of Spent Fuel Rods', KCNA, 25 April.

_____(2009k) 'UNSC Urged to Retract Anti-DPRK Steps', KCNA, 29 April.

_____(2009l) 'DPRK Foreign Ministry Spokesman Blasts U.S. Misinterpretation of Satellite Launch as Ballistic Missile Launch', KCNA, 4 May.

_____(2009m) 'Kim Jung Il provides Field Guidance to Industrial Establishment in Huichon City', KCNA, 9 May.

_____(2009n) 'KCNA Report on One More Successful Underground nuclear Test', KCNA, 25 May.

_____(2009o) 'American Journalists Sentenced to Reform through Labor', KCNA, 8 June.

_____(2009p) 'DPRK Foreign Ministry Declares Strong Counter-Measures against UNSC's "Resolution 1874"', KCNA, 13 June.

_____(2009q) 'North-South Working Contact Made', KCNA, 19 June.

_____(2009r) 'DPRK Foreign Ministry Spokesman on Unreasonable Call for Resumption of Six-Party Talks', KCNA, 27 July

_____(2009s) 'Report on Bill Clinton's Visit to DPRK Made Public', KCNA, 5 August.

_____(2009t) 'KPA Supreme Command Orders Army, People and Country to Be on Special Alert', KCNA, 17 August.

_____(2009u) 'DPRK Permanent Representative Sends Letter to President of UNSC', KCNA, 4 September.

_____(2009v) 'U.S. Urged to Stop Arms Sale to S. Korea', KCNA, 22 September.

_____(2009w) 'DPRK's Will to Strive for Building Nuclear-Free World Reiterated', KCNA, 30 September.

_____(2009x) 'DPRK FM Spokesman Urges U.S. to Sit at Negotiating Table, to Begin with', KCNA, 2 November.

_____(2009y) 'DPRK Competes Reprocessing of Spent Fuel Rods', KCNA, 3 November.

_____(2009z) 'U.S. Urged to Establish Peacekeeping Mechanism',
KCNA, 23 November.
_____(2010a) 'DPRK Proposes to Start of Peace Talks', KCNA, 11
January.
_____(2010b) 'KCNA Calls for Establishing Peace-Keeping Regime',
KCNA, 3 February.
_____(2010c) 'KPA General Staff Blasts US-S. Korea Military
Exercise', KCNA, 25 February.
_____(2010d) 'Central Court Gives American to 8 Years Hard Labor',
KCNA, 25 February.
_____(2010e) 'US Moves to Modernize N-Weapons Blasted', KCNA,
17 April.
_____(2010f) 'Foreign Ministry Issues Memorandum on N-Issue',
KCNA, 21 April.
_____(2010g) 'Foreign Ministry US of Linking with S. Korean Ship
Sinking', KCNA, 21 May.
_____(2010h) 'S. Side Urged to Receive NDC Inspection Group',
KCNA, 22 May.
_____(2010i) 'General Staff of KPA Issues Crucial Notice', KCNA, 27
May.
_____(2010j) 'Application of Wartime Law to American Prisoner
under Examination', KCNA, 24 June.
_____(2010k) 'KCNA on Tremendous Damage Done to DPRK by
US', KCNA, 24 June.
_____(2010l) 'FM Spokesman on DPRK Prepared for Dialogue and
War', KCNA, 24 July
_____(2010m) 'Report on Jimmy Carter's Visit to DPRK', KCNA, 27
August.
_____(2010n) 'KCNA Blasts US Moves to Tighten Its Alliance with S.
Korea', KCNA, 23 November.
_____(2010o) 'Merciless Counteraction against Any Provocation
Warned', KCNA, 28 November.
_____(2010p) 'Panmunjom Mission of KPA Sends Notice to U.S.
Forces Side', KCNA, 25 November.
_____(2010q) 'Statement Released by Spokesman of DPRK Foreign

Ministry', KCNA, 24 November.

_____(2011a) 'Joint New Year Editorial', KCNA, 1 January.

_____(2011b) 'DPRK Stand on Denuclearization of Korea Remains Unchanged', KCNA, 26 January.

_____(2011c) 'FM Spokesman on DPRK Ready for Both Dialogue and Confrontation', KCNA, 1 March.

_____(2011d) 'FM Spokesman on Russian Vice-Foreign Minister's Visit to DPRK', KCNA, 15 March.

_____(2011e) 'DPRK Delegate on Denuclearization of Korean Peninsula', KCNA, 11 April.

_____(2011f) 'Arrested US Citizen Admits His Crime Against DPRK', KCNA, 14 April

_____(2011g) 'DPRK Will Not Deal with Lee Myung Bak Spokesman for NDC of DPRK', KCNA, 30 May.

_____(2011h) 'Lee Myung Bak Froup Can Never Evade Responsibility for Bringing Inter-Korean Relations to Collapse: Spokesman for NDC', KCNA, 1 June.

_____(2011i) 'S. Korea Accused of Lobbying Anti-DPRK Act', KCNA, 20 June

_____(2011j) 'Rodong Sinmun Peace Mechanism on Korean Peninsula Called for', KCNA, 28 July.

_____(2011k) 'DPRK to Hold Six-party Talks without Preconditions', KCNA, 1 August.

_____(2011l) 'Foreign Ministry Spokesman on DPRK-U.S. High-level Talks', KCNA, 27 October.

Kelly, Ian (2009) 'Daily Press Briefing', Department of State, 20 October.

Kelly, James A. (2004) 'Ensuring a Korean Peninsula Free of Nuclear Weapons', Department of State, 13 February.

Keohane, Robert O. (1971) 'The Big Influence of Small Allies', Foreign Policy (2): 161-82

Kessler, Glenn and Edward Cody (2007) 'U.S. Flexibility Credited in Nuclear Deal with N. Korea', Washington Post, 14 February.

Kihl, Young Whan and Hong Nack Kim (eds) (2006) North Korea: The Politics of Regime Survival, Armonk, NY: M.E. Sharpe.

Kim, Insook (2009) 'The Six-Party Talks and President Obama's North Korea

Policy', Nuclear Threat Initiative, 1 February.

Kim, Ji-Ho (2002) 'North Proposes Resumption of Dialogue with S. Korea', Korea Herald, 26 July.

Kim, Kwan Jin (2011) 'Asia's New Distribution of Power and its Implications', International Institute for Strategic Studies, 4 June.

Kim, Samuel S. (2006) The Two Koreas and the Great Powers, New York: Cambridge University Press.

Kim, Sung Chull (2006) North Korea under Kim Jong Il: from Consolidation to Systemic Dissonance, Albany, NY: State University of New York Press.

Kim, Yongho (2011) North Korean Foreign Policy: Security Dilemma and Succession, Lanham, MD: Lexington Books.

King, John, Dana Bash and Chris Lawrence (2011) 'Obama Trying to Limit Military Involvement in Libya', CNN, 18 March.

Kirk, Donald (2011) 'The Kim Is Dead, Long Live the Kim!' Asia Times, 20 December.

Klug, Foster (2008) 'Analysis: US Terrorism List Also a Political Tools', Associated Press, 31 May.

Knopf, Jeffrey W. (2003) 'The Importance of International Learning', Review of International Studies 29(2): 185–207.

Kolodny, Robin (2011) 'The New Normal: Partisan Volatility and the US Midterm Elections of 2010', Representation 47(2): 231–39

Korea and World Affairs (1985a). 'A Chronology of U.S. Relations with North Korea, 1970–February 1985', Korea and World Affairs 9(1): 129–73.

_____(1985b) 'Full text of the Letter to the U.S. Government and Congress Adopted at a Joint Meeting of the Central People's Committee and the Standing People's Assembly of North Korea', Korea and World Affairs 9(1) 188–91.

_____(1987) 'Questions and Answers on New U.S. guidelines Governing Contact Between US and North Korean Diplomats, during Briefing by U.S. State Department Spokesman Charles Redman, Washington, March 9, 1987', Korea and World Affairs 11(1): 172–4.

_____(1988) 'Announcement by U.S. Department Spokesman Charles Redman on the Reconciliatory Measures Taken toward North Korea by the United States After a Month-Long Revaluation of the U.S. Approach to North Korea, Washington, D.C., October 31, 1988', Korea and World Affairs 12(4): 856-9.

_____(1993a) 'Answer by the North Korean Foreign Ministry Spokesman to Questions by KCNA, Concerning Holding North Korea-U. S. High-Level Talks, Pyongyang, April 21, 1993', Korea and World Affairs 17(2): 359.

_____(1993b) 'Statement Issued by the North Korean Ministry of Foreign Affairs, Arguing that the UNSC Is Not a Place for Debating the Nuclear Issue Regarding North Korea, Pyongyang, April 10, 1993', Korea and World Affairs 17(20: 358-9.

_____(1994a) 'Announcement on Strategic Talks on North Korean Between South Korean Foreign Minister Han Sung-Joo and U.S. Secretary of State Warren Christopher, Washington D.C., September 7, 1994', Korea and World Affairs 18(3): 580-1.

_____(1994b) 'Statement by North Korean First Vice-Minister of Foreign Affairs Kang Sok-Joo, Insisting on the Formula of a Package Deal to Solve the Nuclear Issue Between North Korea and the U.S., Pyongyang, June 3, 1994', Korea and World Affairs 18(4): 376-7.

_____(1994c) 'Statement by North Korean First Vice-Minister of Foreign Affairs Kang Sok-Joo, Regarding the 4-Point U.S.-North Korea New York Agreement, Pyongyang, March 4, 1994', Korea and World Affairs 18(1): 150-2.

_____(1996a) 'Memorandum of the Panmunjom Mission of the North Korean People's Army on the Current Status of the Korean Armistice System, Kaesong, March 8, 1996', Korea and World Affairs 20(1): 112-16.

_____(1996b) 'Response by the spokesman for the North Korean Ministry to a Question from KCNA Reporter Regarding the North Korean Position on the Four-Way Peace Talks Jointly Proposed by South Korea and the United States, Pyongyang, May 7, 1996', Korea and World Affairs 20(2): 306-7.

_____(1996c) 'Testimony of the Assistant Secretary of State for East Asian and Pacific Affairs Winston Lord at the Joint Hearing on U.S. Policy toward North Korea Before the Subcommittee on Asia and the Pacific, Committee on International relations, U.S. House of Representatives, Washington, D.C., March 19, 1996', Korea and World Affairs 20(1): 117-24.

_____(1999) ''U.S.-North Korea Joint statement, reaching Accords on Missile Talks with Deeper Understanding, Berlin, September 12, 1999', Korea and World Affairs 23(3): 638-41.

_____(2000) 'U.S.-DPRK Joint Communique, Agreeing to End Hostilities and Accerlerate the Progress of Normalizing Bilateral Ties Between the Two Countries, Washington, D.D., October 12, 2000', Korea and World Affairs 24(3): 638-41.

_____(2001) 'Statement by President George W. Bush on U.S. Policy Towards North Korea, Announcing the Resumption of Talks with Pyongyang, Washington, D.C., June 6, 2001', Korea and World Affairs 25(2): 255

Kristof, Nicholas (1992) 'Cash Only, No Bartering, China Tells North Koreans', New York times, 31 December.

_____(1993) 'China and North Korea: Not-so-Best of Friends', New York Times, 11 April.

Kull, Steven (2011) Feeling Betrayed: The Roots of Muslim Anger at America, Washington, DC: Brooking Institution Press.

Kwak, Tae-Hwan and Seung-Ho Joo (eds) (2009) North Korea's Foreign Policy under Kim Jung Il: New Perspectives, Burlington, VT: Ashgate.

Kwon, Tae-ho (2011) 'N. Korean Nuclear Envoy 'Optimistic' about Resuming Six-Party Talks', The Hankyoreh, 28 July.

Labs, Eric J. (1992) 'Do Weak States Bandwagon?', Security Studies 1(3): 383-416.

Lam, Willy Wo-Lap (2002) 'Beijing Nervous After Japan-N. Korea talks', CNN, 18 September.

Landler, Mark (2009) 'U.S. Prepares to Broach Hard Issues with China', New York Times, 10 February.

Landler, Mark and Peter Baker (2009) 'In Release of Journalist, both Clintons Had Key Roles', New York Times, 4 August.

Landler, Mark and Mark Mazzetti (2009) 'In North Korea, Clinton Helped Unveil a Mystery', New York Times, 18 August.

Le, Tian (2006a) 'DPRK Urged to Show Restrain on Nuke Test', China Daily, 5 October.

_____(2006b) 'Hu: History Key to Improving Ties', China Daily, 9 October.

Lee, Chae-Jin (2006) A Troubled Peace: U.S. Policy and the Two Korea,

Baltimore, MD: Johns Hopkins University Press.

Lee, Jo-hee (2008) 'Nuke Negotiators Hold Breath on N.K. Situation', Korea Herald, 12 September.

Lee, Matthew and Robin McDowell (2011) 'Foreign Ministers from North and South Korea Meet', Associated Press, 22 July.

Lee, Myung-bak (2009) 'President Lee Myung-bak (Completed)', Asia Society, 21 September.

Lee, Su-hyun and Kevin Drew (2011) 'North Korea Frees American Held since November, Reports Say', New York Times, 27 May.

Lee, Yang-soo (2002) 'North-China Relationship Reported to be n the Outs', JoongAng Daily, 2 June.

Lefkowitz, Jay (2005) 'Meeting the Challenge of North Korean Human Rights', Department of State, 9 December.

_____(2007) 'North Korean Human Rights After the Six-Party Talks', Department of State, 19 April.

_____(2008) 'North Korean Human Rights and U.S. National Security', Department of State, 17 January.

Leng, Russell J. (2000) Bargaining and Learning in Recurring Crises: The Soviet-American, Egyptian-Israeli, and Indo-Pakistani Rivalries, Ann Arbor, MI: University of Michigan Press.

Learner, Mitchell B. (2002) The Pueblo Incident: A Spy Ship and the Failure of American Foreign Policy, Lawrence, KS: University of Kansas Press.

Levin, Norman D. and Yong-Sup Han (2002) Sunshine in Korea: The South Korean Debate over Policies Toward North Korea, Santa Monica, CA: RAND.

Levitt, Barbara and James G. March (1988) 'Organizational Learning', Annual Review of Sociology 14: 319-40.

Levy, Jack, S. (1989) 'The Causes of War: A Review of Theories and Evidence', in Philip E. Tetlock, Jo L. Husband, Robert Jeris, Paul C. Stern and Charles Tilly (eds) Behavior, Society, and Nuclear War, New York: Oxford University Press: 209-333.

_____(1994) 'Learning and Foreign policy: Sweeping a Conceptual Minefield', International Organization 48(2): 279-312.

Li, Xiaokun and Haizhou Zhang (2009) 'Peongyang Nuclear Test Shocks Beijing', China Daily, 26 May.

Lim, Chang-won (2006) 'Chinese Bank Freezes N Korean Accounts: S Korean Lawmaker', Agence France Presse, 24 July.

Lim, Jae-Cheon (2009) Kim Jong Il's Leadership of North Korea, Abingdon: Routledge.

Lloyd Parry, Richard (2009) 'North Korea is fully Fledged Nuclear Power, Experts Agree', The Times, 23 April.

Lockhart, Charles (1979) Bargaining in International Conflicts, New York: Columbia University Press.

Lord, Winston (1996) 'Speech on U.S. Policy toward the Korean Peninsula', Federation of American Scientist, 8 February.

Lu, Hui. (2011) 'U.S. DPRK End Dialogue on Resuming Six-Party Talks', Xinhua, 30 July.

McDonald, Mark (2010) '"Crisis Status" in South Korea After North Shells Island', New York Times, 23 November.

MacFarquhar (2010) 'U.N. Approves New Sanctions to Deter Iran', New York Times, 9 June.

March, James G. (1991) 'Exploration and Exploitation in Organizational Learning', Organization Science 2(1): 71-87.

March, James G., Lee S. Sproull and Michael Tamuz (1991) 'Learning from Samples of One or Fewer', Organization Science 2(1): 1-13.

March, James G. and Johan P. Olsen (1975) 'The Uncertainly of the Past: Organizational Learning under Ambiguity', European Journal of Political Research 3: 147-71.

_____(1998) 'The Institutional Dynamics of International Political Orders', International Organization 52(5): 943-69.

Martin, Curtis H. (2010) 'Barak Obama and North Korea: A Study in Presidential Transition', Pacific Focus 25(2): 181-210.

Mathisen, Teygve (1971) The Functions of Small States in the Strategies of the Great Powers, Oslo: Universitesforlaget.

May, Ernest R. (1973) 'Lessons' of the Past: The Use and Misuse of History in American Foreign Policy, New York: Oxford University Press.

Mearshemier, John (1993) 'The Case for a Ukrainian Nuclear Deterrent', Foreign Affairs 72(3): 50-66.

Merrill, John (1993) 'North Korea in 1992: Steering Away from the Shoals', Asian Survey 33(1): 43-53.

Michishita, Narushige (2010) North Korea's Military-Diplomatic Campaigns, 1966-2008, London: Routledge.

Mihm, Stephen (2006) 'No Ordinary Counterfeit', New York Times, 23 July.

Mobley, Richard A. (2003) Flash Point North Korea: The Pueblo and EC-121 Crises, Annapolis, MD: Naval Institute Press.

Moens, Alexander (2004) The Foreign Policy of George W. Bush: Values Strategic, and Loyalty, Aldershot: Ashgate.

Moon, Chun-in (2009) 'South Korea in 2008: From Crisis to Crisis', Asian Survey 39(1): 120-8.

Moore, Gregory J. (2008) 'How North Korea Threatens China's Interests: Understancing Chinese "Duplicity" on the North Korean Nuclear Issue', International Relations of the Asia-Pacific 8(1): 1-29.

Mullen, Rani D. (2009) 'Afghanistan in 2008: State building at the Precipice', Asian Survey 49(1) 28-38.

Myres, Steven Lee (1997) 'Starting on a "Long Road," North Korea Agrees to Talks with Seoul, U.S. and China', New York Times, 22 November.

_____(2001) 'Bush candidates for Defense Job Sees Overhaul', New York Times, 12 January.

Neumann, Iver B. and Sieglinde Gstohl (2006) 'Introduction', in Christine Ingebristen, Iver B. Neumann, Sieglinde Gstohl and Jessica Beyer (eds) Small States in International Relations, Seattle, WA: University of Washington Press: 3-38.

New York Times (1993) 'China Says It Opposes Steps against north Korea', New York Times, 27 December.

_____(1994) 'North Korea Courts Confrontation', New York Times, 14 June.

Noland, Marcus (1997) 'Why North Korea Will Muddle Through', Foreign Affairs 16(1): 105-18.

_____(2004) 'Famine and Reform in North Korea', Asian Economic Papers 3(2): 1-40.

Nossal, Kim Richard (1999) 'Liberal Democratic Regimes, International Sanctions, and Global Governance', in Raimo Väyrynen, Globalization and Global Governance, Lanham, MD: Rowman & Littlefield.

Nuechterlein, Donald (1969) 'Small States in Alliance: Iceland, Thailand, Australia', Orbts 13: 600-23.

Nye, Joseph S. (1987) 'Nuclear Learning and U.S.-Soviet Security Regimes', International Organization 41(30): 371-402.

Nystrom, Paul C. and William H. Starbuck (2004) 'To Avoid Organizational Crises, Unlearn', in Ken Strakley, Sue Tempest and Alan Mckinlay (eds) How Organizations Learn: Managing the Search for Knowledge, Second edn, London: Thompson Learning: 100-111.

Obama, Barack (2007a) 'CNN/Youtube Democratic Presidential Debate Transcript', CNN, 24 July.

_____(2007b) 'Obama Statement on North Korea Announcement', White House, 3 October.

_____(2007c) 'Renewing American Leadership', Foreign Affairs 86(4): 2-15.

_____(2008) 'Transcript of Presidential Debate', white House, 26 September.

_____(2009a) 'Statement by the president of Afghanistan', White House, 17 February.

_____(2009b) 'Responsibly Ending the War in Iraq', White House, 27 February.

_____(2009c) 'Statement on Bilateral Meeting with President Hu of China', White House, 1 April.

_____(2009d) 'Remarks by the President on a New Beginning', White House, 4 June.

_____(2009e) 'Remarks by President Obama and President Lee Myung-Bak of Republic of Korea in Joint Press Availability', White House, 16 June.

_____(2009f) 'Remarks by President Barak Obama and President Lee Myung-Bak of Republic of Korea in Joint Press Conference', White House, 19 November.

_____(2009g) 'Remarks by the President in Address to the Nation on the Way Forward in Afghanistan and Pakistan', White House, 1 December.

_____(2010) 'Remarks by the President at Signing of the Iran Sanction Act', White House, 1 July.

_____(2011a) 'Remarks by the President on the Middle East and North Africa', White House, 19 May.

_____(2011b) 'Remarks by the President on the Way Forward in

Afghanistan', White house, 22 June.

Oberdorfer, Don (2002) 'My Private Seat at Peongyang's Table', Washington Post, 10 November.

Office of the Press Secretary (2006) 'Statement on North Korean nuclear Test', White House, 3 October.

Office of the Spokesperson (2011) 'Conclusion of Meeting with The Democratic People's Republic of Korea (DPRK)', Department of State, 29 July.

Oh, Kongdan (1999) 'North Korea between Collapse and Reform', Asian Survey 39(2): 287-309.

Onishi, Norimitsu (2006a) 'North Korea Takes a Peek Down China's Capitalist Road', New York Times, 26 January.

_____(2006b) 'Questions Grow Over U.S. Curbs on North Korea', New York Times, 16 October.

Onishi, Norimitsu and David E. Sanger (2006) 'Missiles Fired by North Korea: Tests Protested', New York Times, 5 July.

Pacheco Pardo, Ramon (2010) 'the Rise of China and the Discrepancy of Chinese Foreign Policy', in Simon Shen and Jean-Mare F. Blanchard (eds) Multidimensional Diplomacy of Contemporary China, Lanham, MD: Lexington Books: 71-97.

Paik, Haksoon (2011) 'Kim Jong Il's Visit to China: Implications for East Asia and the United States', 38 North, 6 June.

Paik, Haksoon and Seong-Chang Cheong (eds) (2008) North Korea in Distress Confronting Domestic and Esternal Challenges, Seongnam: Sejong Institute.

Pan, Philip P. (2004) 'N. Korea Says It Can "Show Flexibility": Possible Dismantling of Nuclear Arms Programs Tied to Broader Aid Package', Washington Post, 26 June.

Papadakis, Maria and Hervey Starr (1987) 'Opportunity, Willingness, and Small States: Te Relationship between Environment and Foreign Policy', in Charles F. Hermann, Charles W. Kegley, Jr and James N. Rosenau (eds) New Direction in the Study of Foreign Policy, Boston, MA: Allen & Unwin: 409-432.

Pape, Robert A. (1997) 'Why Economic Sanctions Do Not Work', International Security 22(2): 90-136.

Park, John, S. and Dong Sun Lee (2009) 'North Korea: existential Deterrence and Diplomatic Leverage', in Muthiah Alagappa (ed.) The Long Shadow: Nuclear Weapons and Security in 21st Century Asia, Singapore: NUS Press: 269-295.

Park, Kyung-Ae (2010) 'North Korean Strategies in the Asymmetric Nuclear Conflict with the United States', Asian Perspective 34(1): 11-47.

Park, Myoung-Kyu and Philo Kim (2010) 'Inter-Korean Relations in Nuclear Politics', Asian Perspective 34(1): 111-35.

Paul, T.V. (2005) 'Soft Balancing in the U.S. Primacy', Security Studies 30(1): 46-71.

Pincus, Walter (2011) 'State Department Report on U.S. Withdrawal from Iraq Cites Lack of Money, Other Problems', Washington Post, 3 June.

Pollack, Jonathan D. (2011) No Exit: North Korea, Nuclear Weapons and International Security, London: International Institute for Strategic Studies.

Powell, Colin (2001a) 'Prepared Statement for Confirmation Hearing before the Senate Foreign Relations Committee', 17 January.

_____(2001b) 'Press Availability with Her Excellency Anna Lindh, Minister of Foreign Affairs of Sweden', 6 March.

_____(2008) 'The Craft of Diplomacy', in Eugene R. Wittkopf and James M. McCormick (eds) The Domestic Sources of American Foreign Policy: Insights and Evidence, fifth edn, Lanham, MD: Rowman& Littlefield: 213-222.

Pritchard, Charles L. (2007a) Failed Diplomacy: The Tragic Story of How North Korea Got the Bomb, Washington, DC: Brookings Institution Press.

_____(2007b) 'U.S.-DPRK Negotiations: From Failed Diplomacy to Engagement', in National Institute for Defense Studies (ed.) Report of the International Symposium on Security Affairs 2007, Tokyo: National Institute for Defense Studies.

Quinones, C. Kennerth (2008) 'The US-DPRK 1994 Agreed Framework and the US Army's Return to North Korea', in Rudiger Frank, James Hoare, Patrick Kollner and Susan Pares (eds) Korea Yearbook, Leiden: Brill: 199-229.

Reachter, Lyman R. (ed.) (2009) North Korean Foreign relations in the post-Cold War World, New York: Nova Science.

Reiter, Dan (1996) Crucible of Beliefs: Learning, Alliances, and World Wars, Ithaca, NY: Cornell University Press.

Reuters (2007) 'Factbox - Previous US Comments about Kim Jong-Il', 6 December.

Rhee, Sang-Woo (1991) 'North Korea in 1990: Lonesome Struggle to Keep Chuch'e', Asian Survey 31(1): 71-8.

Rhem, Kathleen T. (2003) 'North Korea Fighters Intercept U.S. Jet over Sea of Japan', 3 March.

Rice, Condoleezza (2000) 'Promoting the National Interest', Foreign Affairs 79(1): 45-62.

_____(2005) 'Opening Statement by Dr. Condoleezza Rice', Department of State, 18 January.

_____(2006a) 'U.S. Restores Full Diplomatic Relations with Libya', Department of State, 15 May.

_____(2006b) 'Statement by Secretary of State Condoleezza Rice', Department of State, 15 May

_____(2006c) 'Briefing on the Middle East and North Korea', Department of State, 26 July.

_____(2006d) 'Secretary of State Condoleezza Rice 平 Route to Moscow, Russia', Department of State, 21 October.

_____(2007) 'Briefing on the Agreement Reached at the Six-Party Talks in Beijing', Department of State, 13 February.

_____(2008) 'U.S. Policy toward Asia', Department of State, 18 June.

Rice, Susan E. (2010) 'Remarks on North Korea', Department of State, 29 November.

Rothstein, Robert L. (1968) Alliance and Small Powers, New York: Columbia University Press.

Rumsfeld, Donald (2011) Known and Unknown: A Memoir, New York: Sentinel.

Samore, Gary (2008) 'Disarming, Delisting, and Dealing with North Korea: Next Steps', Council on Foreign Relations, 12 November.

Sanger, David E. (2010) 'North Koreans Unveil New Plant for Nuclear Use', New York Times, 21 November.

Sanger, David E. and Mark McDonald (2010) 'South Koreans and U.S. to Stage a Joint Exercise', New York Times, 23 November.

Sanger, David E. and Judith Miller (2003) 'Libya to Give up Arms Programs, Bush Announces', New York Times, 20 December.

Sanger, David E. and Thom Shanker (2003) 'U.S. Sending 2 Dozen Bombers in

Easy Range of North Koreans', New York Times, 5 March.

_____(2010) 'Pentagon and U.S. Chief Put New Pressure on N. Korea', New York Times, 24 May.

Schein, Edgar H. (1985) Organizational Culture and Leadership: A Dynamic View, San Francisco, CA: Jossey-Bass.

Schelling, Thomas C. (1960) The Strategy of Conflict, Cambridge, MA: Harvard University Press.

Schimitt, Eric (2003) 'North Korea MIG's Intercept U.S. Jet on Spying mission', New York Times, 4 MArch.

Sevast'ianov, Serigei (2005) 'The Russian Far East's Security Perspective: Interplay of Internal and External Challenges and Opportunities', in Akihiro Iwashita (ed.) Siberia and the Russian Far East in the 21st Century: Partner in the 'Community of Asia', vol. 1, Sapporo: Slavic Research Center: 21-38.

Sevasopulo, Demetri (2008) 'Bush Removes North Korea from Terror List', Financial Times, 11 October.

Singer, Marshall R. (1972) Weak States in a World of powers: The Dynamics of International Relationships, New York: Free Press.

Smith, Hazel (2007) 'Reconstituting Korean Security Dilemmas', in Hazel Smith (ed.) Reconstituting Korean Security: A Policy Primer, Tokyo: United Nations University Press: 1-20.

Snyder, Glen H. and Paul Diesing (1977) Conflict among Nations: Bargaining, Decision Making, and System Structure in International Crises, Princeton, NJ: Princeton University Press.

Snyder, Scott (1999) Negotiating on the Edge: North Korean Negotiating Behavior, Washington, DC: United States Institute of Peace Press.

Snyder, Scott and See-won Byun (2011) 'The Northeast Asian Response to North Korea's Provocations', RUSI Journal 156(2): 74-81.

Stein, Janice Gross (1996) 'Deterrence and Learning in an Enduring Rivalry: Egypt and Israel, 1948-73', Security Studies, 6(1): 104-52.

Stolberg, Sheryl Gay (2009) 'Clinton Seeks "Amnesty" for 2 Held by North Korea', New York Times, 10 July.

Stueck, William (1995) The Korean War: An International History, Princeton, NJ: Princeton University Press.

_____(2002) Rethinking the Korean War: A New Diplomatic and

Strategic History, Princeton, NJ: Princeton University Press.

Su, Chi (2009) Taiwan's Relations with Mainland China: A Tail Wagging Two Dogs, London: Routledge.

Sullivan, Mark P. (2005) 'Cuba and the State Sponsors of Terrorism List', Congressional Research Service, Washington, DC.

Surkov, Nikolai (2009) 'Hide-and-Seek with North Korean Stellite', Nezavisimaya Gazeta, 7 April.

Takeda, Yoshinori (2006) 'Putin's Foreign Policy toward North Korea', International Relations of the Asia-Pacific 6(2): 189-207.

Taniguchi, Tomohiko (2006) 'Press Conference 27 January 2006', Ministry of Foreign Affairs of Japan, 27 January.

Taylor, Brendan (2010) Sanctions as Grand Strategy, London: Routledge.

Tetlock, Philip E. (1991) 'Learning in U.S. and Soviet Foreign Policy: In Search of an Elusive Concept', in George W. Breslauer and Philip E. Tetlock (eds) Learning in U.S. and Soviet Foreign Policy, Boulder, CO: Westview Press: 20-61.Toloraya, Georgy (2008) 'The Six Party Talks: A Russian Perspective', Asian Perspective 32(4): 45-69.

Toner, Mark C. (2011) 'Daily Press Briefing', Department of State, 27 July.

US Agency for International Development (USAID) (2011) 'Congressional Bulletin', USAID, 24 May.

Väyrynen, Raimo (1971) 'On the Definiton and Measurement of Small Power Status', Cooperation and Conflict: Nordic Journal of International Politics 6(2): 41-76.

_____(1997) 'Small States: Persisting Despite Doubts', in Efraim Inbar and Gabriel Sheffer (eds) The National Security of Small States in a Changing World, London: Frank Cass: 41-76.

Vital, David (1971) The survival of Small States: Studies in Small Power Conflict, London: Oxford University Press.

Walt, Stephen M. (1987) The Origins of Alliance, Ithaca, NY: Cornell University Press.

Waltz, Kenneth E. (2002) 'More Mat Be Better', in Kenneth E. Walts and Scott D. Sagan (eds) The Spread of Nuclear Weapons: A Debate Renewed, second edn, New York: Norton: 1-46.

Wang, Linyan (2009) 'Launch Sparks Conflicting Claims', China Daily.

Weisman, Steven R. (1992) 'North Korea Signs accord on Atom-Plan

Inspections', New York Times, 31 January.

_____(2006) 'Rice Proposes Path to Talks with Iran on Nuclear Issue', New York Times, 31 May.

White House (2009) 'President Obama Announces Morea Key Administration Posts', White House, 24 September.

_____(2011) 'Statement by the Press Secretary on the President's Meeting with Russian Foreign Minister Lavrov', White House.

Wines, Michael (2001) 'North Korean, with Patin, Vows to Curb Missile Program', New York Times, 5 August.

_____(2010) 'N. Korea Confirms Leader's China Trip', New York Times, 30 August.

Wit, Joel S. (2007) 'Enhancing U.S. Engagement with North Korea', Washington Quartely 30(2): 53-69.

Wit Joel S., Daniel B. Poneman and Robert L. Gallucci (2004) Going Critical: The First North Korean Nuclear Crisis, Washington, DC: Brooking Institution Press.

Xing, Zhigang and Zhuqing Jiang (2005) 'Hu Ends Fruitful Visit to Pyongyang', China Daily, 31 October.

Xinhua (2005) 'Hu Makes 4-point Proposal for Building Harmonious World', Xinhua, 16 September.

_____(2006a) 'China Urge Diplomacy as Japan Pushes for DPRK Sanctions', China Daily, 7 July.

_____(2006b) 'Wen Jiabao, Abe Hold Talks', China Daily, 8 October.

_____(2008a) 'DPRK Denounces US for Terrorism Blacklist', China Daily, 18 August.

_____(2008b) 'Pyongyang Halts Nuclear Reactor Disablement', China Daily, 27 August.

_____(2008c) 'Nuclear Talks Facing Crucial Opportunity: FM', China Daily, 25 September.

_____(2009a) 'Mainland, Taiwan to Hold Talks in Late April or Early May', China Daily, 15 April.

_____(2009b) 'China Hopes Relevant Sides of Korean Nuke Issue Remain Calm', China Daily, 5 July.

_____(2009c) 'Chinese, DPRK Leaders Meet on Bilateral Ties', China Daily, 6 October.

_____(2010) 'China Calls for Restraint From DPRK and ROK', China Daily, 24 November.

_____(2011) 'China, U.S. Announce Military Exchange Plans', China Daily, 11 July.

Yang, Sung Chul (2010) 'Memoirs of a Korean Ambassador: From Engagement to Entanglement under Clinton and Bush', Asian Perspective 34(3): 191-214.

Yandley, Jim (2007) 'Private Talks Held in Berlin Spurred Sides to Reach Deal', New York Times, 14 February.

Yonhap (2009) 'Kim Jong-Il's Meeting with Chinese Diplomat Is Message to the World', Yonhap, 29 January,

Yoo, Jee-ho (2009a) 'Nuke Test Leads Seoul to Join PSI Proliferation Pact', JoongAng Daily, 26 May.

_____(2009b) 'North Fires Seven Missile into the East Sea on July 4', JoongAng Daily, 4 July.

Zarocostas, John (2003) 'N. Korea Offers to give Up Nukes', Washington Times, 14 November.

Zhang, Xiang (2010) 'Backgrounder: High-level Visits between China, DPRK since 2008', Xinhua, 9 October.

Zheng, Bijian (2005) 'Whither China: From Membership to Responsibility?', Department of States, 21 September.

_____(2006) 'Security Alliance, Beef Trade Top Issue in U.S.-Japan Relations', Department of State, 23 January.

저자

Ramon Pacheco Pardo

King's College London의 유럽 및 국제관계 연구학과 교수. 관심 분야는
동아시아국제관계와 정치경제.

역자

권영근

공군사관학교(26기), 연세대학교 정치학(박사), 미 오리건주립대학 전산
학(박사). 공군대령(예), 공군사관학교 교수. 국방대학교 합동교리실장, 국
방과학연구소 데이터통신실장 역임. 한국국방개혁연구소장(현). 『김대중
정부의 국방』 외 4권의 저서, 『21세기 전략기획』 외 50여 권 역서. 국방
개혁, 북한 핵, 한미동맹 등 국가안보 분야 20여 년 연구.

임상순

동국대학교 정치학(박사). 통일미래사회연구소 연구위원, 동국대학교 등
출강. 「The Engagement of United Nations Human Rights Regime and the
Response of North Korea」, 「북한 핵 개발의 동학과 북미 간 전략비교」,
「북한 핵 문제에 대한 미국의 개입전략과 북한의 대응전략」 등의 논문
과 공저서 『오래된 미래? 1970년대 북한의 재조명』, 역서 『국제정치에서
전쟁과 변화』 등 북한정치, 북한의 대외관계, 북한인권 등을 연구.

북한 핵위기와 북·미 관계

발행일 2016년 10월 5일

지은이 Ramon Pacheco Pardo(라몬 파체코 파르도)

옮긴이 권영근·임상순

펴낸이 이정수

책임 편집 최민서·신지항

펴낸곳 연경문화사

등록 1-995호

주소 서울시 강서구 양천로 551-24 한화비즈메트로 2차 807호

대표전화 02-332-3923

팩시밀리 02-332-3928

이메일 ykmedia@naver.com

값 20,000원

ISBN 978-89-8298-182-1 (93340)

본서의 무단 복제 행위를 금하며, 잘못된 책은 바꾸어 드립니다.

이 도서의 국립중앙도서관 출판예정도서목록(CIP)은 서지정보유통지원시스템 홈페이지(http://seoji.nl.go.kr)와 국가자료공동목록시스템(http://www.nl.go.kr/kolisnet)에서 이용하실 수 있습니다. (CIP제어번호 : CIP2016023021)